銀雀山竹簡
《晏子春秋》校釋

駢宇騫 / 著

凡　例

一、本書所錄銀雀山漢墓竹簡文字及摹本依一九八五年北京文物出版社出版的
　　《銀雀山漢墓竹簡》〔壹〕。

二、本書竹簡的編號爲竹簡整理小組的整理編號，非發掘出土編號。幾支殘簡
　　綴合爲一簡者，只編一個號，但在摹本中分別於各段殘簡旁加標 a、b、c 字
　　母，以示綴合情況。

三、凡文字相連的簡文（包括其間缺字、缺簡而確知其同屬一段文字的情況）釋文都連寫。

四、原簡上的符號，釋文中只保留表示一章之始的黑圓點（‧），其餘一律改爲
　　新式標點符號。簡文中的重文號（＝），釋文中一律改寫成所重之字。

五、簡文中殘泐不能辨認的字，釋文用「□」號表示；因竹簡殘斷而缺損的字
　　在五字以下者也用「□」表示，但外加【　】號，以與前一種情況區別；簡
　　文殘損文字超過五字或無法確定時用「……」號表示。

六、釋文中根據上下文補出的缺文，外加【　】號。簡文中明顯的誤字，釋文中
　　隨文注出正字，外加〈　〉號。

七、簡文中的古體字、異體字，釋文中一律改寫成通行字體；假借字一般隨文
　　注明，通假的字外加（　）號，以示區別。

八、本書中的譯文一般遵照簡文文字譯出，但因有些簡損缺字過多，爲保持譯
　　文文義連貫，凡簡文缺損文字較多處譯文皆據四部叢刊影印活字本《晏子
　　春秋》相應文字譯出。

九、本書正文《校釋》中，首列銀雀山漢墓竹簡《晏子》原文，用大號宋體排
　　出；次列明活版字本《晏子》原文，用四號楷體排出；以示區別。

目　錄

對《晏子春秋》的再認識
(代序言)

壹

　　《晏子春秋》是記錄春秋時期齊國名相晏嬰言行的一部著作。最早記載該書的是司馬遷的《史記》，他在《管晏列傳》中云：「吾讀管氏《牧民》、《高山》、《乘馬》、《輕重》、《九府》及《晏子春秋》，詳哉其言之也。既見其著書，欲觀其行事，故次其傳。至其書，世多有之，是以不論，論其軼事。」《史記正義》引《七略》云：「《晏子春秋》七篇，在儒家。」未著錄撰書人姓名。班固《漢書·藝文志·諸子略》稱「《晏子》八篇」，仍在儒家類。班固自注云：「名嬰，謚平仲。相齊景公。孔子稱善與人交，有列傳。」(師古注云：「有列傳者，謂太史公書。」)《隋書·經籍志》、《唐書·經籍志》著錄與上引《七略》相同，且曰：「齊大夫晏嬰撰。」《宋史·藝文志》著錄仍稱《晏子春秋》，除《四庫全書總目提要》稱八卷外，《崇文總目》、《郡齋讀書志》、《中興書目》、《直齋書錄題解》等皆著錄為十二卷。

　　關於該書的真偽及作者問題，過去眾說紛紜。最早挑起論戰者為唐代柳宗元，他在《柳河東集》卷四中云：「司馬遷讀《晏子春秋》，高之，而莫知其所以為書。或曰晏子為之而後人接焉，或曰晏子之後為之，皆非也。吾疑其墨子之徒有齊人者為之。……自劉向、歆與班彪、固父子，皆錄之儒家中，甚矣，數子之不詳也。蓋非齊人不能具其事，非墨子之徒則其言不若是。後之錄諸子書者，宜列之墨家，非晏子為墨也，為是書者墨之道也。」在這裡柳氏從該書的作者問題及學派所屬問題上提出質疑，但他並沒有進行詳細的論述。其後，歷代學者從不同角度對該書的真偽問題、作者問題、成書年代以及學術流派等展開了辯論。其中爭論較多的為成書年代和作者問題。歸納起來，關於該書的

作者問題大致有如下幾種說法：

一、晏嬰自撰。持這一說者，主要是過去的一些史志著錄。自《漢書‧藝文志》班固自注始，其後隋、唐書《經籍志》、《崇文總目》、《郡齋讀書志》、《直齋書錄題解》等都主此說。直到清代《四庫全書簡明目錄》才指出「《晏子春秋》八卷，撰人名氏無考，舊題晏嬰撰也，誤也」。

二、晏子之徒有齊人者為之。持這種看法的首先是唐代柳宗元，近代梁啓超也主此說。[1]

三、晏子沒後，傳其學者採綴晏子之言行而為之。持此說者，首見於王應麟《玉海》引《中興書目》。其後，清人孫星衍、近人張純一也主此說。孫星衍云：「《晏子》文最古質，疑出於齊之《春秋》，即《墨子‧明鬼篇》所引。嬰死，其賓客哀之，集其行事成書。」[2]

四、淳于越之類齊人為之。持此說者，為今人吳則虞先生。他認為：「書中所反映的齊國生活，如衣履冠帶、摩肩擊轂等等，和《戰國策‧齊策》所記述的大致相同。《晏子春秋》裏又出現一些他書不經見的齊國地名（如公阜等）。此外，還有一些齊國的民間傳說和齊東方言，假如編寫者不是齊國人士，在當時交通條件下，決不可能對齊國地理風土了解的這樣深遠，感情上也不會有這樣的親切；書中對於許多史實的記載，假如編寫者不是在齊國政治上有過較高的地位，就不可能見到這類的官府檔案和歷史文獻。」[3]由此種種，吳先生認為這位作者「必定是一位齊國的故臣」，他列舉了五條材料，認為「極有可能就是淳于越之類的齊人在秦國編寫的」。

五、六朝後人為之。持這一觀點者為清人管同。他認為：「吾謂漢人所言《晏子春秋》不傳久矣，世所有者，後人偽為之耳。……其文淺薄過甚，其諸六朝後人為之者與？」[4]

---

[1] 見《柳河東集》卷四及梁啓超《漢書藝文志諸子略考釋》。
[2] 見孫星衍《問字堂集‧晏子春秋序》及張純一《晏子春秋注序》。
[3] 見吳則虞《晏子春秋集解》序。
[4] 見管同《因寄軒文初集》卷三。

六、與稷下大夫有關。持這一論點者爲今人高亨先生。他認爲：「《晏子》
不是晏子所作，這是可以斷言的。⋯⋯但是成書並不晚，當在戰國時
代。⋯⋯但是《晏子》經過秦火的摧殘，是劉向所校編，後人又輾轉
抄寫，其中雜有後人增添的語句，甚至章節，乃屬應有現象。⋯⋯這
部書所記故事，有真的史實，也有誇大和虛構，性質接近歷史小說。
作者當是齊國人，或久住齊國的人，或者與稷下大夫有關。」[1]

關於該書的成書年代，大致有如下幾種說法：

一、書於六朝之後。持此說者主要有清人吳德旋和管同。[2]

二、成書於漢初。持此說者主要是近人梁啓超。他認爲：「柳宗元謂晏子之
徒有齊人者爲之，蓋近是，然其人非能知墨子者，且其依託年代甚晚，
或不在戰國而在漢初。」[3]

三、成書於秦統一六國之後。持此說者爲今人吳則虞先生。他從《晏子》
一書的體裁和書中引《詩》進行了一些論證後認爲：「《晏子春秋》的
成書年代，既不在毛亨之前，又不在韓嬰之後，那麼大約當在秦政統
一六國後的一段時間之內。而從擊缶等風俗來看，編寫的地點，還可
能就在原秦國境內。」[4]

四、成書於戰國時代。持此說者有清人孫星衍、今人張純一、蔣伯潛、高
亨、董治安諸先生。[5]

從上述諸家論述來看，確實眾說紛紜，正因爲如此，歷史學者對《晏子春
秋》一書的褒貶也莫衷一是，從而降低了其在史學、文學以及哲學等方面的學
術價值。其實《晏子春秋》一書所包含的思想內容是十分豐富的，從近年的考

---

[1] 見高亨《文史述林‧晏子春秋的寫作年代》。
[2] 見吳德旋《初月樓文鈔》卷一《書柳子厚辦晏子春秋後》及管同《因寄軒文初集》卷三《讀晏
子春秋》。
[3] 見梁啓超《漢書藝文志諸子略考釋》。
[4] 見吳則虞《晏子春秋集釋》序。
[5] 見同 2.及蔣伯潛《諸子通考‧諸子著述考》、高亨《晏子春秋的寫作年代》、董治安《與吳則虞
先生談晏子春秋的時代》（載《山東大學學報》1959 年第 4 期）。

古資料來看，它的成書年代也是比較早的。由於考古成果給我們提供了前人所未見的珍貴資料，使我們看到了失傳兩千年的漢代寫本《晏子春秋》，這一偉大的發現，爲我們研究提供了新的線索，無疑對我們今天重新認識該書有很大的啓發和幫助。它不但可以鑒別前人研究成果的正確與否，同時還可以利用這些新材料在前人研究成果的基礎上作些新的探索。下面簡單談談本人對上述一些問題的粗淺看法，並就教於方家。

貳

隨著考古事業的不斷發展，本世紀七十年代以來出土了大批秦漢簡帛書籍，這對我們重新認識和研究古書的形成和流傳都有著很高的參考價值。值得慶幸的 是我們討論的《晏子春秋》一書在七十年代考古發掘的竹簡中也有幾次發現。一九七二年，在山東省臨沂縣銀雀山一號漢墓中出土了大批竹書，其中有《晏子春秋》十六章。[1]一九七三年，河北省文物工作隊在河北省定縣西漢中山懷王劉修的墓葬中發掘出一批竹簡，其中也發現有《晏子春秋》殘文。[2]一九七七年在安徽省阜陽縣雙古堆發掘的西漢汝陰侯夏侯灶墓中也出土了一些《晏子春秋》殘文。[3]1972-1974 年間居延考古隊在甲渠候官（破城子）探方五十一中也發現了一枚《晏子》木簡，僅存四十八字。[4]這四批竹簡，皆爲西漢遺物，最早的是安徽阜陽雙古堆漢墓，其時代爲文帝時墓葬；山東臨沂銀雀山漢墓爲武帝時期的墓葬；甘肅甲渠候官爲漢武帝至宣帝時期的遺址；最晚的是河北省定縣中山懷王劉修的墓葬，其時代爲宣帝時期。其中河北定縣、安徽阜陽和甘肅甲渠侯官三處出土的《晏子春秋》竹簡數量比較少，而且殘損也比較嚴重，只有一些不完整的文句。數量最多，而且竹簡也較爲完整的是山東臨沂銀雀山漢墓出土的《晏子春秋》。經過整理，銀雀山漢墓出土的《晏子春秋》竹簡共一百零二枚，有些竹簡首尾完整，有些竹簡是由數枚殘簡綴連而成。其內容分爲十

---

[1] 見文物出版社《銀雀山漢墓竹簡》第一輯。
[2] 見《文物》1981 年第 8 期《河北定縣 40 號漢墓發掘簡報》及《儒家者言釋文》。
[3] 見《文物》1978 年第 2 期《阜陽雙古堆西漢汝陰侯墓發掘簡報》。
[4] 見文物出版社出版《居延新簡·破城子探方五十一》。

六章。竹簡沒有篇題、沒有書名，也沒有題撰輯人姓名。簡本十六章，散見於今本《晏子春秋》八篇之中的十八章。這批竹簡長約 27.6 釐米，寬約 0.5 至於 0.9 釐米，厚約 0.2 釐米左右。每簡抄寫字數一般約在三十五字左右。簡的上下兩端各空一至兩釐米，爲竹書的天頭地腳。簡與簡間用細繩編連成冊，雖然出土時編繩已經腐爛殘斷，但從簡上殘存的編連痕跡來看，該竹書原是由三道細繩編連成冊的。原簡編連處皆留有空白，可以看出這批竹書是先將竹簡編連成冊，而後才抄寫竹書內容的。簡本《晏子春秋》除「仲尼之齊」章章首無「‧」號外，其餘十五章章首皆有「‧」號，表示一章之始。此外，簡文中上下相連的字相同時或上下相連的詞、詞組重覆出現時一般皆用重文號「＝」句表示。句中間或有「、」、「∨」等符號，表示斷句。簡本《晏子春秋》的篇章分合與今本也不盡相同。如簡本第十章，今本析爲《內篇問上》之《景公問忠臣之行何如晏子對以不與君行邪第二十》和《景公問佞人之事君何如晏子對愚君所信也第二十一》兩章；簡本第十一章，今本析爲《內篇問下》之《叔向問意孰爲高行孰爲厚晏子對以愛民樂民第二十二》和《叔向問嗇吝愛之行何如晏子對以嗇者君子之道第二十三》兩章。

從上述簡本情況來看，與今本有不少差異。關於該書的篇章問題，最早見於記載的是劉向《晏子敘錄》，它記載了劉向校書時所收集到的有關《晏子春秋》一些「版本」及篇章情況。《敘錄》云：「所校中書《晏子》十一篇，臣向僅與長社尉臣參校讎，太史書五篇，臣向書一篇，參書十三篇，凡中外書三十篇，爲八百三十八章。除復重二十二篇六百三十八章，定著八篇二百一十五章。」今本亦分八篇二百十五章，可見今本源遠流長。簡本抄寫於劉向校書之前，僅存十六章，與劉向校書時所收集到的各種抄本情況差不多，皆爲當時流傳的一種普通抄本（詳下論述）。從簡本十六章與今本相應各章比較來看，除了有些章節的分合不同外，在文字上也有不少差異之處。簡本不但可以糾正今本的一些字句訛誤，而且通過比較，還可以發現後人竄入今本內的一些文字。如明活字本《內篇諫上‧景公將伐宋夢二丈夫立而怒晏子諫第二十二》章「晏子公曰：伐無罪之國，以怒明神，不易行以續蓄，進師以近過，非嬰所知也」句，歷來皆以「過」屬上讀，但「近過」二字又文意難通。陶鴻慶在《讀〈晏子春秋〉札記》中曾指出「過」當爲「禍」字。其說甚是，但當時苦無旁證。銀雀山簡本

此句作「晏子曰：公伐無罪國，以怒明神，不易行□□□，進師以戰，禍非嬰所智（知）也。」足證明本「公曰」二字誤倒，「以近」當爲「以戰」，且「過」當屬下讀，假借爲「禍」字。又《內篇諫下・景公登路寢之臺不終不說晏子諫第十八》章「古者之爲宮室也，足乎以便生，不以爲奢侈也，故節於身，謂於民」句，「謂於民」之「謂」字，歷來解釋不通。清人王念孫在其《讀書雜志》中曾云：「『謂』當爲『調』字，形相似而誤。調者，和也。」這樣解釋文通義順，可惜久無版本旁證。銀雀山簡本該句正作「調於民」，證實了王念孫的真知灼見。又如《內篇問上・景公問伐魯晏子對以不若修政以待其亂第三》章「今君好酒而辟，德無以安國，厚籍斂，意使令，無以和民」句，過去不少人認爲該句句法不調，難以詮釋。簡本《晏子春秋》的出土，其疑自解。簡本該句作「今君子好酒而養辟，德無以安國，厚籍斂，急使令，政無以和民」，由此可以看出，明本在文字上不但有脫文，而且也有錯字。又如《外篇不合經術者・仲尼見景公景公欲封之晏子以爲不可第一》章「不可以示，其教也不可以導民」句，「不可以示」句式結構不完整，與後句句式比較，顯然當有脫文，但由於過去沒有版本根據或其他文獻的佐證，其脫文一直不得而知。簡本《晏子春秋》的出土，這一懸案迎刃而解。簡本該句作「其道不可以視世，其教也不可以導民眾」，文通義順。類似以上列舉的例子，我們還可以找到不少，簡本在校勘傳本方面的意義，由此可見一斑。

此外，簡本《晏子春秋》的出土對研究該書的源流及成書年代等都有重大意義。如過去管同等認爲該書爲「六朝人僞作」，四種漢代簡本出土，六朝之說不攻自破。又如過去也有人認爲該書成書於「漢初」或「秦統一六國之後」，安徽阜陽雙古堆墓葬爲漢初之墓，該墓出土《晏子春秋》殘文，足證該書成書要早於漢初。該墓葬上距秦統一六國也僅三十餘年，古書的形成都要經過一個漫長的歲月，在當時的條件下，三十餘年即成書流傳，並書於竹帛是不可能的（說見下）。

總之，簡本《晏子春秋》的出土，爲我們今天重新認識該書提供了珍貴的第一手資料，爲我們進一步研究該書提供了新的線索。

參

我們今天看到的《晏子春秋》最早傳本爲明活字本。該本每半頁九行，行十八字。高五寸四分，寬三寸八分，左右雙邊。前有目錄及劉向《敍錄》。書分八篇：內篇諫上第一、內篇諫下第二、問上第三、問下第四、雜上第五、雜下第六、外篇重而異者第七、不合經術者第八。版心不載卷數，只有「晏內」、「晏外」等字。因其刻印整齊，字近元體，所以過去有人誤認爲是元刻本。清人吳德旋認爲這一傳本是六朝人的僞作，他說：「吾疑是書蓋晚出，非太史公、劉向所見本，太史公、劉向所見之《晏子春秋》不知何時亡失，而六朝人好作僞者依仿爲之耳。」管同也云：「漢人所言《晏子春秋》不傳久矣，世所有者，後人僞爲之耳。何以言之？太史公爲《管晏傳》贊曰：『其書世多有之，故不論，論其軼事。』仲之《傳》載仲言交鮑叔事獨詳悉，此仲之軼事，《管子》所無。以是推之，薦御者爲大夫，脫越石父於縲紲，此亦嬰之軼事，而《晏子春秋》所無也。假令當時書有是文，如今《晏子》，太史公安得稱曰軼事哉？吾故知非其本也。」[1]我們認爲吳德旋、管同此說根本不能成立。今天我們看到的《晏子春秋》傳本，目前學術界多數學者認爲是西漢劉向所編定。太史公所見到的《晏子春秋》也可能爲漢代中書藏本，但在劉向編定之前，無論官藏和私藏本，其篇章數量和內容多寡都有很大的不同，這從劉向《晏子敍錄》中可以得到證明。劉向《敍錄》云：「所校中書《晏子》十一篇，臣向僅與長社尉臣參校讎，太史書五篇，臣向書一篇，參書十三篇，凡中外書三十篇，爲八百三十八章，除復重二十二篇六百三十八章，定著八篇二百一十五章。外書無有三十六章，中書無有七十一章，中外皆有以相定。」由此我們可以看出，劉向等當時編定《晏子春秋》時所收集到的抄本情況是：中書藏本十一篇，太史藏本五篇，劉向藏本一篇，富參藏本十三篇，四種藏本共三十篇，分八百三十八章。劉向在清理這些藏本的內容時，發現有二十二篇六百三十八章在四種藏本中有重複出現的現象（這種重複可能多數是交叉重複，即此有彼無，或彼有此無；也可能有少數篇章在四種藏本中都曾出現過），於是他刪除了這些重複的篇章，最後編定八篇二百一十五章。既然有重複的篇章，當然也會有可以互相補充的篇章，這在劉向《敍錄》中也有交代。《敍錄》云：「定著八篇二百一十五章，外書無有三

---

[1] 見吳德旋、管同言，見吳德旋《初月樓文鈔》卷一《書柳子厚辨晏子春秋後》及管同《寄軒文初集》卷三《讀晏子春秋》。

十六章，中書無有七十一章，中外皆有以相定。」在這裏，劉向清楚地告訴我們，在他編定的二百一十五章中，有三十六章是外面收集的藏本中所沒有的，有七十一章是中書藏本中所沒有的。從劉向《敍錄》的這些記載中，我們就可以看出《晏子春秋》各種抄本的差異。再比如銀雀山出土的簡本《晏子春秋》，這個抄本是劉向編定以前流傳在臨沂地區的一個私人藏本，僅存十六章，與劉向所見各本也可能不同。我們雖然無法判斷簡本《晏子春秋》與當時中書藏本及其他藏本的篇章和內容的差異，但這些現象都說明在秦漢時或秦漢以前，由於受當時抄書材料（簡帛）和流傳途徑的限制，各傳抄者所見之本也未必相同，也可能由於傳抄者根據自己的需要而摘抄其中部份篇章，因此造成了當時不同抄本之間此有彼無的情況。從目前出土的秦漢簡帛文獻來看，除成書較早、影響較大、流傳較廣的書籍在流傳中比較穩定外，一般書籍的流傳，其篇章內容多寡並不一致。因此，太史公當時也未必能把所有流傳於世的《晏子》抄本全部看到，他認爲的「軼事」，並不能排除當時流傳的抄本中都沒有，也可能在當時別的《晏子》抄本中就存在，吳德旋、管同怎麼能據此判定《晏子》一書爲後人僞作呢？管同見木不見林，更沒有從劉向《敍錄》所講的當時《晏子春秋》一書的情況去考察，僅憑司馬遷一句話就定該書爲後人僞作，實爲武斷。至於吳德旋、管同認爲該書僞作於六朝，更是無根之談，此由阜陽雙古堆、臨沂銀雀山、河北定縣、甘肅甲渠候官四處出土之《晏子》簡本，即知六朝之說不攻自破。

　　梁啓超認爲該書之成書「不在戰國而在漢初」，吳則虞認爲該書「成書於秦統一六國之後」，我們認爲以上兩種說法也難以成立。銀雀山漢墓爲漢武帝初年的墓葬，其年代約在文、景至武帝初期這段時間內。西漢時期避諱不嚴，這批竹簡有時似避「邦」字諱，有時又不避。「盈」（惠帝名）、「恆」（文帝名）、「徹」（武帝名）諸字，簡文常見。「雉」（呂后名）、「啓」（景帝名）二字不如以上諸字常用，但在簡文中也都出現過。[1]雖然我們無法根據避諱字來對竹簡的抄寫年代作出準確的推斷，但該竹簡抄寫於漢初是毫無疑問的。所以該墓出土的《晏子春秋》也當抄寫在這段時間內。安徽阜陽雙古堆西漢汝陰侯墓出土《晏子春秋》殘文，據發掘簡報稱該墓葬的年代爲西漢文帝時期，抄寫時間可能比銀雀

---

[1] 見文物出版社出版《銀雀山漢墓竹簡》第一輯。

山竹簡還要早一些，該墓葬的年代距秦統一中國也僅三十餘年時間。這些情況說明，西漢初期，在當時比較僻遠的居延、山東臨沂和安徽阜陽地區已有《晏子春秋》一書的流傳，足證《史記》記載當時「世多有之」是可信的。在印刷術尚未發明的西漢初期，書籍的傳播主要靠簡帛的傳抄與口授，抄書難，流傳更難，從成書到得以流傳都需要一個相當長的時間，再傳到文化不太發達或交通不便的僻遠地區，在時間上則會更長一些。從《史記》的記載和雙古堆、銀雀山簡本《晏子》的重新問世，足以證明該書絕對不會成書於漢初，從書籍本身發展情況來考察，該書的產生也不會在秦統一六國之後，從該書的內容及書中語言用字來看，很可能還會更早一些。

高亨、董治安兩位先生認為該書成書於戰國時期。歸納起來，他們的主要論據是：「第一，《晏子》二百一十五章都記晏嬰的言行，重見於先秦兩漢古書的，據我粗略的統計，約八十章左右，其餘只有《晏子》中才有。如果漢後人作偽，試問作偽者從哪裡得到那八十章左右以外的材料？第二，《晏子》所記故事，重見於先秦兩漢古書的，確多相同或大體相同之處，但是《晏子》中在人物、地點和故事情節上也有不少特別殊異的地方。如果漢後人作偽，試問作偽者為什麼不遵照古書而偏偏立異？又有什麼根據而立異？第三，《晏子》所記故事和重見於先秦兩漢古書的相比，一般是《晏子》內容比較豐富，情節比較多而且詳。如果漢後人作偽，試問作偽者根據什麼而增加故事的內容和情節？能說都出於虛構嗎？第四，《晏子》本書有許多古字古義，只有先秦作品才這樣用，甚至只有《晏子》才這樣用，而且語言風格多古奧樸實，與漢人作品迥異。如果漢後人作偽，試問作偽者怎能超越時代，會用古字古義、會寫古代文章，達於畢真畢肖？」[1]高亨先生隨後從《晏子》本書內找了一些例子來論證他上述的觀點，其最後云：「以上幾個例子已經足夠說明《晏子》作於戰國時代。但是《晏子》經過秦火的摧殘，是劉向所校編，後人又輾轉抄寫，其中雜有後人增添的語句甚至章節，乃屬應有現象。《史記》尚有許多篇有後人附加成份，而況《晏子》！」從先秦諸子書籍本身發展來看，它們有個共同的特點，誠如余嘉錫先生所云：「周秦諸子，以從游之眾，傳授之久，故其書往往出於後人追敘，而自

---

[1] 見高亨《文史述林‧晏子春秋的寫作年代》。

作之文，乃不能甚多，漢初風氣，尚未大變。」[1]即多數古籍並非一人之作，而是某一學派著作的彙編，類似今天的文集性質。每一種書的形成都要經過一段相當長的時間的積累和編纂過程，最後才著之於竹帛。今天我們看到的先秦諸子書籍，有不少是西漢時期劉向等整理而成的，劉向等編定之前的各書面目如何？多數已無法確定。好在近年來隨著考古事業的蓬勃發展，出土了一些秦漢古書，才使我們目睹了劉向等編定之前的一些書籍的情況，才對我國古代書籍的形成和發展有了新的認識。

　　與《晏子春秋》同墓出土的竹簡中還有幾種現在有傳本的古書，如《孫子兵法》、《尉繚子》、《六韜》（其中還出土了《孫子兵法》、《六韜》兩書中一些傳本中所沒有的佚篇）。[2]以上三種竹書，除了《孫子》十三篇外，其他兩種書籍的篇章皆少於我們今天看到的傳本，其中《尉繚子》僅存五章，《六韜》有十四章，銀雀山漢墓竹簡整理小組認爲這兩種古籍及《晏子》都不是足本。再比如阜陽雙古堆出土的《詩經》也比今本少的多；[3]定縣出土的簡本《論語》也只有全書之半；長沙馬王堆帛書《戰國策》（發表時書名爲《戰國縱橫家書》）只有二十七章；1959 年，在甘肅武威磨嘴子漢墓出土的《儀禮》抄本，也僅有七篇。[4]從這些出土實物來看，正如我們前面所講，在秦漢以及秦漢以前，除了成書較早、影響較大、流傳較廣的書籍在流傳時，其篇章比較相對穩定外，一般書籍的流傳其篇章多寡不盡一致。李學勤先生認爲：「除了少數經籍早已立於官學，或有官本，古籍一般都要經過較大的改動變化才能定型。那些僅在民間流傳的，變動自然更甚。如果以靜止的眼光看古書，不免有很大的誤會。」[5]在紙張及印刷術尚未發明時，書籍的流傳多靠簡帛的抄寫或口授，傳抄者或根據自己的需要而摘錄某書中的部份篇章加以保存。前輩學者余嘉錫先生曾經指出：「古人著書既多單篇別行，不自編次，則其本多寡不同。加以暴秦焚書，圖籍散亂，老屋壞壁，久無全書，故有以數篇爲一本者，有以數十篇爲一本者，此有彼無，紛

---

[1] 見余嘉錫《古書通例・明體例》。
[2] 見文物出版社出版《銀雀山漢墓竹簡》第一輯。
[3] 見胡平生、韓志強《阜陽漢簡〈詩經〉研究》。
[4] 見文物出版社出版《武威漢簡》。
[5] 見李學勤《簡帛佚籍與學術史・對古書的反思》。

然不一。分之則殘缺，合之則重複。」[1]劉向等校書時所收集到的秦漢傳本，基本如余先生所講。造成這種情況的原因，除上述「暴秦焚書」、「老屋壞壁」等原因外，還有一點就是受當時抄書材料和流傳途徑的限制和影響，所以在當時，同一種古書在流傳過程中就會出現此有彼無、多寡不一的現象。再一點就是書籍也是一定歷史條件下的產物，它得產生和消失，都會受到當時社會環境、經濟發展以及政治因素的影響，一旦時過境遷，人們也就不會再去費力地抄寫那些過時的、無用的東西，這樣年長日久，那些無人問津的東西也就自然地歸於滅亡。當然也不能排除在流傳過程中，也會有人根據當時的社會需要而滲入一些新的東西。晏嬰為戰國時人，到劉向等編定《晏子春秋》一書時，晏嬰的言論甚至於著述當然也會經過上述一段經歷，所以劉向等編定《晏子》時，所收集到的抄本的篇章多寡就不一樣，四種抄本共三十篇八百三十八章，除去彼此重複的二十二篇六百三十八章外，「又有復重，文辭頗異」者，劉向也「不敢遺失，復列以為一篇」，「又有頗不合經術」者，劉向認為「似非晏子言，疑後世辯士所為者，亦不敢失，復以為一篇」，[2]劉向根據他所收集到的四種抄本共編定八篇二百一十五章。余嘉錫先生也曾指出：「及劉向收拾散亡，合中外之本，為之定著。苟非彼此重複，即一章半簡，皆所不遺。雖文字小有同異，亦並著之。……雖明知其非真，以其相傳既久，與其過而廢也，寧過而存之。」[3]這也是古今校書編書的一個通例。由此我們可以想到，每一種流傳至今的先秦古書，它的產生、發展都有一個相當複雜的過程，再加上不同時代的人為因素，就使的多數古書的面貌蒙上了一層層迷霧。所以，我們認為《晏子春秋》一書的產生和發展也是經過了一個相當複雜的漫長歲月，它決非一人一時之作，其最早可能產生於戰國時期，漢時又經劉向等所編定，流傳至今。

至於該書的作者，前面已經提到，有人認為是晏嬰自撰，有人認為是墨子之徒有齊人者所為，有人認為是淳于越一類人所撰，有人認為與稷下大夫有關。以上幾種觀點，皆為推測之說。據目前我們能看到的有關材料來看，要想確定該書的作者為誰（或哪一些人），確實是很困難的。再加上先秦諸子的成書多數

---

[1] 見余嘉錫《古書通例·論編次》，上海古籍出版社出版。
[2] 見劉向《晏子敘錄》。
[3] 見劉向《晏子敘錄》。

都經歷過一個相當複雜的漫長歲月，這就給我們考證它的作者帶來了極大困難。但從總體來看，認為成於一人之手或一時之作的結論似難以成立。余嘉錫先生在《古書通例・論編次》中也曾論及這類問題，它認為「古之諸子，即後世之文集，既是因事為文，則其書不作於一時，其先後也都無次第。隨時所作，即以行世。論政之文則藏之於故府，論學之文則為學者所傳錄。迨及暮年或其身後，乃聚而編次之。其編次也，或出於手定，或出於門弟子及其子孫，甚或遲至數十百年，乃由後人收拾叢殘為之定著。後世之文集也多如此，其例不勝枚舉。」余先生的這段論述是指多數先秦諸子而言的，具體到《晏子春秋》一書來看，它可能屬於「遲至數十百年，乃由後人收拾叢殘為文定著」一類。《晏子春秋》決非晏嬰手定，這已成為目前學術界的定論。這在本書中也可以找到不少例證。如《內篇諫上》第十八章云「及晏子卒，公出，背而泣」；《內篇問上》第十章、《外篇上》第二十二章皆云「晏子沒而後衰」；《內篇雜下》第三十章云「晏子病，將死，鑿楹納書焉」；《外篇下》第十六章云「景公游於淄，聞晏子死」；《外篇下》第十七章云「晏子死，景公操玉加於晏子而哭之」；《外篇下》第十八章云「晏子沒十有七年」等等。以上所舉，皆記晏子沒後事，足證該書決非晏嬰手定。至於是否「墨子之徒有齊人者為之」？還是「淳于越一類人所撰」？還是「與稷下大夫有官」？我們傾向於後一種說法，即可能「與稷下大夫有關」。因為晏嬰為春秋時期齊國的名相，與管仲齊名。從今本《晏子春秋》來看，早在春秋戰國時期民間或士大夫中就有不少關於晏嬰的傳說。到晏嬰死後，有些人為了給這位傑出的齊國名相歌功頌德，便陸陸續續收集這些傳說，並逐漸著之於竹帛。從出土的簡本及劉向編定《晏子》時所收集到《晏子》書來看，在秦漢時，社會上曾出現過一些不同源流的《晏子》「版本」，這說明在秦漢以前，將晏嬰的傳說著之於竹帛的並非一種，很可能在當時不同地區流傳的「版本」就有所不同，所以到劉向編定《晏子》時才集眾家之書，去重補缺，編為定本。從今本《晏子春秋》的語言等方面來觀察，就保存了不少齊東方言。書中所反映的齊國都城臨淄的經濟情況，如衣冠履帶、摩肩擊轂等，和《戰國策》所記大致相同。書裡有一些齊國的地名（如公阜等），在先秦其他書籍中也少見。書中所敘述的一些歷史事件（如《諫上》第十一章所記景公立荼一事等）也不見於《左傳》，僅僅在齊人所寫的《公羊傳》裡有著類似的記載。從這些情況來看，編纂《晏子》一書的人，確如高亨先生所謂，當為齊人或久

住齊國的人。另外。有關晏嬰的一些傳說，在當時理所當然地應盛行於春秋戰國時的齊地，所以很可能是官處齊地的一些士大夫根據這些傳說或史書記載編寫而成。高亨先生認為這些作者「或許與稷下大夫有關」，從時間和地域等方面來分析，這種推測有可能接近事實。

總之，《晏子春秋》一書，由於過去大家對它的評價眾說紛紜，或因其真偽難辨而未被人所重視，從而忽略了它在史學、文學等方面的學術價值。其實《晏子春秋》一書所包含的思想內容是十分豐富的，它不但是一部富有濃厚政治色彩的古典文學作品，而且也是研究我國春秋戰國時期歷史的一部重要參考書。由其是銀雀山等地的竹書《晏子》的出土，不但證明它是一部有價值的先秦文獻，而且為我們研究這一課題也增加了珍貴的第一手資料，因此，我們今天大有必要對該書進行重新認識和評價。當然也有些問題，如有關該書的作者及成書年代等，還很難一下子得到全部解決，尚需集思廣益地通過大家的不斷研究，才能逐步得出切合實際或接近實際的結論。

上面的一些粗淺見解，只是本人在撰寫本書時的一些初步感想，在此提出這些不成熟的看法，拋磚引玉，希望能引起廣大學者對該書的注意，並能把一些目前尚未解決的問題的研究引向深入。

駢宇騫

一九九九年冬月於北京前門寓所

銀雀山竹簡本《晏子春秋》釋文

一

・景公飲酒，〔□〕三日而后發。晏子見曰：「君病酒乎？」公曰：「然。□三日而后發。」晏子合（答）曰：「古之飲酒也，足以道□合好而已矣。故男不群樂以〔□〕事，女不群樂□。……觴五獻，過者死。君身服之，故上无怨治，下〔□□□□〕一日飲酒，三日帚（寢）之，國治怨□外，左右亂乎內。以刑罰自妨（防）者，勸乎爲非，以賞譽自勸者，隋（惰）乎爲善；上離德……。」

二

・翟王子羊（羡）臣於景公，以重駕，公弗說（悅）。嬰子欲觀之，公曰：「及晏子帚（寢）病也。」居図（囿）中臺上以觀之，嬰子說（悅）之，因爲請，公許之。晏子見，公曰：「翟王子羊（羡）之駕也，寡人甚說（悅）之，吾欲祿之以萬，其足乎？」晏子進合（答）曰：「公言過矣。昔衛士東圣（野）之駕也…………□□羊（羡）之駕也，公弗說（悅），嬰子說（悅）之，公因說（悅）…………□□□君

子所□。今夫駕六駕八，固非先王之制也，今有（又）重之，此其……城之務……善遂……。

三

‧景公之□……□公曰：「異戈（哉）□□……令所堵（睹）於□……毋言其名。出氣（既）事者兼月，脊（瘠）者□歲。子曰：「晏子能明其所欲，景公能行其所善。」

四

‧景公將伐宋，師過大（泰）山，公吾薨（夢）有二丈夫立而怒，……□志其聲。公恐，學（覺），痛磧，辟（闢）門召占薨（夢）者曰：「今昔（夕）吾薨（夢）二丈夫立而怒，其怒甚盛，吾猶者（睹）其狀，志其聲。」占薨（夢）者曰：「師過大（泰）山不用事，故大（泰）山之神怒，趣……者之言曰：『師過大（泰）山而不用事，故大（泰）山之神怒。』今吾欲使人誅祝史。」晏子付（俯）有間，卬（仰）而合（答）曰：「占薨（夢）者弗識也，是非大（泰）山之神也，是宋之先也，湯與伊尹也。」公疑，猶以為大（泰）山。晏子曰：「公疑之，則嬰請門（聞）湯……逢（豐）下，居（倨）身而陽（揚）聲。」公曰：「□□ 〕伊尹黑以短□□以逢（蓬），逢（豐）上而兌（銳）□□□〕而下聲。」公……唯宋耳，而公伐之，故湯、伊尹怒，請散師和平。……子曰：「公伐

无罪之國，以怒明神，不易行□□□進師以戰，禍非嬰之所智（知）也。師若果進，軍必有戋（災）。」軍進再舍，將壹（殪）軍鼓毀。公恐，辭 □□□□□不果伐宋。

五

・景公登洛（路）帚（寢）之臺，不能冬（終）上而息於陛。公曰：「孰爲高臺？其病人之甚也。」晏子……使民如 □□□□〕罪也。夫古之爲宮室臺榭者，節於身而調於民，不以爲奢侈。及夏 □□〕也，其王桀伓（背）行棄義，作爲頃宮壾（靈）臺。殷之 □〕也，其王紂作爲環（琁）室玉門。廣大者有賞，埤（卑）小者有罪，是以身及焉。今君埤（卑）亦有罪，高亦有罪，吏寋（審）從事，不免於罪，臣主俱困而无所辟患……。

六

・景公興兵將伐魯，問晏子，晏子曰：「不可，魯君好義而民戴 □□〕義者安，見戴者和，安和之禮（理）存焉，未可攻也。攻義者不羊（祥），危安者必困。且嬰聞之，伐人者德足以安其國，正（政）足以和其民，國安民和然后可以興兵而正（征）暴。今君好酒而養辟（嬖），德無以安國。厚耤斂，急使令，正（政）无以和民。德無以安之則危，正（政）无 □〕和之則亂。未免乎危亂之禮（理），而 □

□□□〕之國，不可，不若脩（修）德而侍（待）其亂也。
其〔□□□〕怨上，然后伐之，則義厚而〔□□□□□〕適
（敵）寡，利多則民勸。」公曰：「善。」不果伐魯。

七

・景公問晏子曰：「寡人志氣甚痿（痿），身體甚病。今吾欲
具圭璧犧牲（牲），令祝宗薦之上下，意者體（禮）可奸（干）
福乎？」晏子□曰：「嬰聞之，古者先君之□福也，正（政）
必合乎民，行必順乎神。故節宮室，毋敢大斬伐，毋以服（逼）
山林。節飲食，毋敢多田（畋）魚（漁），以毋㤭（偪）川
罩（澤）。祝宗用事，辭罪而〔□□□□□〕也。是以神民
俱順而山川入璱（祿）。今君之正（政）反乎民，行字（悖）
乎神，大宮室而多斬伐，……□是以神民俱怨而山川收璱
（祿），司過薦至而祝宗靳（祈）福，意逆乎？」公曰：「寡
人非夫子，无〔□〕聞此，請革心易行。」於是□〔□□□
□〕止海食之獻，斬伐者〔□□□□〕者有數，居處飲食，
節□勿羨，祝宗用事，辭罪而不敢有靳（祈）求也。故鄰國
患之，百生（姓）親之。晏子沒而后衰。

八

・景公問晏子曰：「賢君之治國何若？」〔□□□□□〕□賢
君之治國也，其正（政）任賢，其行愛民，其取下〔□〕，

24

其自養斂（儉）。在上不犯下，任治不鷔（傲）窮，從邪害民者 □□□□□ ）舉過者有賞。其正（政）刻上而下，正（政）勞（徹）而杚（救）窮。不因喜以加賞，不因怒以加罰。……怒以危國。上无喬（驕）行，下无凷（諂）德；上毋（無）私眾，下无私義。毋（無）歹（朽）蠹之臧（藏），毋（無）凍（凍）餒之民。是以其士民藩（蕃）茲（滋）而尚同，民安樂而尚親。賢君之治國若此。」

九

・景公問於晏子曰：「明王之教民何若？」晏子合（答）曰：「明……令，先之以行。養民不苟而□之以刑。所求於下者弗務於上，所禁於民者弗行於身。守 □□□□ ）以利，立法義（儀）不犯之以邪。筍（苟）所求於民，不以…………事以任民，中聽以禁邪。不窮之以勞，不害之以實。筍（苟）所求於民，不以事逆，故下不敢犯禁也。古者百里異名，千里異習。故明王脩（修）道……不相遺也。此明王之教民也。」

十

・景公問晏子曰：「忠臣之行何如？」合（答）曰：「忠臣不合（弇）……□乎前，弗華（譁）於外。篡（選）………位

以爲忠，不刻………事大（太）子，國危不交諸矦（侯），順則進，不（否）則退，不與君行邪。此忠臣之行也。」公有（又）問曰：「佞人之事君何如？」合（答）曰：「意難之不至也。明言行□餙（飾）其□□□无欲也兌（悅）□其交，觀上 □□ 欲而徵（微）爲之，竊求君之比璽（邇）………爵而外輕之以誣行，□ 〔□□□〕而面公正以僞廉，誣行僞廉以夜上。工於取，蚩乎□，觀（歡）乎新，曼（慢）於故，鄰（吝）於財，薄乎施。堵（睹）貧窮若弗式，騳（趨）富利若弗及。非譽不徵乎請（情）而言不合乎行，身殷存所義（議）而好論賢不宵（肖）。有之己，不難非之人，无之己，不難求之人，此佞人之行也。」

<h2 style="text-align:center">十一</h2>

·……樂民。有（又）問……民，行莫踐於害民。有（又）問曰：「鄰（吝）嗇之於行何如？」合（答）曰：「嗇者，君子之道也；粦（吝）愛者，小人之行也。」叔鄉（向）曰：「何謂也？」合（答）曰：「□□□□而節用之，富无……貸之謂嗇，積財不能分人獨自養之謂粦（吝），不能自養有（又）不能分人之謂愛。故嗇者君子 〔□□□□〕粦（吝）愛者，小人之行也。」

26

十二

・晏子爲壯（莊）公臣，言用，晦（每）朝，賜爵益邑。我（俄）而不用，晦（每）朝，致邑與爵。爵邑盡，退朝而乘，湄（喟）然慬（嘆），慬（嘆）終而笑。其僕曰：「〔□〕慬（嘆）笑相從之數（速）也？」晏子曰：「吾慬（嘆）也，哀吾君必不免於難也，吾笑……吾夕（亦）无死已。」崔杼果式（弒）壯（莊）公。晏子立於崔子之門，從者曰：「何不死乎？」晏子曰：「獨吾君與（歟）！吾死也！」「何不去乎？」曰：「吾罪與（歟）才（哉）！吾亡也！」「然則何不〔□□□〕君死焉歸？夫君人者幾（豈）以泠（陵）民，社襪（稷）是主也。故君爲社襪（稷）死則死之，君爲社襪（稷）亡則亡之。若君爲己死，爲己〔□□〕其私親，孰敢任之。人有君而殺之，吾焉得死？焉得亡？」門啓而入，崔子曰：晏子〔□□□〕子曰：「過（禍）始弗智（知）也，過（禍）眾（終）弗智（知）也，吾何爲死？且吾聞之，以亡爲行者不足以存君，以死爲義者不足以立功。嬰幾（豈）婢子才（哉）？縊而從之？」徔（遂）但（袒）免，枕君〔□□〕哭，興，九甬（踊）而出。

十三

・景公令脩（修）茖（路）帚（寢）之臺，臺成，公不尙（上）焉。柏常騫見曰：「□〔□〕□甚急，今成，何爲不尙（上）

焉？」公曰：「然。每〔□□□〕鳴焉，其聲无不爲也，吾是以不尙（上）焉。」柏常騫曰：「臣請□而去之。」公曰：「若（諾）！」令官具柏長騫之求。柏常騫曰：「无求也，請築新室，以茅菽（茨）之。」室成，具白茅而已矣。柏常騫夜用事焉，且見於公曰：「今夜尙聞梟聲乎？」公曰：「吾壹聞〔□□□□〕矣。」柏常騫曰：「□令人視之，梟〔□□〕矣。」公令人視之，梟布翼，伏地而死乎臺下。公喜曰：「子能請……柏常騫曰：「能。」公曰：「益幾何？」合（答）曰：「天子九，諸侯七，大夫五。」公曰：「□□益壽有徵兆乎？」柏常騫曰：「然。益壽地將動。」公喜，令數（速）爲之，令官具柏常騫之求，後者□不用令之罪。柏常騫出，曹（遭）晏子於涂（途）。曰：「前日公令脩（修）臺，〔臺〕成而公不尙（上）焉，騫見而□問之，君曰：『有梟夜鳴焉，吾惡之，故不尙（上）焉。』騫爲君□之，而梟已死矣。君謂騫曰：『女（汝）能請鬼神殺梟而不能益寡人之壽乎？』騫合（答）曰：『能。』君曰：『若（諾）！爲之。』今騫將大祭，以爲君請壽，故將往以聞。」晏子□：「誒！夕（亦）善矣能爲君請壽。雖然，徒祭可以益壽□？」柏常騫曰：「可。」晏子曰：「嬰聞之，雖（唯）正（政）川（順）□□可以益壽而已矣。今徒祭，可以益壽？若謹爲之，然得壽則有見乎？」柏常騫曰：「得壽□□□□□□曰：「昔吾見維星絕，樞星散，地其幾動，女（汝）以是乎？」柏常騫付（俯）有間，合（答）曰：「然。」晏子曰：「爲□□□弗爲損年，數（速）爲之而毋求財官。」

十四

高子問晏……心壹與（歟）？夫子之心三與（歟）？」晏子
曰：「善弋（哉）！問事君，嬰聞之，一心可以事百君，三
心不可事……嬰心非三也。且嬰之事靈（靈）公也，……尚
勇力，勝欲辟於邪，而嬰非能禁也，故退而鯉（野）處。嬰
聞之，言不用者不受其祿，不善其事，不與〔其〕難，吾於
壯（莊）公行之矣。今之君，輕國重樂，薄民……君乎？」

十五

中（仲）泥（尼）之齊，見景公，景公說（悅）之，將欲之
以璽（爾）稽。以告晏……下，好樂而□□ □□□ 親治；
立令（命）而殆（怠）□〕，不可使守職；久喪而循哀，不
可使子民；□□□ □〕容，不可以道（導）□□□□〕
之威（滅），周室之卑……民行茲（滋）薄，聲樂繁（繁）
充，而世茲（滋）衰。今孔丘盛為容飭（飾）以[1] 盅世 ，
紆（弦）歌……眾，博學不 □□□ □〕思不可補民，纍（累）
雠（壽）不能宣（殫）其教，當年不能行其禮，積材（財）
不能譫（贍）其樂。纍（繁）飭（飾）降登以營世君，盛為
聲樂以淫愚民。其道不可以視示世，其教不可以道（導）眾。
今君封之移齊俗，非所以道（導）國先民也。」公曰：「善。」
於是重其禮而留其奉（封），敬見之而不問其道。中（仲）
泥（尼）□去。

十六

‧晏子沒十有七年，公飲諸大夫酒。公射，出質，堂上昌（唱）〔□□□〕□，公組（作）色大（太）息，蕃（播）弓矢。紒（弦）章入，公曰：「章！自吾失 □□〕於今十有七年，未嘗聞吾不善。今射出質，昌（唱）善者若出一口。」紒（弦）章合（答）曰：「此諸臣之不宵（肖）也。智不足以智（知）君之不善，勇不足不以犯君之離（顏），此諸臣之不宵（肖）也。然而有一焉，臣聞斥（尺）汙（蠖）食黃其身黃，食青其身青，君其有食乎凷（諂）人之言輿（歟）？」公曰：「善。」紒（弦）章出。自海入魚五十乘以賜紒（弦）章。章歸，魚塞 □。□□□〕之手曰：「襄（曩）之昌（唱）善者皆欲若魚者也。昔者晏子辭賞以正君，故過不弆（掩）。今諸臣凷（諂）臾（諛）以弋利，故出質而昌（唱）善若出一口。今所以補（輔）君未見於□□□□□□晏子之義，而順凷（諂）臾（諛）之欲也。」固辭而弗受。公曰：「紒（弦）章之廉，晏子之□……。

銀雀山竹簡本《晏子春秋》校釋

一

〔說明〕

　　本章原由四支竹簡組成，整理者編號為五二八、五二九、五三○、五三一，出土時四支竹簡皆已殘斷。經過整理者的綴連拼接，五二八號簡由三段殘簡綴連而成，僅殘簡文一字，基本上保存完整；五二九號簡也由三段殘簡拼接而成，但殘損較多，上半簡殘損一字，下半簡殘損五字；五三○號簡本也是由三段殘簡綴連而成，上半簡殘缺五字左右；五三一號簡僅存全簡的三分之一弱，有三分之二殘缺不存。五二八號簡簡端有「‧」號，按簡本《晏子》的抄寫體例，表示本章之始。本章在傳世本《晏子春秋》中為《內篇諫上‧景公飲酒酲三日而後發晏子諫第三》章。從簡本文字與四部叢刊影印明活字本《晏子春秋》（以下簡稱「明本」）文字比較來看，差異不大。《北堂書鈔》卷一四八中也保存有與本章相近的文字，可參照閱讀。

‧景公飲酒，〔□〕三日而后發。晏子見曰：「君病酒乎？」

景公飲酒，酲，三日而後發。晏子見曰：「君病酒乎？」

【校釋】

山東省臨沂銀雀山漢墓竹簡本《晏子》（以下簡稱「簡本」）此句與四部叢書刊影印明活字本《晏子春秋》（以下簡稱「明本」）同。唯明本「後」簡本作「后」。

簡本「三」上殘缺一字，據明本，當作「醒」，《北堂書鈔》一百四十八引作「醒」，誤。醒，《說文》云：「病酒也。一曰醉而覺也。從酉呈聲。」《急就篇》三云：「侍酒行觴宿昔醒。」注云：「病酒曰醒，謂經宿飲酒故曰醒也。」《詩·小雅·節南山》：「憂心如醒，誰秉國成？」毛傳云：「病酒曰醒。」孔穎達疏云：「言既醉得覺，而以酒為病，故云病酒也。」騫案：「醒」，即下文所說的「病酒」，意謂醉酒醒來之後身體感到疲憊不堪、困乏如病的樣子。

明本「發」，蘇輿《晏子春秋校注》（以下簡出姓名）云：「發，起也。言醉寢三日而後起也。」

公曰：「然。□三日而後發。」晏子合（答）曰：「古之飲酒也，足以道□合好而已矣。故男不群樂以〔□〕事，女不群樂□……。」

公曰：「然。」晏子曰：「古之飲酒也，足以通氣合好而已矣。故男不群樂以妨事，女不群樂以妨功。

【校釋】

簡本「然」下有「□三日而後發」六字，為明本所無。明本「晏子曰」，簡本作「晏子合曰」，「合」當讀為「答」。「合」，匣母緝部；「答」，端母緝部。匣，端旁紐雙聲，緝部疊韻，屬音近通假。《爾雅·釋詁上》：「合，對也。」郭璞注：「相當對。」郝懿行《義疏》云：「古答問之字直作合。」《左傳·宣公二年》：「既合而來奔。」注云：「合猶答也。」

「飲」，簡本作「歙」，爲「飲」之古體。

「通氣」，簡本作「道□」，「道」下一字殘缺。「道」，疏通。《左傳・襄公三十一年》：「不如小決使道。」注云：「道，通也。」明本「通氣合好」，意謂活通氣血，和好友愛。

簡本、明本「群樂」，相聚宴樂。

明本「事」，事業，本業。

簡本「女不群樂」下一字殘缺不清，僅存右半「方」旁，疑當讀爲「妨」。《說文》云：「妨，害也。」《左傳・隱公三年》：「賤妨貴。」疏云：「妨，謂有所害。」「妨」下簡殘文缺。

……觴五獻，過者死。

男女群樂者，周觴五獻，過之者誅。

【校釋】

簡本此句僅存「……觴五獻，過者死」六字。「觴」上簡文殘文缺。從復原後的殘簡位置來看，「觴」上似有七字位置，據明本，疑當爲「功男女群樂者周」，「功」屬上句讀。明本「周觴五獻」，俞樾《諸子平議》（以下簡出姓名）云：「《小爾雅・廣言》：『周，匝也。』蓋觴各五獻，一匝而止，故曰『周觴五獻』。孫詒讓《札迻》（以下簡出姓名）云：「『周』當爲『酬』之假字（《儀禮・鄉飲酒禮》注云：『酬之言周。』）。『五』疑當爲『三』。前《景公飲酒酣願諸大夫爲禮晏子諫》章云：『觴三行遂罷酒。』《外篇重而異者・景公飲酒命晏子去禮晏子諫》章云『用三獻』，是不得過三獻也。」《左傳・宣公二年》云：「過三爵，非禮也。」吳則虞《晏子春秋集釋》（以下簡出姓名）云：「三獻者，侍君小燕之禮。此云『男女群

樂」，與侍飲於君者不同。孫說有誤。群飲不過五獻，亦古之逸禮。禮有禮食、常食二者，禮食如《鄉飲酒禮》：『降，說屨升堂，脩爵無數。飲酒之節，朝不廢朝，莫不廢夕，賓出，主人拜送，節文遂終焉。』此云『爵無算』，當不限於五獻。常食者，如賓朋燕飲，故獻不過五也。」明本「過之者誅」，孫星衍《晏子春秋音義》（以下簡出姓名）云：「鄭氏注《周禮》：『誅，責讓也。』」案此見《周禮·太宰》「八曰誅以馭其過」注。《左傳·莊公八年》：「誅屨于徒人費。」注云：「誅，責讓也。」即此義。

駢案：觴，古代的酒器，文中指飲酒。「周觴」，輪流敬酒一次；「五獻」，敬五次酒。簡文「死」，明本作「誅」，「誅」除有「責」義外，亦有「懲罰」、「殺戮」之義。

君身服之，故上无怨治，下〔□□□□〕

君身服之，故外無怨治，內無亂行。

【校釋】

簡本此句「下」下殘缺四字，據明本疑當作「无亂行今」，（「今」屬下讀）。明本「君身服之」，蘇輿云：「服，行也。言上必身自行之以率下也。《管子·權修篇》『上身服以先之』，《荀子·宥坐篇》『上先服』，義並同。彼房、楊二注『服』俱訓『行』。」劉師培《晏子春秋補釋》（以下簡出姓名）云：「案此『服』字當訓『行』，《左傳·文十八年傳》『服讒蒐慝』，杜注云：『行也。』身服之者，猶言躬行之也。」孫星衍云：「服之，《詩》傳：『服，思之也。』」陶鴻慶《讀諸子札記》（以下簡出姓名）云：「孫氏《音義》云：『《詩》傳：服，思之也。』於本文之義未合。《禮記·孔子閒居篇》：『君子之服之也。』注云：『服猶習也。』此云『君身服之』，謂君習於此禮以爲倡率也。」

驀案：蘇、劉說當是，孫、陶說並誤。「怨」，劉師培云：「案『怨』當作『蘊』。《左傳・昭十年》『蘊利生孽』，本書作『怨』，則此文亦誤『蘊』爲『怨』矣。又《荀子・哀公篇》云：『富有天下而無怨財』，楊倞注亦云：『怨當作蘊。』其旁證也。《說文》云：『蘊，積也。亦作薀。』《廣雅》云：『蘊，聚也。』《文選・蜀都賦》云：『雜以蘊藻。』注云：『叢也。』又《詩・雲漢》『蘊隆蟲蟲』，《韓詩》作『鬱』，則『蘊』即叢脞之意矣。外無蘊治者，言外無叢脞之政也。國治蘊者，言國政從脞，莫之或理也。『蘊治』與『亂行』對文，『蘊』即《左傳・昭公二十五年》『蓄而不治將蘊』之『蘊』。蓋『蘊』、『宛』二字」，聲近義同，如《荀子・富國篇》『夏不宛暍』，『宛』當訓『蘊』是也。『怨』、『宛』均從夗聲，故又借『宛』爲『怨』，若以『怨』之本義訓之，失其旨矣。」「怨治」，謂招人怨恨的政事。劉師培認爲「怨」當作「蘊」，意謂積聚。「蘊治」，指積壓下來沒有處理的政事。

明本「亂行」，胡作非爲。與《論衡・書虛篇》「用管仲，故知桓公無亂行也」之「亂行」義同。

〔□〕一日飲酒，三日帚（寢）之，國治怨□外，左右亂乎內。

今一日飲酒而三日寢之，國治怨乎外，左右亂乎內。

【校釋】

簡本此句「一日」上殘缺一字，據明本，疑亦當作「今」字。「怨」下殘缺字疑當作「乎」。簡本「帚」當讀爲「寢」。寢，或作「寢」，或省作「寑」，簡本「帚」當爲「寑」之省寫。《說文》云：「寢，臥也。从宀寑聲。圖，籀文寢省。」簡本「怨」，積蓄。說見上。明本作「怨」，誤，與「怨」

形近而譌。孫星衍云：「一本『怨』作『怒』，非。」吳則虞云：「黃之寀本、吳懷保本、吳勉學本、凌本、子彙本『怨』俱作『怒』。」今案諸本誤。劉師培云：「案『怨』與『宛』同，蘊也。」劉說是。簡本、明本「左右」，指景公身邊的人。

以刑罰自妨（防）者，勸乎爲非，以賞譽自勸者，隋（惰）乎爲善；上離德……。」

以刑罰自防者勸乎為非，以賞譽自勸者惰乎為善。上離德行，民輕賞罰，失所以為國也。願君節之。」

【校釋】

簡本此句「德」下簡殘文缺。

簡本「妨」當讀爲「防」。「妨」，滂母陽部；「防」，並母陽部。滂、並旁紐雙聲，陽部疊韻，屬音近通假。《史記·秦本紀》：「有子曰女防。」《漢書·古今人表》引作「女妨」。「隋」當讀爲「惰」。「隋」，邪母歌部；「惰」，定母歌部，邪、定準旁紐雙聲，歌部疊韻，屬音近通假。《禮記·曲禮》：「言不隋。」注云：「又爲惰。」明本「勸」蘇輿云：「『勸』疑作『勤』，緣下『勤』字誤也。『勤』與『惰』對文。」劉師培云：「『勸乎爲非』，『勸』乃『勤』字之誤也。此文『防』、『勸』對文，『勤』、『惰』對文，勸、勤形近，又涉下文『自勸』而訛。」吳則虞云：「《小爾雅·廣詁》：『勸，力也。』高誘《戰國策注》：『勸猶力也。』『力』與『惰』正對文，義自可通，不必改爲『勤』。」今案吳說甚是，簡本正作『勸』。張純一《晏子春秋校注》（以下簡出姓名）云：「節其淫佚之行，身服禮義以先民，將無須于賞罰矣。」

【譯文】

景公飲酒喝的大醉，躺了三天後才起來。晏子去拜見齊景公時說：「您是喝醉了酒不舒服嗎？」

景公說：「是的。」

晏子說：「古時候的人飲酒能夠達到疏通氣血、宴樂賓朋就足可以了。所以男人們不會聚眾作樂而損害本業，女人們也不會聚眾作樂而耽誤功業。男女相聚飲酒取樂時只相互敬五次酒，超過了就要受到責罰。君主如能親自身體力行，那麼朝廷之外就不會有積壓不辦而讓人們怨恨的事情，朝廷之內就不會有昏亂不軌的行為。現在您一天喝了酒就要睡臥三天，外面的人對國家的治理產生了怨恨，君主左右的人在朝廷內胡作非為。本來用刑罰自我防戒的人也盡力去做壞事，本來用賞譽自我勉勵的人也懶得去做好事。君主背離了高尚的德行，百姓就會輕視賞罰，這樣就會喪失用來治理國家的根本。希望君主節制飲酒啊！」

二

〔說明〕

　　本章復原後由七支竹簡組成，整理編號爲五三二、五三三、五三四、五三五、五三六、五三七、五三八。出土時殘損嚴重。經過整理綴連，除五三二、五三三兩支簡文比較完整外，其餘皆不完整。五三二號簡是由五段殘簡綴連而成，簡首有「·」符號，按照本竹書抄寫體例，表示一章之始。五三三號簡是由三段殘簡綴連而成，文字保存的基本完整。五三四、五三五兩簡皆存上半部分，下半段簡殘缺。五三六號簡殘損比較嚴重，僅存全簡的四分之一，簡文的文字也殘泐不清。五三七號簡存全簡的一半，簡文保存的基本清楚。五三八號簡殘損較重，僅存有不完整的兩小段竹簡殘片，簡文也殘泐不清，需據傳本《晏子春秋》對照方可辨認。該章在傳本《晏子春秋》中爲《內篇諫上·景公愛嬖妾隨其所欲晏子諫第九》章。從殘存簡文與明本《晏子春秋》比較來看，文字差異較大。由於本章簡本文字殘損較多，所以凡簡本文字不連貫處，譯文從明本。

·翟王子羊（羨）臣於景公，以重駕，公弗說（悅）。

翟王之羨臣于景公，以重駕，公觀之而不說也。

【校釋】

　　孫星衍云：「翟王之子名羨。」「羨」簡本作「羊」。明本、簡本「說」皆當讀爲「悅」。「說」、「悅」爲古今字。在先秦兩漢的古籍中，表示愉悅義時「說」、「悅」並用。《說文》不收「悅」字，《說文解字群經正字》云：「《漢書》一部，凡讀爲『悅』之字皆作說。悅，初見《廣韻》。徐鉉

《新修字義》云：『經典只作說。』按經典亦有作悅者，如《書‧武成》『而萬姓悅服』、《爾雅‧釋詁》：『悅，樂也。』『悅，服也』、《孟子》七篇『說』俱作『悅』。《論語》二十篇《學而》『不亦說乎』……皇侃義疏本俱作『悅』。《大戴禮記‧曾子立事》篇盧辨注：『說，古通以爲悅字。』《國語‧周語》韋昭注：『說，古悅字。』」

「以重駕」，于鬯《香草續校書》（以下簡出姓名）云：「『駕』下當有『八』字，蓋即因『公』字上首正『八』字，傳寫脫去一『八』字耳。下文云『夫駕八固非制也，今又重此，其爲非制，不滋甚乎』，則此文作『以重駕八』顯甚。重駕八者，即駕八而又重之，謂十六馬也。第曰『以重駕』，則義不白。」孫星衍云：「重駕，駕十六馬。」今案：簡本「駕」上無「八」字，且簡本下文有「今夫駕六駕八，固非先王之制也」句，所謂「重駕」者當爲「駕六駕八」又重之的概括，故于、孫說不確。

簡本「於」通「于」，《廣雅‧釋言》：「於，于也。」《爾雅‧釋詁》：「于，於也。」簡本「弗」通「不」，《廣韻》：「不，弗也。」

嬰子欲觀之，公曰：「及晏子帚（寢）病也。」

嬖人嬰子欲觀之，公曰：「及晏子寢病也。」

【校釋】

簡本「帚」當讀爲「寢」，說見上。寢病，即臥床生病。明本「嬖人」，寵愛的人。《釋文》云：「嬖，必計反。親幸也。賤而得幸曰嬖。」

孫星衍云：「嬰子，景公之妾也。」

張純一云：「及，逮也。因時乘便，不令晏子知之。」

居囟（囿）中臺上以觀之，嬰子說（悅）之，因爲請，公許之。

居囿中臺上以觀之，嬰子說之，因為之請曰：「厚祿之。」公許諾。

【校釋】

簡本此句與明本稍有差異。簡本「囟」字，口又聲，疑當爲「囿」之異體。古又、有同爲匣母之部字，雙聲疊韻，可通假。《說文》云：「有，從月又聲。」《儀禮・士相見禮》：「某子命某見，吾子有辱。」箋、疏並云：「有，又也。」《禮記・內則》：「三王有乞言。」鄭注云：「有，讀爲又。」《易・繫辭上》：「又以尙賢也。」《釋文》云：「鄭本作『有以』。」皆是其證。又《說文・口部》另有「囟」字，云「下取物縮藏之。從口從又，讀若聶。」段注云：「謂攝取也。今農人罱泥，罱即囟之俗字。下取故從又，縮藏之，故從口。」簡本「囟」與《說文・口部》之「囟」當非一字。「囿」，《說文》云：「苑有垣也。」《周禮》注云：「囿，今之苑也。」《周禮・地官》有「囿人」，云：「掌囿游之獸禁。」囿游，《周禮・天官・敘官》注云：「囿，御苑也。游，離宮也。」即囿中遊憩的地方。明本「說」亦當讀爲「悅」。

晏子見，公曰：「翟王子羊之駕也，寡人甚說（悅）之，吾欲祿之以萬，其足乎？」

晏子起病而見公，公曰：「翟王子羨之駕，寡人甚說之，請使之示乎？」晏子曰：「駕御之事，臣無職焉。」公曰：「寡人一樂之，是欲祿之以萬鍾，其足乎？」

【校釋】

簡本此句與明本差異較大。簡本無「請使之示乎晏子曰駕御之事臣無職焉公曰寡人一樂之」二十三字。且無晏子對答，文義似更通暢。此二十三字疑爲後人所加。明本「起病」，蘇余云：「起病，病癒也。」明本「使之示乎」之「示」，張純一云：「示，爲？示之本義。」「使之示乎」之「乎」，陶鴻慶云：「『乎』當爲『子』字之誤，故晏子曰『駕御之事，臣無職焉』。」吳則虞云：「示，猶實也，陳也，使翟王子羨陳之，作『乎』通義。」明本「是欲祿之以萬鍾」，吳則虞云：「黃本上方校語云：『「是」下疑脫字「以」字』。非也。如又『以』字，與『其足乎』語氣不合。『是』字恐衍文。」駿案說「是」下不當有「以」字，甚是。但云『『是』字恐衍文』則非也。據簡本，明本「是」字當爲「吾字之訛，簡本作「吾」字義長。明本「起病」，病癒起床。「示」，示範。給……看。此謂表演給人看。「無職」，不是我的職責。「鍾」，古代容量單位。《唐韻》：「鍾，量名。」春秋時齊國的公量。以四升爲豆，四豆爲一區，四區爲釜，十釜爲鍾。合六斛四斗。《左傳·昭公三年》：「齊舊四量：豆、區、釜、鍾。日升爲豆，各自其四，以登於釜，釜十則鍾。」杜預注：「六斛四斗。」《孟子·滕文公下》「蓋祿萬鍾」，意與此同。簡本「萬」下似脫一重量或容量單位名稱。簡本、明本「說」皆當讀爲「悅」。

晏子進合（答）曰：「公言過矣。昔衛士東圣（野）之駕也……

對曰：「昔衛士東野之駕也，公說之，嬰子不說。公曰不說，遂不觀。

【校釋】

簡本「也」下簡殘文缺，從整理復原後的簡文來看，「也」下似有十五字左右的位置，疑簡本原文與明本差別不大。

簡本「合」當讀爲「答」，說見上。簡文「坖」即「野」，《說文》古文「野」作「壄」，漢代簡帛文字「野」多作「埜」，从田从土予聲，簡文「坖」乃「埜」之省寫。「東野」，孫星衍云：「衛國之士姓東野。《荀子・哀公篇》：『定公問於顏淵曰：東野子之善馭乎？』又曰『東野畢之馬失』，未知即其人否。」今案：「東野」，復姓。《莊子・達生篇》亦有「善御者東野稷」，以御見衛莊公（一云魯莊公）。「衛士東野」，即衛國之士東野。明本三「說」字皆當讀爲「悅」。

……□□羊゛（羨）之駕也，公弗說（悅），嬰子說（悅）之，公因說（悅）……

今翟王之羨之駕也，公不說，嬰子說，公因悅之。爲請，公許之，則是婦人爲制也。且不樂治人而樂爲治馬，不厚祿賢人而厚祿御夫。昔者先君桓公之地狹于今，修法治，廣政教，以霸諸侯。今君一諸侯無能親也，歲凶年饑，道途死者相望也。君不此憂恥而惟圖耳目之樂，不修先君之功烈而惟飾駕御之伎，則公不顧民而忘國甚矣。

【校釋】

簡本「羊」上「說」下簡殘文缺。明本「爲請」至「則公不顧民而忘國甚矣」有一百零九字，簡本與明本的差異不得而知。

簡本三「說」字皆讀爲「悅」。明本「公不說」、「嬰子說」之「說」字亦當讀爲「悅」。

明本「婦人爲制」，意謂受制於婦人。

「御夫」，駕御車馬的人。

「桓公」，齊桓公，姜姓，名小白。春秋時五霸之一。周莊王十一年，以

兄襄公暴虐，去國奔莒。襄公被殺後歸國即位。任管仲爲相，尊周室，攘夷狄，九合諸侯，一匡天下，終其身爲盟主。事見《史記·齊世家》。

「地狹」之「狹」，孫星衍云：「『狹』當爲『陝』。《說文》『隘也』。《玉篇》『陝』或作『狹』。」

「修」，設置。

「廣」，擴大。

「不此憂恥」，不以此感到憂慮和羞恥。「此」爲「憂」、「恥」的前置賓語，「憂」、「恥」皆用作意動詞，即「以……爲憂」、「以……爲恥」。

「耳目之樂」，即聲色之樂。「耳目」，指耳聽目視。

「伎」通「技」。「伎」、「技」二字古皆爲群母支部字，群母雙聲，支部疊韻，屬雙生疊韻通假。「技」，技巧，技藝。

「則公不顧民而忘國甚矣」之「公」，吳則虞云：「上下文皆稱『君』，不稱『公』，此『公』字當爲『君』字之誤。」張純一云：「『公』字疑衍。」

……□□□君子所□。

且《詩》：曰『載驂載駟，君子所誠。』

【校釋】

此句簡本僅存「□□□君子所□」數字。

「君」上第三字左旁似从「馬」，疑爲「驂」字。「所」下一字僅存右半「十」旁，疑爲「計」之殘字。《詩·小雅·采菽》「誠」或作「屆」，「計」與「屆」古音相近可通。孫星衍云：「《小雅·采菽》之詩，『誠』作『屆』，箋云：『極也。』按當從此。《說文》：『誠，敕也。』」

王念孫《讀書雜志》（以下簡出姓名）云：「按孫說非也。《晏子》引《詩》亦作『屆』，今作『誡』者俗音亂之也。『屆』者，至也。『君子所屆』者，君子至也。『所』，語詞耳。（說見《釋詞》。按『君子』，謂來朝之諸侯也。鄭箋：『屆，極也，諸侯將朝王則駸乘，乘四馬而往，此之服飾，君子法制之極也。』與《詩》意不合。）若改『屆』爲『誡』，而訓爲誡敕，則其不可通者有二：『屆』字以屆爲聲（屆，古塊字，於古音屬至部），於古音屬至部，其上聲則爲旨部，其入聲則爲質部。《詩》中用『屆』字者，《小雅・節南山》與『惠』、『戾』、『闋』爲韻，《小弁》與『嘒』、『淠』、『寐』爲韻，《采菽》與『淠』、『嘒』、『駟』爲韻，《大雅・瞻卬》與『疾』爲韻。以上與『屆』爲韻之字，古音皆在至部。若『誡』字，則以『戒』爲聲，於古音屬志部，其上聲則爲止部，其入聲則爲職部。《詩》中用『戒』字者，《小雅・采薇》與『翼』、『服』、『棘』爲韻，《大田》與『事』、『耜』、『畝』爲韻，《大雅・常武》與『國』爲韻，《易・震・象傳》與『得』爲韻，《楚辭・天問》與『代』爲韻。以上與『戒』爲韻之字，古音皆在志部。此兩部之音，今人讀之相近，而古音則絕不相通。至於老、莊諸子，無不皆然。此非精於三代、兩漢之音者，固不能辨也。今改『屆』爲『誡』，則與『淠』、『嘒』、『駟』之音不協。此其不可通者一也。下文云：『夫駕八，固非制也，今又重此，其爲非制也，不滋甚乎？』是晏子之意謂古之諸侯所駕不過四馬，今駕八則非制矣，況又倍之乎？故引《詩》『載駸載駟』云云以諫也。若云『載駸載駟，君子所誡』，則三馬四馬亦當誡矣。三馬四馬當誡，則諸侯但可駕兩馬矣，豈其然乎？此其不可通者二也。檢王伯厚《詩考》所載異字，曾無『君子所誡』之文，蓋伯厚所見本尚未誤作『誡』也，乃反以子書中之誤字爲是，而以經文爲非，見異思遷而不顧其安，是惑也。」

蘇輿云：「王說是。馬瑞辰釋《詩》引此，遂據以爲假借字，殆不然歟！」

今案：「載駸載駟，君子所誡」引自《詩經・小雅・采菽》，王先謙《詩三家義集疏》卷二十《采菽》疏云：「屆，極也。諸侯來朝，王使人迎之，因觀其衣服車乘之威儀。所以爲敬，且省禍福也。諸侯將朝于王，則駸乘四馬而往，此之服飾，君子法制之極也。言其尊而王今不尊也。」疏引馬瑞辰云：「君子，謂諸侯。駸駟，亦指諸侯之車。謂諸侯將朝于王，

乘此騤駬以往也。『君子所屆』，《晏子春秋‧內篇諫上》引《詩》作『君子所誡』，是知『屆』爲『誡』之假借。『誡』之言『戒』，謂此騤駬皆君子之所夙戒，以見其車之有度也。」

今夫駕六駕八，固非先王之制也，今有（又）重之，此其……

夫駕八固非制也，今又重，此其爲非制也，不滋甚乎？

【校釋】

簡本此句「其」下簡殘文缺。簡本「有」當讀爲「又」，說見上。

明本「駕八」，孫星衍云：「《書》正義、《春秋公羊》說天子駕六，《毛詩》說天子至大夫皆駕四。」吳則虞云：「『八固非制也』者，謂古無此制也。夏制，天子始六馬，荀卿言『六馬仰秣』，《公羊》言『天子駕六』，《白虎通》言『天子之馬六，示有事於天地四方』。蓋言夏制也。商、周損之以四，《商頌》『八鸞鎗鎗』，《詩‧車攻》、《吉日》『四牡龐龐』、『四牡孔阜』，皆天子之事也。後世又復用六馬。《史記》稱始皇以水數制乘六馬，《西京賦》『天子駕雕軨六駿』，是後世之制亦無八馬，故曰非制。」「非制」，不合制度。

明本「滋」，益，愈加。《孟子‧公孫丑上》：「若是則弟子之惑滋甚。」與此句「滋甚」義同。「不滋甚乎」，不是更加過分了嗎？

且君苟美樂之，國必眾爲之，田獵則不便，道行致遠則不可，然而用馬數倍，此非御下之道也。淫于耳目，不當民務，此聖王之所禁也。君苟美樂之，諸侯必或效我，君無厚德善政以被諸侯，而易之以僻，此非所以子民、彰名、致遠、親鄰國之道也。且賢良廢滅，孤寡不振，

而聽嬖妾以祿御夫以蓄怨，與民為讎之道也。《詩》曰：『哲夫成城，折婦傾城。』

【校釋】

簡本自上段「今又重之，此其」下簡殘文缺。明本「且君苟美樂之」至「與民為讎之道也」一段，因簡本殘損無存，明本與簡本在文字上的差異不得而知。

明本「苟」，假若，如果。

「田獵」之「田」，《易‧恒卦》「田無禽」，孔穎達疏：「田者，田獵也。」《尚書‧無逸》「文王不敢盤於游田」，《文選》李善注張衡《西京賦》引「田」作「畋」。朱駿聲《說文通訓定聲》云：「田，假借為畋。」《書‧大禹謨》「往于田」，《釋文》：「田本或作畋。」《文選‧西京賦》「逞欲畋敽」，李注：「畋與田同。」

「道行致遠則不可」，張純一云：「據上句，『道』字、『致』字疑衍。」駿案張說不可信，「致遠」，即到達遠方。

「然而用馬數倍」，吳則虞云：「諸侯之大夫，大事駕四，《詩‧采芑》言方叔，曰『乘其四騏』，《四牡》言使臣，曰『四牡騑騑，不嫌與天子諸侯同數。惟天子乘龍，諸侯乘騵，大夫乘駒，是其異耳。大夫小事駕二，左襄二十七年《傳》『陳成子以乘車兩馬賜顏涿聚之子，晏子解右驂以遺越石是也。此云『國必眾為之』者，言大夫以上皆效之用十六馬也。『用馬數倍』者，言大夫四馬，今用十六馬，則增馬四倍，故云。』張純一云：「不惜物命，耗費又多。」

「御下之道」，駕御下屬的方法。這裏指統治臣民的方法。

「淫于耳目，不當民務」，張純一云：「《墨子‧非常中篇》曰：『昔者三代之暴王，不繆其耳目之淫，不顧其國家百姓之政』，義同。」

「易之以僻」，這裡指用邪僻來取代美德。

「子民」，以民爲子。這裡指要愛護人民。

「致遠」，陶鴻慶云：「『遠』下疑脫『人』字。」

「以蓄怨」，劉師培《晏子春秋校補定本》（以下簡出姓名）云：「『以』疑『此』訛。」陶鴻慶云：「『蓄怨』上當有『此所』二字，上文云『此非所以子民、彰名、致遠、親鄰國之道也』，詞有反正，而文例正同。」張純一云：「『以』與『此』同，本王引之說。言因此蓄怨於民。」劉師培云：「案『以』與『此』同。《禮記‧祭統》：『對揚以君之勤大命，施於烝彝鼎。』『以』即『此』也。《射義》：『凡以庶士。』言以此庶士也。（並王引之說）『以蓄怨與民爲讎之道』，言此乃蓄怨與民爲讎之道也。」

「哲夫成城，折婦傾城」，驍案此詩見《詩‧大雅‧瞻卬》篇。張純一云：「案鄭箋云，哲謂多謀慮也。城猶國也。大夫多謀慮則成城，婦人多謀慮乃亂國。」

……城之務……

今君不免成城之求而惟傾城之務，國之亡日至矣。君其圖之。」

【校釋】

簡本此句僅存「……城之務……」三字，餘簡殘文缺。

明本「免」，盧文弨《晏子春秋拾補》（以下簡出姓名）云：「元刻作『免』，疑是『克』之誤。」黃以周《晏子春秋校勘記》（以下簡出姓名）云：「俞樾云『免』疑作『勉』。」吳則虞云：「案活字本、嘉靖本、吳刻本皆作『免』，吳勉學本、子彙本、楊本、凌本、歸評本皆作『思』。作『思』義亦通。」驍案：明本「免」讀若「勉」義亦可通。「惟傾城之務」，意謂只幹些敗

壞國家（傾城）的事情。「傾城」是「務」的前置賓語。

「君其圖之」，意謂您當考慮這件事。「其」，表示委婉的語氣詞。「圖」，圖謀，考慮。

……善遂……。

公曰：「善。」遂不復觀，乃罷歸翟王子羨而疏嬖人嬰子。

【校釋】

簡本此句僅存「……善遠……」二字，餘簡殘文缺。明本「疏」，疏遠。

〔譯文〕

翟王的兒子羨是齊景公的大臣，他用雙倍的馬駕車，景公看見後很不高興。景公的寵妾嬰子想去觀看翟王子羨駕車，景公說：「等到晏子生病臥床的時候再去看。」

（後來景公和寵妾嬰子）坐在苑圃中的高台上觀看翟王子羨駕車，嬰子看了很高興，因此為翟王子羨請求說：「給他增加俸祿吧！」

景公答應了她的請求。

晏子病癒後去拜見景公，景公說：「翟王子羨駕的車我很喜歡看，請讓他駕給你看看嗎？」

晏子說：「有關駕御車馬的事，我沒有這方面的職責。」

景公說：「我對他駕馬一高興，就想賞賜給他一萬鍾俸祿、他滿足嗎？」

晏子回答說：「從前衛國有個姓東野的人駕車，您看了以後很喜歡，嬰子看了不喜歡。於是您也改口說不喜歡，便不去觀看。今天翟王的兒子羨駕車，您

本不喜歡，而嬰子喜歡，您因此也跟著說喜歡。嬰子爲翟王子羨請求俸祿，您也答應了她的請求，這就是被婦人所制約了。況且您不願管理人民的事，卻樂於觀看和管理駕馬的事，不給有賢德的人優厚的俸祿，卻給趕馬駕車的人優厚俸祿。從前先君桓公的疆域比現在狹小，但他能修法治國，推廣政教，因此在諸侯中取得霸主的地位。現在君王您，諸侯中沒有一個能來親附，災荒年月時，路上饑死的人到處可見。君王您不以此爲憂慮，不以此爲羞恥，卻只圖耳目的歡樂，不繼承先王的功業，而只粉飾駕車的技藝，您不顧百姓忘記國家也太厲害了。況且《詩經·小雅·采菽》中說：『用三匹馬或四匹馬來駕車，是君子之所夙戒。』用八匹馬來駕車本來就不符合制度，現在又增加了一倍，這種做法不符合制度不是更加嚴重了嗎？況且君王如果贊美和喜歡這種做法，國內一定會有很多人這樣做，如此則出去打獵很不方便，行路到很遠的地方也是不可能的，而用馬數倍，這也不是駕御臣民的辦法。沉迷於聲色之樂，不妥善處理百姓的事務，這是聖賢的君王所禁止的。如果您贊美和喜歡這樣做，諸侯一定會有人效法我們，君王您沒有用厚德善政施予諸侯，卻換之以邪僻的行爲來影響他們，這不是用來愛護人民、顯揚名聲、使遠人歸附、使鄰國親近的辦法啊！況且賢良的人被廢棄，孤寡的人得不到賑濟，反而聽從寵妾的話來增加駕車人的俸祿，從而積蓄了人們的怨恨，這是與人民爲仇敵的做法。《詩經·大雅·瞻卬》中說：『足智多謀的男人能使國家成功，多謀多慮的女人能使國家傾覆。』現在君王您不努力去追求使國家成功的辦法，卻只幹些使國家傾覆的事，國家滅亡的日子就要來到了，您還是慎重考慮一下這件事吧！」

景公說：「很好！」

於是不再去觀看駕車，罷免黜退了翟王的兒子翟羨，而且疏遠了寵妾嬰子。

三

〔說明〕

　　本章整理復原後由三支簡組成，整理編號爲五三九、五四〇、五四一。其中五三九、五四〇 兩簡出土時殘損嚴重，僅存三小片殘簡。五三九號簡存簡頭「景公之」三字，「景」上有「·」符號，按本竹簡抄寫體例，「·」號表示一章之首；下半簡存「公曰異戈」四字。五四〇號簡僅存「令所堵於」四字。五四一號簡由三段殘簡綴連而成，文字保存基本完整，「景公能行其善」下尚有全簡的四分之一弱空簡，顯爲一章之末。本章內容在《群書治要》（據四部叢刊影印日本天明七年刊本，以下簡稱《治要》本）中有所保存。此外在《藝文類聚》二、《意林》卷一、《文選》二十四卷注、《事類賦》注三、《太平御覽》十二、三十四、六百九十四中皆保存有相近文字。本章在傳世本《晏子春秋》中爲《內篇諫上·景公衣狐白裘不知天寒晏子諫第二十》。由於簡本殘存文字太少，無法窺見簡本本章之全貌，因此，簡本文字與傳世本的文字差異不得而知。又《校釋》後之譯文凡簡本存者一依簡本原文譯出；凡簡本無者，爲保存文意連貫，皆據明本譯出。

·景公之□……□

景公之時，雨雪三日而不霽。公被狐白之裘，坐堂側陛。

【校釋】

　　簡本此句僅存「景公之……」三字，「之」下簡殘文缺。

《群書治要》(以下簡稱《治要》)引與明本同。「雨雪三日而不霽」，吳則虞云：「《藝文類聚》二、《意林》卷一、《文選》二十四卷注、《事類賦》注二、《御覽》十二、三十四，又六百九十四引皆作『雨雪三日』，無『而不霽』三字，歸評本無『之』字，亦無『而』字。」

「不霽」，不停，不止。《說文》：「霽，雨止也。」《爾雅·釋天》：「濟謂之霽。」郭璞注：「今南陽人呼雨止爲霽。」《正字通·雨部》：「霽，一說雨止，未盡本義。霽日氣溫和也，蓋雨雖止而陰噎者，非霽也。」泛指雨雪停，雲霧散，天氣放晴。

明本「公被」，孫星衍云：「『公被』，《意林》、《文選》注、《藝文類聚》作『披』。」吳則虞云：「案：胡刻《選》注、聚珍版《意林》、明刻《藝文類聚》二皆作『被』，與孫見有異。《御覽》三十四、六百九十四引作『披』，《事文類聚前集》十二作『衣』。騫案：「被」，並母歌部；「披」，滂母，歌部。並、滂旁紐雙聲，歌部疊韻，古音屬音近通假，古書習見。《老子》七十章「聖人被褐懷玉」，范應元《道德經古本集注》「被」作「披」。《莊子·知北遊》「齧缺問道乎被衣」，《釋文》云「被本亦作披」，《淮南子·俶真》正作「披衣」。《史記·建元以來王者侯者年表》「披陽」，《漢書·地理志》作「被陽」；《漢書·揚雄傳》「亡春風之被離兮」，顏注云：「被讀曰披。」」

「坐堂側陞」，王念孫云：「按此本作『坐於堂側階』，今本脫『於』字，『階』又誤作『陞』。凡經傳中言坐於某處者，『於』字皆不可省。《治要》及鈔本《北堂書鈔·衣冠部》三(明陳禹謨本依俗本《晏子》改『階』爲『陞』，而『於』字尚未刪)並引作『坐於堂側階』，《意林》及《文選》何晏《景福殿賦》注、曹植《贈丁儀詩》注、謝朓《郡內登望詩》注並引作『坐於堂側』，雖詳略不同，而皆有『於』字。又經傳皆言『側階』(《顧命》『立於側階』、《雜記》『升自側階』)，無言『側陞』者。當依《治要》、《北堂書鈔》作『坐於堂側階』。」吳則虞云：「王說是也。《冊府元龜》二百四十二引亦作『階』。」張純一從王念孫說。騫案：「陞」，古代指殿、壇的台階，作「階」也無大區別。漢蔡邕《獨斷》上云：「陞，階也。所由升堂也。天子必有近臣

執兵陳於陛側以戒不虞。」

公曰：「異𢆶（哉）□□……

　晏子入見，立有間，公曰：「怪哉！雨雲三日而天不寒。」

【校釋】

簡本此句僅存：「異𢆶（哉）□□……」數字。「公」上「𢆶」下簡殘文缺。《治要》引與明本同。簡本「𢆶」讀爲「哉」。《說文》有「𢆶」字，《字彙・戈部》云：「𢆶，與戋同。」《六書正譌・灰哈韻》：「𢆶，又借爲語詞，隸作哉，加口以別之。」

明本「公曰」，《意林》引作「謂晏子曰」，且「曰」下無「怪哉」二字。

明本「雲」當爲「雪」之訛，各本皆作「雪」。「雨雲（雪）三日而天下不寒」，吳則虞云：「《文選》二十四注引作『雨雪三日天下不寒，何也』，《藝文類聚》二、《御覽》十二，三十四，六百九十四引作『而天下不寒，何也』。」

簡本「異」，即怪異之意。《公羊傳・隱公三年》：「己巳，日有食之。何以書？記異也。」注云：「異者，非常可怪，先事而至者。」古書中也有「怪異」連用者，如《漢書・董仲舒傳》賢良對策云：「國家將有失道之敗，而天乃先出災害以譴告之。不知自省，又出怪異以警懼之，尚不知變，而傷敗乃至。」「怪異」即變異，古代常指不常見的自然現象。

晏子對曰：「天不寒乎？」公笑。晏子曰：「嬰聞古之賢君飽而知人之饑，溫而知人之寒，逸而知人之勞，今君不知也。」公曰：「善！寡人聞命矣。」乃令出裘發粟，與饑寒。

【校釋】

簡本自上段「公曰異戈」下簡殘文缺。明本此段自「晏子對曰」至「乃令出裘發粟與饑寒」爲簡本所無，簡本與明本在文字上的差異不得而知。明本「晏聞古之賢君飽而知人之饑，溫而知人之寒」，吳則虞云：「《北堂書鈔》百五十二引作『古之賢君溫飽而能知民饑寒』，《藝文類聚》二、《御覽》十二、三十四、六百九十四、《事類賦》三引無兩『之』字。又六百九十四引『賢』下有『者』字，《記纂淵海》六十七亦作『賢者』，惟『者』下無『君』字。《意林》『而』皆作『則』。」明本「逸而知人勞」，吳則虞云：「《意林》、《文選》注、《書鈔》、《藝文類聚》、《御覽》、《記纂淵海》均無此句，《冊府元龜》引有，『勞』下有『者』字。」張純一對此段也作了較詳細的校勘，或與吳校不同，當爲吳、張校勘所依據的版本不同之緣故。現仍將張校引錄如下，以供參玫。

張云：「《治要》同此。《意林》引作『夫賢君飽則知人饑，溫則知人寒』。《文選‧雪嚴》注作『古之賢者，飽而知饑，溫而知寒』。《北堂書鈔》百五十二作『古之賢者，溫飽而能知民饑寒』。曹子建《贈丁儀詩》注作『賢君飽知人饑，溫知人寒』。《太平御覽》卷十二及《類聚》並作『古之賢君，飽而知人饑，溫而知人寒』。《御覽》卷三十四同，惟『溫』作『暖』。卷六百九十四『飽』上『溫』上並加『居』字，均無『逸而知人之勞』句。竊以『逸而知人之勞』六字與下文『出裘發粟與饑寒』無涉，疑係後人加入，當刪。」

明本「乃令出裘發粟與饑寒」，吳則虞歸納了各家之言，概括有二說，云：「一曰作『出裘』者，劉師培云：『案《治要》「令」作「命」，《事類賦》注三引「出」作「脫」，「與」上有「以」字，「寒」下有「者」字。《冊府元龜》有「以」字，《玉海》百九十五所引亦有「者」字，《事文類聚》亦作「以與饑貧者」，是「以」字、「者」字碻爲挽文。又《御覽》六百九十四引作「公乃命出裘以與寒，發粟以與饑」，《書鈔》百五十二引作「乃出裘衣發倉粟以拯饑寒，民皆悅之也」。與此均殊。』案：《文選》卷十三注引作『出裘發粟以與饑人』，《藝文類聚》二、《御覽》三十四作

『出裘發粟以與饑寒者』,《事類賦》作『脫裘發粟』,王念孫從此。二曰作『去裘』者,俞樾云:『按國中之寒者何限,必人人衣之以裘,勢必無以給之。且文王之民,老者衣帛而已,未聞其衣裘也。「出裘」當作「去裘」,《意林》作「公乃去裘」,是也。公本被狐白之裘,聞晏子之言不安於心,令左右之人為之去裘,故曰「乃令去裘」也。「發粟與饑寒」,本作「發粟與饑人」,因「去裘」誤作「出裘」,遂改「饑人」為「饑寒」,《藝文類聚》、《御覽》諸書引此文,又因「饑寒」下增「者」字,皆非《晏子》原文也。《文選・雪賦》注引作「以與饑人」,可據以訂正。』蘇輿云:『俞說是,第從《意林》作「去」則泥矣。「出」即「去」,無煩改字以就其說。《詩・賓筵》鄭箋、《荀子・大略篇》楊注、《史記・韓長孺傳・索隱》皆訓「出」作「去」,並其證矣。』是蘇輿以前一說也。』

令所堵（睹）於□……毋言其名。

今所睹于塗者,無間其鄉;所睹于里者,無問其家;循國計數,無言其名。

【校釋】

簡本此句僅存「令所堵（睹）於……毋言其名」數字。「於」下一字,從簡文殘存筆畫來看,右旁似作「余」,左旁疑从水,疑作『涂』,當為「塗」之本字。「涂」、「塗」皆通「途」,三字音義俱同。「涂」是本字,「塗」、「途」為後起字,三字通用例在古書中習見。如《後漢書・班彪勿傳》「修涂飛閣」,李注:「涂亦塗也,古字通用。」《周禮・夏官・量人》「量其市朝州涂軍社之所里」,《釋文》云:「涂,本又作塗。」又「涂」、「塗」皆通「途」,即道路。《周禮・考工記・匠人》「經涂九軌」,《文選・西京賦》注引「涂」作「途」。《荀子・儒效》「鄉也混然涂之人也」,楊注:「涂與途同。」《爾雅・釋丘》「當途梧丘」,《釋文》「途」作「涂」,云:「字

又作途。」《論語‧陽貨》「遇諸塗」,《釋文》云:「塗字當作途。」《莊子‧逍遙遊》「立之塗」,《太平御覽》九五九引「塗」作「途」。

簡本「涂」下簡殘文缺。

簡本「堵」當讀爲「睹」。「堵」、「睹」古皆爲端母魚部字,屬雙聲疊韻通假。《國語‧魯語下》「以露睹父爲客」,《列女傳‧母儀傳》作「露堵父」,《儀禮‧燕禮》鄭注《左傳‧襄公二十七年》孔疏並引作「路堵父」。《說文》云:「睹,見也。從目者聲。覩,古文從見。」

簡本「令」,明本作「今」,誤,當從簡本作「令」是。吳則虞云:「綿眇閣本、吳勉學本作『今』。」騫案:皆因形近而訛。

明本「循」通「巡」,皆邪母、文部字,邪母雙聲,文部疊韻,屬雙聲疊韻通假。《禮記‧月令》「循行犧牲」,《呂氏春秋‧仲秋紀》「循」作「巡」。《月令》「命司徒巡行縣鄙」,《孟夏紀》「巡」作「循」。「循」、「巡」,巡行視察。「循國計數」,謂巡視全國,統計數字。

明本「無言其名」,吳則虞云:「歸評本作『無名其言』,誤。」吳說甚是。《治要》本無此句。簡本作「毋言其名」,「毋」通「無」。「毋」、「無」古皆爲明母魚部字,明母雙聲,魚部疊韻,屬雙聲疊韻通假。《段玉裁《說文解字注》云:「毋,古通用無。」「毋言其名」,意謂不要說出他們的姓名。

出氣(既)事者兼月,脊(瘠)者□歲。

士既事者兼月,疾者兼歲。

【校釋】

簡本「出」疑當爲「士」字之訛,漢代隸書「士」、「出」二字形近易誤。

簡本「氣」當讀為「既」。「氣」，溪母物部；「既」，見母物部。溪、見旁紐雙聲，物部疊韻，屬音近通假。《論語・鄉黨》「不使勝食氣」，《說文・皀部》引「氣」作「既」。又《說文・米部》：「氣，氣或從既。餼，氣或從食。」「既事」，謂已經擔任了職務。

簡本「脊」當讀為「瘠」。「脊」、「瘠」二字古皆屬從母錫部，屬雙聲疊韻通假。《孟子・萬章上》「待人瘠環」，《說苑・至公》引「瘠環」作「脊環」。《公羊・莊公二十年》：「大災者何？大瘠也；大瘠者何？痢也。」何休注云：「瘠，病也。齊人語也。」疾、瘠義近。《治要》本無此句。

簡本「脊者」下殘缺一字，據明本，疑當作「兼」。蘇輿云：「兼月，兼壹月之粟；兼歲，兼一歲之粟。『事』謂已有職業可任者，故但兼月；『疾』則病苦無能為之人，故須兼歲乃可自給也。」長孫玄齡《晏子春秋》（以下簡出姓名）云：「事者，謂冠昏喪祭等多用度之事。」

子曰：「晏子能明其所欲，景公能行其所善。」

孔子聞之，曰：「晏子能明其所欲，景公能行其所善也。」

【校釋】

簡本無「孔子聞之」四字。《治要》本「善」下無「也」字，與簡文近。張純一云：「景公能如晏子之所欲行仁政，故孔子善之，皆兼愛之心也。」

〔譯文〕

景公在位的時候，（有一次）大雪連下三天還不放晴。景公披著用狐狸腋下

白皮毛做的皮衣，坐在殿堂側的台階上。

晏子進宮拜見景公，站了一會兒，景公說：「真奇怪啊！連著下了三天大雪卻不感到天氣寒冷。」

晏子回問說：「天氣不寒冷嗎？」

景公聽後笑了笑。

晏子說：「我聽說古時候有賢德的君王當他吃飽的時候會知道有人還在挨餓，自己穿暖了的時候會知道有人還在受寒冷，自己安逸的時候會知道有人還在受勞苦。現在君王您不知道這些啊！」

景公聽後說：「你說得好，我願聽從你的教誨。」

景公於是下令拿出裘衣和糧食，送給那些受饑受寒的人們。並下令凡是在路上看見受饑受寒的人不要問他們是哪個鄉的；在里巷看到受饑受寒的人不要問他是哪家的人；在全國巡視並作統計，不要問他叫什麼名字。士人已經擔任了職務的發給他們兩個月的糧食，有疾病的人發給他們兩年的糧食。

孔子聽到以後說：「晏子能表明他心中所想，景公能實行他想要做的好事。」

四

〔說明〕

　　本章整理復原後由十支竹簡組成。整理編號爲五四二、五四三、五
四四、五四五、五四六、五四七、五四八、五四九、五五〇、五五
一。經過綴連，五四三、五四五、五四六、五五〇號簡保存比較完
整，其餘則皆有不同程度的殘損。五四二號簡簡首有「‧」符號，
按本竹書抄寫體例，表示一章之始。本簡下半段約殘損七字左右。
五四三號簡由三段殘簡綴連而成，簡文保存基本完整。五四四號簡
殘損較重，僅存上端，約佔全簡的四分之一。五四五號簡由四段殘
簡綴連而成，五四六號簡由三段殘簡綴連而成，兩簡保存基本完整。
五四七號存有不連貫的兩段殘簡，約有全簡的一半強一點。五四八
號簡殘損嚴重，僅存寫有四字的一段殘簡。五四九號簡存上下兩段，
中間約缺六字左右。五五〇號簡由兩段斷簡綴連而成，保存基本完
整。五五一號簡上端簡頭約殘損五字左右，簡上存有「不果伐宋」
四字，「宋」下約有全簡四分之三的空簡，顯爲一章之末。本章內容
在傳世本中爲《內篇諫上‧景公將伐宋夢二丈夫立而怒晏子諫第二
十二》章。從簡本存留文字與明本文字比較來看，差異不是很大。

　　‧景公將伐宋，師過大（泰）山，公吾薨（夢）有二丈夫立
而怒，……□志其聲。

　　景公將伐宋，師過泰山，公夢見二丈夫立而怒，其怒甚盛。

【校釋】

　　簡本此句「怒」下「志」上簡殘文缺，從整理復原後的殘簡位置來看，

58

其間似有七、八字，簡本原文與明本當有差異。

簡本「大山」即「泰山」，《易‧泰卦》《釋文》引馬注云：「泰，大也。」《左傳‧哀公九年》：「遇泰之需。」疏云：「泰者，大也。」《論語》：「泰而不驕。」注云：「泰，大也。」《太平御覽》卷三九九引作「太山」。太、大古通。「太」爲透母月部；「大」爲定母月部。透、定旁紐雙聲，月部疊韻，屬音近通假。《廣雅‧釋詁》一：「太，大也。」段玉裁云：「後世凡言大，而以爲形容未盡，則作太。如大宰俗作太宰，大子俗作太子、周大王俗作太王是也。」《說文》以「太」爲「泰」之古文。

簡文「公」下「吾」字，疑涉下文「今昔吾薨二丈夫立而怒」句之「吾」衍。

簡文「薨」當讀爲「夢」。「薨」，曉母蒸部；「夢」，明母蒸部。曉、明準旁紐雙聲，蒸部疊韻，屬音近通假。《說文》云：「薨，从死瞢聲。」「薨」、「瞢」均爲「夢」之借字。孫星衍云：「《說文》『瞢，目不明也』，古借爲『薨』字。」《周禮‧夏官‧職方氏》「其澤藪曰雲瞢」，《逸周書‧職方》引作「雲夢」。《漢書‧司馬相如傳》「而僕對以雲夢之事也」，顏注：「夢字或作瞢，其音同耳。」

簡本「志」猶「識」也。《廣雅‧釋詁》二：「志，職也。」《左傳‧昭公四年》：「且曰志之。」注云：「志，識也。」志、識音近義通。《周禮‧春官‧保章氏》：「掌天星，以志星辰日月之變動。」注云：「志，古文識。識，記也。」《論語‧子張篇》：「賢者識其大者，不賢者識其小者。」《漢書‧劉向傳》作「賢者志其大者，不賢者志其小者」。漢石經「識」作「志」。皆其證。

又簡本下文有云「吾猶者其狀，志其聲」，則此段簡文「志」上不殘字疑亦作「狀」字。本句「怒」下「狀」上殘文或可據明本補爲「其怒甚盛吾猶者其」八字。

公恐，學（覺），痛磌，辟（闢）門召占薨（夢）者曰：「今昔（夕）吾薨（夢）二丈夫立而怒，其怒甚盛，吾猶者（睹）其狀，志其聲。」

公恐，覺，辟門召占夢者，至。公曰：「今夕吾夢二丈夫立而怒，不知其所言，其怒甚盛，吾猶識其狀，識其聲。」

【校釋】

簡文「學」當讀為「覺」。「學」，匣母覺部；「覺」，見母覺部。匣、見旁紐雙聲，覺部疊韻，屬音近通假。《淮南子・說出》「人不小學，不大迷」，《文子・上德》「學」作「覺」。《說文》云：「斆，覺悟也。學，篆文斆省。」又云：「覺，寤也。從見學聲。」

簡文「磌」，從石員聲，疑當讀為「瘨」。《說文》云：「瘨，病也。從疒員聲。」

簡文、明本「辟」，當讀為「闢」。「辟」，幫母錫部；「闢」，並母錫部。幫、並旁紐雙聲，錫部疊韻，屬音近通假。《漢書・文帝紀》「而野不加辟」，顏注：「辟讀曰闢。」《莊子・天下》：「六通四闢。」《釋文》：「闢本亦作辟。」《荀子・議兵》：「辟門除涂。」楊注：「辟與闢同。」《說文》云：「闢，開也。從門辟聲。」

「占夢」，即圓夢。解釋夢的吉凶。

簡文「昔」通「夕」。「昔」，心母鐸部；「夕」，邪母鐸部。邪、心旁紐雙聲，鐸部疊韻，音近可通假。《詩經・小雅・頍弁》「樂酒今夕」，《楚辭・大招》王逸注引「夕」作「昔」。《莊子・天運》「則通昔不寐也」，《意林》引「昔」作「夕」。《穀梁傳・莊子七年》云：「日入至于星出謂之昔。」《莊子・齊物論》云：「是今日適越而昔至也。」《釋文》引崔注云：「昔，夕也。」《史記・楚世家》：「其樂非特朝昔之樂也。」《索隱》云：「昔，

猶夕也。」鶱案：　昔、夕音近義同，從太陽落山到星出曰夕，亦謂之夜。《廣雅》曰：「昔，夜也。」王念孫《疏證》云：「凡日入以後、日出以前通謂之夜。」

簡文「猶」下一字，左旁殘缺不清，右旁從「者」，疑當讀爲「睹」，《說文》云：「睹，見也。從目者聲。」

簡文「志」猶「識」，說見上。又楊樹達《積微居小學述林》卷一《釋識》云：「《說文》三篇上言部云：『識，常也，一日知也。從言，戠聲。』按識訓常，許君蓋以爲後世之旗幟字，然與從言之字不合，當以訓知者爲正義。今語通言知識，指人之學問經驗爲言，然知識之具，實由於記識。此識字通讀如志。」

占薨（夢）者曰：「師過大（泰）山不用事，故大（泰）山之神怒，趣……者之言曰：『師過大（泰）山而不用事，故大（泰）山之神怒。』今吾欲使人誅祝史。」

占夢者曰：「師過泰山而不用事，故泰山之神怒也。請趣召祝史祠乎泰山則可。」公曰：「諾」明日，晏子朝見，公告之如占夢者之言也。公曰：「占夢者之言曰：『師過泰山而不用事，故泰山之神怒也。』今使人召祝史祠之。」

【校釋】

簡本此句「趣」下簡殘文缺。從綴合後的簡本文字來看，似缺二十七、八字，當與明本略異。

簡本「占薨者曰師過大山」之「大」下一字殘缺不清，據殘存筆畫及下文當爲「山」字無疑。

簡文「薨」當讀爲「夢」、「大」當讀爲「泰」，說見上。

「趣」，《說文》云：「疾也。」即急、從速之意。與《史記・項羽本記》「周苛罵曰：若不趣降漢，漢今虜若，若非漢敵也」之「趣」意同。

「用事」，即行事。多指行祭祀之事。《周禮・春官・大祝》：「過大山川則用事焉。」注云：「用事，亦用祭事告行也。」

明本「祝史」，古司祝之官。祝，古爲史官，故稱祝史。因作辭以事神，故稱祝，以其執書以事神，故稱史。《左傳・桓公六年》：「上思利民，忠也；祝史正辭，信也。」

「祠」，祈禱。《周禮・春官・小宗伯》：「禱祠於上下神祇。」注云：「求福曰禱，得求曰祠。」

「乎」，介詞，與「於」同。《呂氏春秋・貴信》：「又況乎人事。」注云：「乎，於也。」《禮記・中庸》：「見乎蓍龜。」《釋文》云：「一本『乎』作『於』。」又《禮記・中庸》「莫見乎隱，莫顯乎微」，《大戴禮記・曾子制言上》引作「莫見於隱，莫顯於微」，皆其證。楊樹達《詞詮》云：「按介詞『於』字諸用法，『乎』字率皆有之。」

簡本本段末句「今吾欲使人誅祝史」與明本本段末句「今使人召祝史祠之」文義差異較大，當爲古書在後世流傳過程中產生的竄改現象。

晏子付（俯）有間，卬（仰）而合（答）曰：「占薨（夢）者弗識也，是非大（泰）山之神也，是宋之先也，湯與伊尹也。」

晏子俯有間，對曰：「占夢者不識也，此非泰山之神，是宋之先湯與伊尹也。」

【校釋】

簡文「付」當讀作「俯」。「付」、「俯」二字古因皆屬幫母侯部，屬雙聲疊韻通假。《古今韻會舉要》：「古音流變，字亦隨異，如俯仰之俯，本作頫，或作俛，今文皆作俯。」「俯」，低頭。《禮記·曲禮上》：「俯而納屨。」注云：「俯，俛也。」《公羊傳·宣公六年》：「俯而窺其戶。」注云：「俯，俛頭。」《說文》以「俛」爲「頫」之異體，云：「頫，低頭也。」

簡文「卬」當讀爲「仰」，《說文》、《廣雅·釋詁》云：「仰，舉也。」字本作「卬」，「卬」與「仰」爲古今字。《說文解字注箋》云：「卬，古仰字。『高山卬止』，《小雅·車舝》文，今《詩》作『仰』。《荀子·議兵篇》：「上足卬則下可用。」注云：「卬，古仰字。」《莊子·天地》「爲圃者卬而視之」，《釋文》云：「卬，音仰，本又作仰。」《楚辭·九辯》「仰浮雲而永嘆」，王逸注云：「古本仰作卬。」又《解蔽篇》：「卬視其髮。」注云：「卬與仰同。」段玉裁《說文解字注》云：「卬與仰義別，仰訓舉，卬訓望。今則仰行而卬廢，且多改卬爲仰矣。」

簡文「合」讀爲「答」，說見上。

湯與伊尹事見《史記·殷本紀》。

公疑，猶以爲大（泰）山。

公疑，以爲泰山神。

【校釋】

簡本「山」下當脫一「神」字。于鬯云：「『公疑』二字當句，疑晏子所言湯與伊尹也，故下文『晏子曰：「公疑之，則嬰請言湯與伊尹之狀。」』『以爲泰山神』者，信占夢者之言也。七字作一句者非。」於說當是。

晏子曰：「公疑之，則嬰請門（聞）湯……逢（豐）下，居（倨）身而陽（揚）聲。」

晏子曰：「公疑之，則嬰請言湯、伊尹之狀也。湯質皙而長，顏以髯，兌上豐下，倨身而揚聲。」

【校釋】

簡本此句「湯」下「逢」上簡殘文缺，從綴合復原後的殘簡位置來看，其間似有十三字左右的位置。

簡本「門」，整理組讀爲「問」。舊案：讀「問」不確。這裡是景公對晏子解夢「二丈夫」爲「宋之先湯與伊尹」表示懷疑不信，因此下文晏子的對話中應該是晏子給景公講清楚「二丈夫」爲什麼是「宋之先湯與伊尹」而非「泰山之神」。若讀爲「問」，那麼晏子向誰「問」呢？明本作「則嬰請言湯、伊尹之狀」，是晏子請求給景公講明湯和伊尹的形貌，請景公相信「二丈夫」即湯和伊尹。故簡本「門」當讀文「聞」，意謂晏子請求景公聽他講湯和伊尹的形貌。比較文通義順。「門」、「聞」二字古音皆爲明母文部字，屬雙聲疊韻通假。《古璽彙編》中有兩方古印：「聞司馬鉨」、「右聞司馬」，兩「聞」皆爲「門」之假借字，當讀爲「門」。

簡本「逢」當讀爲「豐」。「逢」，並母東部；「豐」，滂母多部。並、滂旁紐雙聲。東多旁轉疊韻，屬音近通假。《說文通訓定聲·豐部》云：「逢，通假爲豐。」《國語·周語上》「道而得神，是謂逢福」，《說苑·辨物》「逢」作「豐」。《史記·天官書》「五穀逢昌」，《淮南子·天文》作「五穀豐昌」。《玉篇·豐部》：「豐，大也。」又《廣雅·釋詁》：「豐，滿也。」「豐下」，形容腮頰豐滿。《左傳·文公元年》：「王使內使叔服來會葬，公孫敖聞其能相人也，見其兩子焉。叔服曰：『穀也食子，難也收子，穀也豐下，必有後於魯國。』」注云：「豐下，蓋面方。」楊伯竣《春秋左傳注》云：「豐下，頤頷豐滿也。」

「居」當讀爲「倨」。」「居」、「倨」古皆爲見母魚部字，屬雙聲疊韻通假。《詩・小雅・角弓》「莫肯下遺，式居婁驕」，高亨《詩經今注》云：「居，借爲倨，傲也。」《禮記・樂記》「倨中矩」，《史記・樂書》引「倨」作「居」。《漢書・酷吏傳》「至貴居也」，顏注云：「居，讀與倨同。」《爾雅・釋畜》「倨牙食虎豹」，《釋文》云：「倨本亦作居。」「倨」，直也。《大戴禮記・勸學》「其流行痺下倨句，皆循其理」，王聘珍《解詁》云：「倨，直也；句，曲也。」此處「倨身」與下文「僂身」爲對文。昔人多訓「倨」爲「曲」，非也，當訓爲直。又「倨」，《論衡・死僞篇》引作「據」，「據」爲「据」之古體，「据」、「倨」皆從居得聲，可通假。《史記・司馬相如傳》「据以驕驁」，《索隱》引張揖云：「据，直頂也。」「倨身」，即身體挺直的樣子。

簡本「陽聲」當讀爲「揚聲」。「陽」、「揚」古皆爲喻母陽部字，屬雙聲疊韻通假。《易・夬》「揚于王庭」，馬王堆漢墓帛書《易經》「揚」作「陽」。《禮記・玉藻》「盛氣顛實揚休」，鄭注云：「揚讀爲陽。」「揚聲」，指聲音宏亮高大。《太平御覽》三九九引作「倨身而高勝」，「高」、「揚」皆有生狀宣唱之意。

明本「狀」，即狀貌之意，指他們的形狀像貌。

明本「湯質皙而長，顏以髯」，孫星衍云：「《詩》傳：『皙，白皙。』《說文》：『人色白也。』《藝文類聚》作『湯長頭而髯鬢』，《御覽》作『湯長頭而寡髮』，一作『長頭而髯』，『髯』當作『髯』。」盧文弨云：「《論衡・死僞篇》無『質』字，因下『皙』字誤衍。《論衡》『顏』作『頤』。」于鬯云：「『長』下疑復有『長』字，正因兩『長』字重疊，故脫去一『長』字耳。『湯質皙而長』當句，與下文『伊尹黑而短』相對（《論衡・死僞篇》無『質』字。然有不害其爲對），『長顏以髯』，亦與下文『蓬頭而髯』相對（今本脫「頭」字，依《御覽・鬚髯覽》引補），孫星衍《音義》以『湯質皙』爲句，『而長顏以髯』爲句，則下文當讀『伊尹黑』爲句，然試問『而短蓬頭而髯』成何語乎？即從脫『頭』字之本，云『而短蓬而髯』，並成何語乎？『皙而長』者，謂其體也。《孟子・告子篇》云『湯九尺』，《春秋

繁露・三代改制質文篇》言『湯體長專』，皆其證。然則『長』下必復有
『長』字可知，否則『顏以髯』又不成語矣。《藝文類聚・頭類》云『湯
長頭而髯鬢』。吳則虞云：「于說是也。『湯質皙而長』句，言其修身也；
『長頭而髯』句，言其頭及鬢也。後『頭』誤爲『顏』，而『顏』字誤連
上句讀，致失其義。《藝文類聚》十七、《御覽》三百七十四引俱作『湯
長頭而髯』，是其證。又《御覽》三百九十九節引作『湯修以長髯』，『湯
修』者，即節上句『湯質皙而長』；『長髯』者，即簡『長頭而髯』也。《博
物志・異聞》作『湯皙容多髮』。」黃暉《論衡校釋》(以下簡出姓名) 云：「此
文當作『湯皙（句）而長頭以髯』。《說文》：『顏，臣也。』臣、頤古今
字。又云：『顄，頤也。』《方言》作『頷』。《公羊傳》何注：『頷，口也。』
則『頤以髯』猶『口以髯』也，文不成義。《晏子春秋・內篇諫上》：『湯
質皙（句）而長頭以髯。』『頭』今誤作『顏』。《藝文類聚》十七引『湯
長頭而髯鬢』。《御覽》三六四引作『湯長頭而寡髮』。又三七四引作『長
頭而髯』。並作『長頭』。今據正。」則『長』謂頭長，非謂其質白而長
也。此文即本《晏子》，當不能背戾其義。蓋『頭』字形譌作『頤』，淺
者則據下文『伊尹黑而短，蓬而髯』句例，妄以『長』字屬上讀，又改
『而』爲『以』。」髯，即頰毛。《漢書・高帝紀》：「高祖爲人，降準而
龍顏，美須髯。」注云：「在頤曰須，在頰曰髯。」古代謂多鬚者亦稱爲
髯。字亦作「顄」。

明本「兌」當讀爲「銳」。「兌」，定母月部；「銳」，余母月部。定、余準
旁紐雙聲，月部疊韻，屬音近通假。《論衡・死僞篇》、《初學記》卷九引
《帝王世紀》皆作「銳」。《史記・天官書》「下有三星兌曰罰」，《漢書・
天文志》引「兌」做「銳」。《荀子・議兵篇》「兌則若莫邪之利鋒」，《新
序・雜事》三引「兌」作「銳」。物上小下大曰銳。

公曰：「〔□□〕□伊尹黑以短□□以逢（蓬），逢（豐）上
而兌（銳）〔□□□〕而下聲。」

公曰：「然，是已。」「伊尹黑而短，蓬而髯，豐上兌下，僂身而下聲。」

66

【校釋】

簡本此句「公曰」下殘缺三字，據明本疑當爲「然是已」。

「以逢」上一字右旁似从「鼠」，左旁殘泐，疑此字當讀爲「鬣」，《說文》云：「鬣，髮鬣鬣也，从髟鼠聲。」《左傳・昭公七年》：「使長鬣者相。」杜注云：「鬣，鬚也。」《國語・楚語》上韋注云：「長鬣，美鬚髯也。」明本「髯」，古代稱多鬚者爲髯。如《三國志・蜀書・關羽傳》云：「羽美鬚髯，故亮謂之髯。」

簡本「鬣」上一字，疑作「而」字。

簡文「以逢」之「逢」當讀爲「蓬」。「逢」、「蓬」二字古皆爲並母東部字，屬雙聲疊韻，可通假。《孟子・離婁下》「逢蒙」，《莊子・山木》作「蓬蒙」。《楚辭・九嘆》「登逢龍而隕兮」，《考異》云：「逢，古本作蓬。」「蓬」，蓬鬆，紛亂。指毛狀物披散紛亂的樣子。這裡指髮亂如蓬。

簡文「兌」下三字疑當作「下僂身」。

簡文「逢上」之「逢」當讀爲「豐」，「兌」讀爲「銳」，說見上。吳則虞云：「《御覽》三百七十四、三百九十九引『逢』下俱有『頭』字，三百九十九引『黑』下無『而』字。《博物志》引作『伊尹黑而短』，自『短』字截讀，是也。」劉師培云：「《後漢書・馮衍傳》注引《帝王世紀》云：『伊尹豐上銳下，色黑而短，僂身而下聲。』」

「僂身」，張純一《校注》云：「僂身，曲背也。」與《左傳・昭公四年》「黑而上僂」之「僂」義同。《說文》云；「僂，尫也，从人婁聲。周公韤僂，或言背僂。」「下聲」，即低聲，與《周禮・春官・典同》「下聲肆」、《世說新語・輕詆》「下聲語曰」之「下聲」義同。此處「僂身而下聲」與上文「倨身而揚聲」爲對文。

公……唯宋耳，而公伐之，故湯、伊尹怒，請散師和平。……

公曰:「然,是已。今若何?」晏子曰:「夫乃湯、太甲、武丁、祖乙、天下之盛君也,不宜無後。今惟宋耳,而公伐之,故湯、伊尹怒,請散師以平宋。」景公不用,終伐宋。

【校釋】

簡本此句僅存「公……唯宋耳,而公伐之,故湯、伊尹怒,請散師和平……」十八字。「公」下「唯」上簡殘文缺。明本「公」下至「惟」上有二十九字,從殘文簡復原後的情況來看,「公」下「惟」上當有三十字左右,可能與明本相差不大。

簡文「平」下亦有簡殘文缺,從殘簡復原後的情況來看,「平」與下句「子」上約有六、七字左右。

簡文「唯」通「惟」,二字古皆爲余母微部字,屬雙聲疊韻通假。古書中「唯」、「惟」通用例習見,如《尚書》中「惟」,《左傳》引多作「唯」。「惟」,只也,獨也。

明本「今若何」,《論衡·死僞篇》作「今奈何」。

「祖乙」,《論衡》作「祖已」。孫星衍云:「太甲,湯孫;武丁,小乙子;祖乙,河亶甲子。」湯、太甲、武丁、祖乙均爲商朝國君。周武王滅商後,封紂子爲宋國國君。

明本「請散師以平宋」,《論衡》作「請散師和於宋」。張純一云:「言請,遣散其師以與宋平。和好曰平。」簡文作「和平」,義更明賢顯。

「散師」,解散軍隊。明本「不用」,不採納。指景公不採納晏子的意見。

子曰:「公伐无罪之國,以怒明神,不易行□□□進師以戰,

禍非嬰之所智（知）也。師若果進，軍必有弐（災）。」

晏子公曰：「伐無罪之國，以怒明神，不易行以續蓄，進師以近過，非嬰所知也。師若果進，軍必有殃。」

【校釋】

簡本此句「子」上簡殘文缺。從文義來看，「子」上當有「晏」字。

簡本「不易行」下殘缺三字，據明本，亦當爲「以續蓄」三字。

簡本「智」當讀爲「知」，《說文》「智」作「𥋇」，《說文解字注箋》云：「知、𥋇本一字，𥋇隸省作智。古書多以知爲智，又或以智爲知。」《說文解字注》云：「智，與《矢部》知音義皆同。」「智」、「知」皆爲支部端母字，屬雙聲疊韻字，可通假。《廣韻》云：「智，知也。」《禮記·喪服四制》「知者可以觀其理焉」，《釋文》云：「知本或作智。」

簡本「弐」，當爲「烖」省。《說文》云：「烖，天火曰烖，从火弐聲。灾或从宀、火。災，籀文从巛。」又云：「巛，害也。」王力《同源字典》云：「災、巛實一詞，《說文》以具體的火災爲災，以抽象的災爲巛，是強生分別。」《左傳·襄公三十年》「爲宋災故」，《周禮·大宗伯》作「烖」。烖，損害。禍害。與《書·舜典》「眚災肆赦」之「災」義同。明本作「殃」，與「災」同義。

明本「公曰」二字誤倒。黃以周云：「元刻『伐』上有『公』字。」吳則虞云：「黃說誤。吳刻如是，元本、活字本『公』字誤越在『曰』字之上，綿眇閣本、吳勉學本、楊本、凌本均無『公』字，吳懷保本做『晏子諫曰』。」

明本「不易行以續蓄」，張純一《晏子春秋校注》云「續蓄，義不可通。『蓄』長爲『畜』字之形誤。言既干神怒，仍不改行，適以續畜耳。畜，古灾字。」孫星衍云：「未詳。」于鬯《香草校書》云：「蓄之言畜也。《孟

子‧梁惠王篇》云:『畜君者好君也。』此以聲訓『畜君』爲『好君』,則『續蓄』爲『續好』矣。且《孟子》正引晏子事,見《問下篇》,其曰『其曰『其《詩》曰畜君何尤』,齊大師所作也。然則謂好爲畜,殆齊語與?依本字蓋當作『嫷』,『蓄』、『蓄』並借字。《廣雅‧釋詁》云:『嫷,好也。』《說文‧女部》云:『嫷,媚也。』媚亦好也(王念孫《廣雅疏證》頗詳)。蓋齊、宋本相舊好之國,今齊伐宋,是絕好矣。『易行』者,易伐爲不伐也,不伐即續好矣,不易行以續好,則仍伐以絕好耳,『蓄』字之義可得。孫星衍《音義》謂『續蓄,未詳』,疏矣。」于省吾《雙劍誃諸子新證》(以下簡出姓名)云:「按『蓄』『畜』通用,古籍習見,不煩舉證。《呂氏春秋‧適威》『民善之則畜也』,注:『畜,好。』《孟子‧梁惠王》『畜君者,好君也』,『畜』、『好』古音同隸幽部,乃音訓字也。『不易行以續畜』,即不易行以續好也。上云『請散師以平宋』,續好即平宋之義。不易行以續蓄,故下云『進師以近過,非嬰所知也』。左隱七年《傳》『以繼好息民』、左僖公四年《傳》『先君之好是繼』、左襄元年《傳》『以繼好結信』,是『續蓄』猶言『繼好』也。」駿案兩于說當是。

明本「過」當讀爲「禍」,「過」,爲歌部見母,「禍」爲歌部匣母,歌部疊韻,見匣旁紐,可通假。《戰國策‧趙策一》「而禍及於趙」,馬王堆漢墓帛書「禍」作「過」。睡虎地秦簡《爲吏之道》「毋喜富,毋惡貧,正行修身,過去福存」,「過」、「福」爲對文,「過」亦當讀爲「禍」。簡本「進師以戰,禍非嬰所智也」,「禍」屬下讀,較明本義長。陶鴻慶云:「『近過』二字,文義難通,『過』當爲『禍』。《禮記‧大學》『過也』,朱駿聲以爲『禍』之假字,下云『師若果進,軍必有殃』,即近禍之謂。」陶說甚是。

軍進再舍,將壹(殪)軍鼓毀。公恐,辭〔□□□□□〕不果伐宋。

軍進再舍,鼓毀將殪。公乃辭乎晏子,散師,不果伐宋。

【校釋】

簡本此句與明本小異。

簡文「再舍」，二舍。古代行軍三十里爲一舍，二舍共六十里。

簡文「辭」下殘缺五字，據明本，疑爲「乎晏子散師」。

簡文「壹」當讀爲「殪」。「壹」、「殪」古皆爲影母質部字，屬雙聲疊韻，可通假。《禮記·中庸》「壹戎衣而有天下」，《尚書·康誥》作「殪戎殷而有天下」。殪，《說文》云：「死也。」《詩·小雅·吉日》：「殪此大兕。」傳云：「殪，壹發而死。」《國語·晉語》：「殪以爲甲。」注云：「一發而死曰殪。」《漢書·司馬相如傳》上：「藝殪仆。」集注引文穎曰：「一發死爲殪。」

明本「公乃辭乎晏子，散師，不果伐宋」。《太平廣記卷三百九十一引《博異志》七引作「公怒（騫案：當爲「恐」訛。），乃散師，不伐宋」。明本「辭」，謝也，自認其有過錯。「不果」，沒有成爲事實。

〔譯文〕

景公興兵將要攻打宋國，軍隊經過泰山的時候，景公夢見兩個男子站在他面前發怒，而且怒氣極盛。景公感到很害怕，驚醒之後，開門召見占夢的人。

占夢的人來了之後，景公說：「今天晚上我夢見兩個男人站在我面前發怒，不知道他們說了些什麼，他們怒氣極盛，我還能記得他們的像貌，記得他們的聲音。」

占夢的人說：「軍隊經過泰山時沒有祭祀泰山之神，因此泰山之神發怒了。請趕快召來祝史祭祀泰山就可以了。」

景公說：「可以。」

第二天，晏子朝見景公，景公把占夢者的話告訴了晏子。

景公說：「占夢的人說：『軍隊經過泰山時沒有祭祀泰山之神，因此泰山之神發怒了。』現在我已經派人去召來祝史並去祭祀泰山之神去了。」

晏子低頭想了一會兒回答說：「占夢的人不知道啊，這兩個人不是泰山之神，而是宋國的先人湯和伊尹。」

景公表示懷疑，還認為是泰山之神。

晏子說：「您若懷疑我的話，那麼我請求說說湯和伊尹的相貌。湯長的皮膚白皙而身材高大，兩腮長滿了鬍鬚，臉部上額窄小而下額豐滿，身體挺直而聲音高昂。」

景公說：「是的，是這樣的。」

「伊尹長的又黑又矮小，頭髮蓬亂而滿臉鬍鬚，臉部上額豐滿而下額尖小，身體佝僂而聲音低下。」

景公說：「是的，是這樣的。現在應該怎麼辦呢？」

晏子說：「成湯、太甲、武丁、祖乙都是天下有盛德的國君，他們不應該沒有後人。現在只有宋國是他們的後裔，而您還要去攻打它，所以成湯、伊尹發了怒，請您解散軍隊與宋國和平相處。」

景公沒有採納晏子的諫告，堅持去攻打宋國。

晏子說：「你們攻打沒有罪的國家，因此惹得神靈發怒，如果不改變你們的行為，而與宋國繼續修好，出動軍隊去招來禍患，這不是我所能理解的。軍隊如果真的進攻，必然會招來禍殃。」

齊國的軍隊前進了六十里後，果然戰鼓毀壞，將帥死亡。景公於是向晏子認了自己的過錯，遣散軍隊，攻打宋國沒有成為事實。

五

〔說明〕

本章經整理復原後僅存四支竹簡，整理編號爲五五二、五五三、五
五五四、五五五。從五五五號簡簡文來看，簡尾文意未盡，故五五
五號簡後仍當有簡文，可惜殘缺不存。五五二號簡簡頭「景公登路
寢之臺」上有「・」符號，按本竹書抄寫體例，「・」表示一章之始。
本簡整理後由二段斷簡綴連而成，文字基本保存完整清晰，只是本
簡尾有所殘缺（約殘缺五字左右）。五五三號簡殘斷此較嚴重，整理
後由四段殘簡綴連而成，文字尚有殘缺。五五四號簡也是由四段斷
簡綴連而成，除中間韋編處殘缺一字外，其餘文字基本保存完整。
五五五號簡是由兩段斷簡綴連而成，簡文基本保存清晰完整，是本
章內保存最好的一支竹簡。從本簡簡尾文字來看，明顯文意未盡，
五五五號簡後仍當有簡，但在整理過程中沒有發現，或因其殘損太
重，其殘簡碎片就在《銀雀山漢墓竹簡》第三輯《散簡》中。本書
內容在傳世本《晏子春秋》中爲《內篇諫下・景公登路寢之臺不終
不悅晏子諫第十八》。從簡本殘存文字與傳世明刻本比較來看，文字
差異較大，簡本文字較爲精練，明本增益文字當爲古書在流傳過程
中後人所爲。

・景公登洺（路）帚（寢）之臺，不能多（終）上而息於陛。
公曰：「孰爲高臺？其病人之甚也。」

景公登路寢之臺，不能終而息乎陛，忿然而作色，不悅。曰：「孰爲
高臺，病人之甚也。」

【校釋】

簡本此句與明本小異。簡本「景公」上原有一圓墨點，爲一章開始之標記。

簡本「洛」當讀爲「路」，二字古音皆爲來母鐸部字，屬雙聲疊韻，可通假。《穀梁傳‧閔公元年經》「公及齊侯盟於洛姑」，《釋文》云：「洛，一本作路。」《史記‧建元以來王子侯者年表》「洛陵」，《索隱》云：「《漢表》作路陵。」

簡本「帚」爲「寢」之省寫，說見上。「路寢」，古代天子、諸侯的正室。《詩‧魯頌‧閟宮》：「松桷有舄，路寢孔碩。」《公羊傳‧莊公二年》：「路寢者何？正寢也。」注云：「公之正居也。天子、諸侯皆有三寢：一曰高寢，二曰路寢，三曰小寢。」《穀梁傳‧宣公十八年》：「路寢，正寢也。」《說苑‧修文》引《春秋》曰：「壬申，公薨於高寢。」《傳》曰：「高寢者何？正寢也。曷爲或言高寢或言路寢？曰：諸正寢三：一曰高寢，二曰左路寢，三曰右路寢。高寢者，始封君之寢也。二路寢者，繼體之君寢也。其二何？曰：子不居父之寢，故二寢。繼體之君世世不可居高祖之寢，故有高寢。」

「冬」當讀爲「終」，二字爲古今字。《說文》云：「冬，四時盡也。從仌從夂，夂，古文終字。」《釋名‧釋天》云：「冬，終也，物終成也。」段玉裁《說文解字注》云：「終，俗分別冬爲四時盡，終爲極也，窮也，竟也。乃使冬失其引申之義，終失其本義也。有夂而後有夅，冬而後有終，此造字之先後也。」「不能終」，不能到達頂點。

「息」，休息。

「於」，介詞，與「乎」同。《呂氏春秋‧貴信篇》：「又況乎人事、」注云：「乎，於也。」又《禮記‧中庸》：「見乎蓍龜。」《釋文》云：「一本『乎』作『於』。」

「陛」，殿壇的臺階。

「病人」，使人勞累。「病」，勞累，這裡用作使動詞。

晏子……使民如〔□□□□□〕罪也。

晏子曰：「君欲節於身而勿高，使人高之而勿罪也。今高，從之以罪，卑亦從以罪，敢問使人如此可乎？

【校釋】

簡本僅存「晏子……使民如〔□□□□□〕罪也」不相連貫的七個字。從竹簡復原後的情況來看，「晏子」下「使民」上似有六個字的位置；「如」下「罪」上殘缺五字。在文字上與明本差異較大。

「君欲節於身而勿高，使人高之而勿罪也」，王念孫云：「案兩『而』字並與『則』同義，『而』與『則』同義，故二字可以互用。《雜上篇》曰：『君子有力於民，則進爵祿，不辭富貴；無力於民，而旅食不惡貧賤。』《雜下篇》曰：『德厚而受祿，德薄則辭祿。』『而』亦『則』也，詳見《釋詞》。」文廷式《晏子春秋校本》（以下簡出姓名）云：「兩『而』字皆通作『如』，《公羊傳》『如勿與而已矣』，『如』即『勿如』，是其義。《左氏傳》宋襄公泓之戰『則如勿傷』、『則如服焉』，二『如』字亦作『勿如』解。」今案王說近是。

明本『使人高之而勿罪也』，吳則虞云：「『使人高之』句，疑有挩誤，似應作『使人勿高之而罪也』。下文云：『今高之而勿罪也』，指上句言；『卑亦從以罪』，即指此言。故篇末又云『高亦有罪，卑亦有罪』，苟此云『勿罪』，則『卑亦有罪』無根矣。」

明本「今高從之以罪」，陶鴻慶云：「『今高從之以罪』，當作『今高之從以罪』，承上『使人高之而勿罪也』而言，『之』，指路寢之臺言。」

夫古之爲宮室臺榭者，節於身而調於民，不以爲奢侈。

古者之為宮室也，足乎以便生，不以為奢侈也，故節於身，謂於民。

【校釋】

簡本此句與明本差異較大。簡本文字古樸，簡捷明瞭。

明本「足乎以便生」，蘇輿云：「『乎』字衍文。」張純一云：「『乎』字非衍，當在『便』字下，今誤倒著『以』上。」

明本「謂於民」，歷來衆說紛紜，莫衷一是。孫星衍云：「『謂』字疑誤。」劉師培云：「『謂』當作『爲』，此文『謂』亦『爲』字之誤矣。『爲於民』者」，『爲』、『化』古通，猶言『化於民』也。此言爲君者躬行節儉，則人民從其化。」又云：「此『謂』字亦當作『誨』。」于省吾云：「『謂』應讀作『惠』，《韓非子・外儲說上》『君必惠民而已矣』，『惠民』、『惠於百姓』、『惠於民』義同。」吳則虞云：「作『誨』是。」洪頤煊則云：「《爾雅・釋詁》：『謂，勸也。』」黃以周、張純一說同洪頤煊。騫案以上各家之說皆不確。王念孫云：「案『謂』當爲『調』，形相似而誤也（《集韻》引《廣雅》：『誠，調也。』今本『調』作『謂』）。調者，和也，言不爲奢侈以勞民，故節於身而和於民也。《鹽鐵論・遵道篇》曰『法令調於民而器械便於用』，文義與此相似。後《問上篇》曰『舉事調乎天，藉斂和乎民』，亦與此『調』字同義。」今案王說甚是，簡本正作「調」。

簡本、明本「不以爲奢侈」，謂不把宮室臺榭作爲自己享樂的地方。

及夏〔□□〕也，其王桀怀（背）行棄義，作爲頃宮壘（靈）臺。殷之〔□〕也，其王紂作爲環（琁）室玉門。廣大者有賞，埤（卑）小者有罪，是以身及焉。

及夏之衰也，其王桀背棄德行，為璿室玉門。殷之衰也，其王紂作為傾宮靈臺，卑狹者有罪，高大者有賞，是以身及焉。

【校釋】

簡本此句「夏」下殘缺二字，據明本，疑當為「之衰」二字。

「殷之」下殘缺一字，據缺明本，疑當為「衰」字。

簡文「伓」從人不聲，當讀為「背」，不、背古音相近，可通假。湖南長沙馬王堆漢墓帛書《老子》乙本卷前古佚書《論約》「伓天之道，國乃無主」；又帛書《十六經‧五正》「反義伓宗，其法死亡以窮」；又帛書《經法‧四度》「伓約則窘，達刑則傷，伓逆合當，為若有事，雖無成功，亦無天殃」；帛書整理小組注云「疑『伓』為『倍』之異體，與背通」。在古文獻中，倍、背通假例甚多，如《漢書‧賈誼傳》「下無倍之心」，顏注云：「倍，讀若背。」《管子‧法法》「倍法而治」，劉績《補注》云：「倍，古背字。」《莊子‧養生主》「是遁天倍情」，《釋文》云：「倍，本又作背。」

「頃」，當讀為「傾」。「頃」、「傾」古皆為溪母耕部字，溪母雙聲，耕部疊韻，屬雙聲疊韻通假。傾宮，高巍的宮殿。傾，形容其高聳如欲傾墜。《文選‧吳都賦》「思比屋於傾宮」即其義。

簡文「瓕」，從玉品聲，當讀為「靈」，為「靈」之異體。《說文》云：「靈，靈以玉事神。從玉霝聲。靈，靈或從巫。」「靈臺」，古代帝王用以遊觀享樂的地方，或作「瑤臺」，古代雕飾華麗，結構精巧的樓臺。吳則虞云：「靈臺者，瑤臺也。靈、瑤皆玉之名，古稱瑤臺、靈臺、瑤池、靈室，皆非臺名，靈皆狀其靈室之精美也。」

「環」通「琁」、通「璇」。「環」，元部匣母；「琁」，元部邪母。元部疊韻，匣、邪準雙聲，屬音近通假。《說文》云：「琁，瓊或從旋省。」「琁」為「瓊」之省體，或亦作「璿」。《集韻‧僊韻》云：「璿，或作琁、璇。」

《說文》：「璿，美玉也。」《周禮‧樂師》：「環拜以鍾鼓為節。」鄭司農注云：「環，旋也。」環室即璿室，指雕飾華麗的宮室。

「玉門」，指宮闕。

簡本「埤」當讀為「卑」。「埤」、「卑」古皆為幫母支部字，屬雙生疊韻通假。《荀子‧宥坐》「其流也埤下裾拘」，楊注云：「埤，讀為卑。」《易‧繫辭上》「知崇禮卑」，《釋文》云：「卑，本亦作埤。」「卑」，低下。

明本「狹」，乃「窄」、「隘」之意。「埤小」與上文「廣大」為對文。明本作「卑」，與下文「高」為對文。

又明本「為璿室玉門」，王念孫云：「案『為』上有『作』字，與下『作為傾宮靈臺』對為，而今本脫之。《文選‧甘泉賦》注引有。」今案王說是，與簡本合。

又明本為桀作「璿室玉門」，紂作「傾宮靈臺」，簡本為桀作「傾宮靈臺」，紂作「環室玉門」，正相反。孫星衍云：「劉淵林注《吳都賦》：『汲郡地中古文冊書，桀作傾宮，飾瑤臺，紂作瓊室，立玉門。』文與此（驚案：指明本）異。」今案汲郡地中古文冊書與簡本同。

今君埤（卑）亦有罪，高亦有罪，吏寋（審）從事，不免於罪，臣主俱困而无所辟患……。

今君高亦有罪，卑亦有罪，甚於夏、殷之王。民力彈乏矣而不免於罪，嬰恐國之流失而公不得享也。」公曰：「善。寡人自知誠費財勞民，以為無功，又從而怨之，是寡人之罪也。非夫子之教，豈得守社稷哉！」遂下，冉拜，不果登臺。

【校釋】

簡本此段僅存「今君埤亦有罪，高亦有罪，吏寁從事，不免於罪，臣主俱困而尢所辟患……」二十七字。「患」下簡殘文缺。從殘存文字來看，與明本差異較大。

簡本「埤」當讀爲「卑」，說見上。

「寁」字當讀爲「審」。《說文》以「宋」、「審」爲一字，簡文「寁」從心從宋，當是「審」之別體。「審」，詳細，周密。

「從事」，辦事，處理事務。

「俱困」，都很艱難，窘迫。

「患」，憂患。

明本「享」當爲「亨」之訛，「冉」當爲「再」之訛。

明本「流失」，俞樾云：「『流失』義不可通。《問上》七章曰：『臣恐國之危失，而公不得享也。』疑此文『流』字亦『危』字之誤。」劉師培云：「『流失』猶言『放失』，蓋『民散』之義。」于省吾云：「按『危』、『流』形殊，無由致誤。『流』乃『疏』字之譌，『疏失』猶言『分失』，與『危失』義亦相仿。《外七》第五『出入周流』，蘇輿謂今本《左傳》作『疏』，作『流』者俗本也，是其證。」

又明本「怨」，長孫玄齡《晏子春秋考》（以下簡出姓名）云：「『怨』當作『恕』。」

〔譯文〕

景公上路寢臺，沒有能登上頂端，就坐在臺階上休息，氣憤地變了臉色，很不高興地說：「是誰修理的高臺？太讓人受累了。」

晏子說：「您想節省體力就不要讓人修建這麼高，既然讓人修了這麼高就不要怪罪他們了。現在修高了認爲他們有罪，修低了也認爲他們有罪，我冒昧地

問一句這樣的役使人可以嗎？古代的人修建宮室能方便生活就滿足了，不要把它用來奢侈享樂，因此他們節省體力，不以奢侈來勞役百姓。到了夏朝衰落時，他們的君王桀背棄德行，修築了璇室玉門。商朝衰落的時候，他們的君王修建了傾宮靈臺，修建的低小了有罪，修建的高大了有賞，因此他們本身都遭到了國滅身亡的災難。現在君王您是建高了有罪，建低了也有罪，這大大超過了夏、商的君主桀和紂，百姓們已經力盡財竭，但仍避免不了罪名，我擔心國家要保不住，而您也不能享有齊國了。」

　　景公說：「很好！我已經自己明白這確實是勞民傷財，又沒有什麼功績，又因此而埋怨百姓，這是我的罪過。若不是先生您的教誨，我難道能夠保住國家嗎？」於是走下寢臺，向晏子拜了兩拜，不再去登路寢之臺。

六

〔說明〕

本章原由五支竹簡組成，經整理復原後編號爲五五六、五五七、五五八、五五九、五六〇。五五六號簡由兩段斷簡綴連而成，簡頭「景公興兵將伐魯」上有「‧」符號，按本竹書抄寫體例，「‧」表示一章之首。五五七號簡由三段斷簡綴連而成，五五八號簡由兩段斷簡綴連而成。這兩支簡本是章內保存較完整的兩支竹簡，且文字比較清晰可辨。五五九號簡由三段不連貫的斷簡綴連而成，段與段之間約缺六字左右。五六〇 號簡存兩段不連貫的斷簡，簡頭和簡的中部文字有所殘損。簡尾「不果伐魯」下尙有一字空白，顯爲一章之末。本章在傳世本中爲《內篇問上‧景公問伐魯晏子對以不若修政待其亂第三》章。從簡本殘存文字來看，與傳世本差異不是很大。

‧景公興兵將伐魯，問晏子，晏子曰：「不可。魯君好義而民戴〔□□〕義者安，見戴者和，安和之禮（理）存焉，未可攻也。

景公舉兵欲伐魯，問以晏子，晏子對曰：「不可。魯公好義而民戴之，好義者安，見戴者和，伯禽之治存焉，故不可攻。

【校釋】

簡本此句與明本小異。簡本「義」上「戴」下殘缺二字，據明本，疑當爲「之見」二字。

簡本「禮」當讀爲「理」。「禮」，來母脂部；「理」，來母之部。來母雙聲，

脂、之旁轉疊韻，屬音近通假。《禮記·仲尼燕居》：「禮也者，理也。」疏云：「理，謂道理，言禮者使萬物合於道理也。」與《易·繫辭上》「易簡而天下之理得矣」之「理」義同。

明本「問以」當作「以問」，或本作「問於」。

「好義者安」，張純一云：「君好義則民安寧，而實力足。」

「見戴者和」，蘇輿云：「『見』疑『民』譌，此承上言之。」張純一云：「案見戴於民，就魯公言，義自可通。『見戴』與『好義』對文，不必破『見』作『民』。『見戴者和』，謂魯上下一心，不知侮也。」謇案：蘇輿說不確，簡本正作「見戴」。見戴，受尊奉、推崇。

明本「伯禽」，周公之子，周公相成王，留在東都洛陽。封伯禽於魯。他在位四十六年，以禮治國。事見《史記·魯周公世家》。

攻義者不羊（祥），危安者必困。且嬰聞之，伐人者德足以安其國，正（政）足以和其民，國安民和然后可以興兵而正（征）暴。

攻義者不祥，危安者必困。且嬰聞之，伐人者德足以安其國，政足以和其民，國安民和然後可以及舉兵而征暴。

【校釋】

簡本此句與明本基本相同。簡本「羊」，當讀爲「祥」。羊，余母陽部；祥，邪母，陽部。余、邪鄰紐雙聲，陽部疊韻，可通假。《左傳·昭公十四年經》「盟於浸祥」，《公羊傳》作「盟於侵羊」。清阮元《積古齋鐘鼎彝器款識·漢洗·大吉羊洗》「大吉羊宜用」，又同上書《漢元嘉刀銘》「宜侯王大吉羊」，兩「羊」字皆讀爲「祥」。《隸續》十三《范皮闕》「日利千萬曾羊」洪適釋

云：「漢代器物銘多以羊爲祥。」簡本「不羊」即「不祥」，意謂不善，不古祥。

「正足以和其民」之「正」當讀爲「政」，《說文》云：「政，正也。從攴從正，正亦聲。」《釋文》云：「政，正也。下所取正也。」「正」、「政」皆章母耕部字。章母雙聲，耕部疊韻，屬雙聲疊韻通假。《韓非子・難三》「論之於任，試之於事，課之於功，故群臣公政而無私。」王先謙《集解》云：「乾通本『正』作『政』。」《墨子・節葬》「上稽之堯舜禹湯文武之道，而政逆人」，孫詒讓《閒詁》云：「政，正通。」《禮記・深衣》「以直其政」，鄭注云：「政或爲正。」《楚辭・九歎》「親忠正之悃誠兮」，《考異》云：「正一作政。」《補注》云：「政與正同。」簡本「正暴」之「正」當讀爲「征」，征從彳正聲。「正」、「征」皆章母耕部字，章母雙聲，耕部疊韻，屬雙聲疊韻通假。《周禮・夏官・司勛》「惟加田無國正」，《釋文》云：「正，本亦作征。」《周禮・地官・司門》「正其貨賄」，鄭注云：「正讀爲征。」《漢書・揚雄傳》「雖方征僑與偓佺兮」，顏注云：「征，《郊祀志》作正字，其音同。」征，出兵征討。

今君好酒而養辟（嬖），德无以安國。厚耤斂，急使令，正（政）无以和民。

今君好酒而辟，德無以安國，厚藉斂，意使令，無以和民。

【校釋】

簡本「辟」當讀爲「嬖」，「辟」、「嬖」皆爲幫母錫部，屬雙聲疊韻，可通假。《荀子・儒效》「事其便辟」，楊倞注云：「辟讀爲嬖。」《潛夫論・忠貴》「疏骨肉而親便辟」，注云：「辟讀爲嬖。」《廣韻》：「嬖，愛也。」「嬖」，即寵愛，受寵愛的人。《說文》云：「嬖，便嬖，愛也。從女辟聲」

《孔子家語・入官》云：「便辟者，群僕之倫也。」即指善於陷媚逢迎的小人。《左傳・隱公三年》「公子州'吁，嬖人之子也」，《釋文》云：「嬖，親幸也。賤而得幸曰嬖。」

明本「辟」上疑脫一「養」字。張純一云：「此句與『厚藉斂而急使令』為對文，有脫字。」張說當是。明本「辟」亦當讀為「嬖」。簡本「辟」上有「養」字，義較長。

簡本「耤」，《說文》云：「耤，帝耤千畝也。古者使民如借，故謂之耤」《廣雅・釋詁》云：「耤，稅也。」「斂」，賦稅。《孟子・盡心上》：「易其田疇，薄其稅斂。」簡本「厚耤斂」即指加重百姓的稅賦。明本「藉」，當讀為「耤」。「耤」「藉」、「籍」古皆為從母鐸部字，屬雙聲疊韻通假。本為古代天子親耕之田，親耕勸農之後，借民力耕種，後作「藉」。《禮記・月令》「天子親載耒耜，……躬耕帝藉」，唐陸德明《釋文》云：「藉，《說文》作耤。」《漢書・文帝紀》「其開藉田，朕親率耕」，顏師古注云：「應劭曰：『古者天子耕藉田千畝，為天下先。藉者，帝王典藉之常也。』韋昭注：『藉，借也。借民力以治之，以奉宗廟，且以勸率天下，使務農也。』」王先謙《補注》云：「韋本作藉，正當作耤。」《廣雅・釋詁二》：「耤，稅也。」王念孫《疏證》云：「耤，字亦作藉。《大雅・韓奕篇》『實畝實藉』鄭箋云：『藉，稅也。』」

明本「意使令」，孫星衍云：「任意使人。」駿案：簡本作「急使令」，孫氏望文生義，非也。王念孫云：「案『意』字文義不順，孫加『任』字以釋之，亦近於牽彊。『意』疑是『急』字之誤，令急則民怨，故曰『無以和民』。」今案王說甚是，與簡本合。吳則虞云：「指海本改作『急』。」

簡本「正」當讀為「政」，說見上。明本「無以和民」上疑脫一「政」字，簡本義長。張純一校本補「政」字，是。並云：「舊脫『政』字，上下文皆『政』與『德』對言，今校補。」

「無以和民」之「和」，《爾雅・釋詁》、《小爾雅・廣言》皆云：「和，諧也。」《禮記・中庸》云：「發而皆中節謂之和。」

德無以安之則危，正（政）無〔□〕和之則亂。未免危亂之
禮（理），而〔□□□□〕之國，不可，不若脩（修）德而
侍（待）其亂也。

德無以安之則危，政無以和之則亂。未免乎危亂之理而欲伐安和之
國，不可。不若脩政而待其君之亂也。

【校釋】

簡本此句殘缺文字較多。「和」上殘缺一字，據明本，疑當作「以」字。
「危亂之禮而」下殘缺四字，據明本，疑當作「欲伐安和」四字。

簡本「正」當讀爲「政」，說見上。

「禮」當讀爲「理」，說見上，明本正作「理」。

「侍」當讀爲「待」，二字皆從「寺」聲，古音相同。可通假。《說文通
訓定聲》云：「侍，假借爲待。」《莊子·田子方》「孔子便而待之」，《釋
文》：「待或作侍。」《儀禮·士昏禮》「媵侍於戶外」，鄭玄注云：「今文
侍作待。」《戰國策·魏策四》「欲王之東長之待之也」，姚注云：「待，
曾作侍。」《說文》有「偫」字，云：「偫，待也。」疑簡文「侍」乃「偫」
之省寫。待，《說文》、《廣雅·釋詁》云「竢也」。

明本「待其君之亂也」，蘇輿云：「『君之』二字似不當有，傳寫者緣下衍
『君』字，後又加『之』字耳。標題亦祇作『待其亂』，無『君之』二字，
是其證。」駪案：蘇說當是，與簡本合。

其〔□□□〕怨上，然后伐之，則義厚而〔□□□□□〕適
（敵）寡，利多則民勸。」公曰：「善。」不果伐魯。

其君離，上怨其下，然後伐之，則義厚而利多。義厚則敵寡，利多則民歡。」公曰：「善。」遂不果伐魯。

【校釋】

簡文此句「怨」上殘缺三字，據明本，疑當爲「君離下」三字。「適寡」上殘缺五字，據明本，疑當爲「利多義厚則」五字。

簡文「適」當讀爲「敵」，古書中習以「適」爲「敵」。適，書母錫部，敵，定母錫部。書、定準旁紐雙聲，錫部疊韻，屬音近通假。《禮記·燕義》「君獨升立席上，西面特立，莫敢適之義也」，疏云：「莫敢適，言臣下莫敢與君匹敵。」《釋文》云：「適本或作敵。」《禮記·玉藻》「敵者不在」，《釋文》云：「敵本又作適。」《荀子·君子》「告無適也」，楊倞注云：「適讀爲敵。」如《戰國策·蔡澤見逐於趙》章「吳王夫差無適於天下」，《史記》作「敵」。《禮記·雜記》「大夫訃於同國適者」、《史記·周勃世家》「與戰國卻適」之「適」皆爲「敵」之借字。

簡文「勸」，《小爾雅·釋詁》二云：「助也。」明本作「歡」，誤，疑爲形近而訛。作「勸」義長。

明本「其君離」，王念孫云：「案『其君離』三字，文不成義，當作『民離其君』，與『上怨其下』對文，今本『離』字誤在『其君』下，又脫去『民』字耳。」于省吾云：「王意改古人成文，不可爲訓。標題作『待其亂』乃約省其文，不應據標題以改章內也。至『其君離』正承『其君之亂』爲言，《詩·四月》『亂離瘼矣』，是『亂離』乃古人謰語，或分言，或合言，其義相因。」騫案王說不確，于說近是。據簡文殘存文字來推測，此句似當作「其君離上怨下」，明本「怨」下「其」字當爲後人所加。

〔譯文〕

景公興兵準備攻打魯國，向晏子詢問。

晏子回答說：「不可以。魯君喜歡行仁義而百姓擁戴他，喜歡行仁義的君主其國家就會安定，受百姓擁戴的君王上下就會和諧，伯禽的治國傳統仍然還存在。因此不可以攻打魯國。攻打行仁義的君主不會吉祥，危害安定的國家必然會遭受困窘。而且我還聽說過，攻打別人的人，他的德行要足以能能安定他的國家，他的政令要足以團結他的百姓，國家安定，百姓團結，然後才可以興兵征伐強暴。現在君王您喜好飲酒而且豢養諂媚逢迎的人，道德不足以安定國家，賦稅繁重，命令急迫，不足以團結百姓。道德不能安定國家就會危險，政令不能團結百姓就會發生禍亂。不能消除危險和動亂的因素卻想去攻打安定團結的國家，這是不可以的。不知先修明內政而等待他們國君昏亂。他們的國君和百姓不團結，上面的君王怨恨他的臣子，然後去攻打他，這樣就會道義重而且得利多。道義重了敵人就會少，利益多了人民就會幫助和擁戴。」

景公說：「很好！」

於是就沒有去攻打魯國。

七

〔說明〕

本章原由七支竹簡組成，經整理復原後編號爲五六一、五六二、五六三、五六四、五六五、五六六、五六七。五六一號簡由三段斷簡綴連而成，綴連後的竹簡基本完整，且文字清晰可辨。該簡簡頭「景公問晏子」上有「‧」符號，按本竹書抄寫體例，「‧」表示一章之首。五六二號簡由兩段簡綴連而成，整簡文字基本保存完整。五六三號簡由兩段不連貫的斷簡拼合而成，上半段保存完整，下半段殘缺六字左右。五六四號簡由三段斷簡綴連而成，中段殘缺十二字左右。五六五號簡由兩段不連貫的斷簡綴合而成，簡尾殘缺不存。五六六號簡也是由兩段不連貫的斷簡綴合而成，上半段中間殘缺三字左右，下半段竹簡從中間破裂，文字分成了半，但拼合後仍清晰可辨。五六七號簡由兩段斷簡綴連而成，整簡保存基本完整。本章末句「晏子沒而后衰」下尚有整簡的三分之二白簡，顯爲一章之末。本章在傳世本中爲《內篇問上‧景公問欲令祝史求福晏子對以當辭罪而無求第十》章。從竹簡存留文字與傳世明活字本本章文字比較來看，差異不是很大。

‧景公問晏子曰：「寡人志氣甚㾌（瘻），身體甚病。今吾欲具圭璧犧生（牲），令祝宗薦之上下，意者體（禮）可奸（干）福乎？」

景公問晏子曰：「寡人意氣衰，身病甚。今吾欲具圭璋犧牲，令祝宗薦之乎上帝宗朝，意者禮可以干福乎？」

【校釋】

簡本「志」，《廣雅‧釋詁》三：「志，意也。」與明本作「意」義同。「志氣」，原意是指國君施給人民的恩澤，象氣體充滿天地。《禮‧孔子閒居》「志氣塞乎天地」即此義。「志」和「氣」本來是分開來講的，後合稱指人的志向和氣量，《後漢書‧賈復傳》「賈君之容貌志氣如此，而勤於學，將相之器也」之「志氣」即此義。明本「意氣」與簡本「志氣」義同。

簡本「痿」即「痿」字，病名。指身體筋骨萎縮、扁枯之病。《漢書‧昌邑王賀傳》：「身體長大，疾痿，行步不便。」注云：「痿。風痺疾也。」《素問》有《痿論篇》。又《漢書‧哀帝紀》：「即爲痿痺，末年浸劇。」如淳注云：「病二足不能相過曰痿。」

簡本「圭璧」，明本作「圭璋」，或本作「珪璋」，王念孫云：「案『珪璋』，本作『圭璧』，此後人以意改之也。古者祈禱皆用圭璧，無用璋者。（《金縢》曰：『植璧稟珪，乃告太王、王季、文王。』《大雅‧雲漢》曰『圭璧既卒，寧莫我聽。』）《諫上篇》曰『寡人之病病矣，使史固與祝佗巡山川宗廟，犧牲圭璧，莫不備具』，是其證。《治要》正作『圭璧犧牲』。」駿案王說甚是，與簡本合。「圭璧」，古人祭祀時用的玉器。

簡本「生」當讀爲「牲」，《說文》云：「牲，從牛生聲。」生、牲，古音皆爲山母耕部字，山母雙聲，耕部疊韻，屬雙生疊韻通假。《論語‧鄉黨篇》「君賜生，必、畜之」，《釋》云：「魯讀生爲牲。」「犧牲」，古代供祭祀用的純色全體牲畜。《尚書‧微子》傳曰：「純色爲犧。」《周禮‧天官》鄭玄注云：「牛、羊、豕爲牲。」

「祝宗」，《左傳‧襄公九年》有「祝宗用馬於四墉」，《哀公十三年》有「祝宗將曰」。楊伯峻《春秋左傳注》成公十七年注云：「祝宗，疑是祝史之長。」駿案祝史爲古代司祝之官。祝，古爲史官，故稱祝史。因作辭以事神，故稱祝；以其執書以事神，故稱史。

「薦」，《玉篇‧艸部》云：「進獻也。」

簡本「意者體可奸福乎」之「體」當讀爲「禮」,「體」爲脂部透母,「禮」爲脂部來母,透、來旁紐雙聲,脂部疊韻,屬音近通假。《易·繫辭上》「知崇禮卑」,《釋文》云:「禮,蜀本作體。」又《繫辭上》「而行其典禮」,《釋文》云「典禮,姚作典體。」又《漢書·賈誼傳》:「此所以爲主上豫遠不敬也,所以體貌大臣而厲其節也。」注云:「體貌,謂加禮容而敬之。」「體貌」即「禮貌」。《說文》云:「禮,履也。所以事神致福也。」蘇輿云:「『禮』疑『祀』之誤,『禮』古文似『祀』,故譌。」張純一《校注》同蘇說。騫案蘇、張說不確,作「禮」是。

明本「干福」,簡本作「奸福」,「奸」、「干」古音皆爲見母元部字,屬雙聲疊韻通假。朱駿聲《說通訓定聲》云:「奸,假借爲干。」《左傳·成公十六年》「奸時以動」,《釋文》:「奸,本或作干。」《文選·上書吳王》「則無國而不可奸」,李注:《爾雅》曰:『奸,求也。』奸與干同。《爾雅·釋言》:「干,求也。」《漢書·孔光傳》「以奸忠直」。注云:「奸,求也。」干、奸義同。《說文》云:「奸。從女從干,干亦聲。」《左傳·成公六年》:「奸時以動。」《釋文》:「奸,本作干。」《漢書·溝洫志》:「使神人各處其所而不相奸。」師古曰:「奸音干。」

明本「宗朝」當爲「宗廟」之誤。

「乎」,介詞,與「於」同。

《治要》本「景公問」下無「於」字。「身病甚」作「身甚病」,與簡文同。「圭璋」作「珪璧」。

又:本篇標題明本作「晏子病以常辭罪而無求」,而明本總目作「晏子對以當辭罪而無求」,據改。

晏子□曰:「嬰聞之,古者先君之□福也,正(政)必合乎民,行必順乎神。

晏子對曰：「嬰聞之，古者先君之干福也，政必合乎民，行必順乎神。

【校釋】

簡本「晏子」下缺一字，疑當作「合」，讀爲「答」。「福」上缺一字，疑當作「奸」，求也。說見上。

「正」當爲「政」，說見上。

明本、簡本「合乎民」、「順乎神」之「乎」，介詞，同「於」。《治要》本此句與明本同。張純一謂此句義爲「政必均平，德同於民。行必至公，誠通於神」。

故節宮室，毋敢大斬伐，毋以服（逼）山林。節飲食，毋敢多田（畋）魚（漁），以毋怀（偪）川睪（澤）。

節宮室，不敢大斬伐，無偪山林。節飲食，無多畋漁，以無偪川澤。

【校釋】

簡本四「毋」字，明本除一處作「不」字外，其餘三處皆作「無」，《說文》：「毋，止之也。從女，有奸之者。」段玉裁《說文解字注》改爲：「止之詞也。從女一，女有姦之者，一禁止之，令勿姦也。」「毋」，作爲副詞時，有兩個義項：一、表示禁止或勸阻，相當於「別」、「不要」，《玉篇·毋部》：「毋，莫也。今作無。」《詩·小雅·角弓》：「毋教猱升木，如塗塗附。」鄭玄注云：「毋，禁詞。」二、表示否定，相當於「不」。清王引之《經傳釋詞》卷十云：「無，不也。……毋與無通。」簡本、明本作「毋」、作「不」、作「無」，義皆可通。

簡本「服」當讀爲「逼」。服，職部並母；逼，職部幫母；並、幫旁紐雙聲，職部疊韻，古音相近可通假。明本作「偪」，偪乃古「逼」字。《漢書·賈誼傳》「以偪天子」，顏師古注云：「偪，古逼字。」《文選·上林賦》「偪則泌瀄」，郭注云：「偪字與逼字同。」《爾雅·釋言》：「逼，迫也。」《釋文》：「逼本又作偪。」「逼」，即逼迫、強索之意。《爾雅·釋言》邢昺疏云：「逼，相急迫也。」「毋以逼山林」，即不要強索山林。又明本，「逼山林」上疑脫一「以」字，簡本、《治要》本有「以」字。

簡本「田魚」即「畋漁」，指打獵補魚。《書·大禹謨》「往於田」，《釋文》云：「田，本或作畋。」《文選·西京賦》「逞欲畋鮫」，李注云：「孔安國《尚書傳》曰：『田獵也。』田與畋同。」《易·繫辭下》：「作結繩以爲罔罟，以田以漁。」注云：「以罟取獸曰田。」「魚」，《左傳·隱公五年》「公將如棠觀魚者」，《釋文》云：「魚本亦作漁。」《易·繫辭下》「以佃以漁」，《釋文》云：「漁本亦作魚。」

簡本「伓」當讀爲「偪」，「伓」，之部幫母；「偪」，職部幫母，之、職陰入對轉，可通假。《馬王堆漢墓帛書·十六經·三禁》「毋服川」，整理小組注云：「《晏子春秋·內篇·問上》『節飲食，無多畋漁，以無偪川澤』，因此，此處的『毋服川』即『毋偪川澤。』『偪』即『逼守』字，逼迫。毋偪川，不要堵塞河流。」

簡本「睪」當讀爲「澤」。「睪」，鐸部余母；「澤」，鐸部定母，余、定準旁紐雙聲，鐸部疊韻，屬音近通假。《荀子·正論》「代睪而食」，楊倞注云：「睪，或曰當爲澤。」《隸釋·孫叔敖碑》「收九睪之利」，洪適注云：「澤去水而爲睪。」朱駿聲《說文通訓定聲》云：「睪，假借爲澤。」明本兩「偪」皆爲古之「逼」字。

又明本「不敢大斬伐，無偪山林」，張純一云：「此文疑本作『不敢大斬伐以偪山林』九字句，『無』字蓋淺人謂與下文『以偪山林』相反妄增。」騫案：張說不可信。「無偪山林」與下文「以無偪川澤」爲對文，明本誤脫「以」字。

又明本「無多畋漁」，張純一云：「『無』當作『不敢』，與上文一律。」
驀案：張說可信，簡本正作「毋敢」。

祝宗用事，辭罪而〔□□□□□〕也。是以神民俱順而山川入琭（祿）。

祝宗用事，辭罪而不敢有求也。是以神民俱順而山川納祿。

【校釋】

《治要》本與明本同，唯明本「所」，《治要》本作「祈」。簡本「辭罪而」下殘缺五字，據明本、《治要》本疑當作「不敢有所求」五字。

簡文「入」，即納也。《說文》云：「內，入也。」段玉裁《說文解字注》云：「今人謂所入之處爲內，乃以其引申之義爲本義也。互易之，又分別讀奴答切，又多假『納』爲之矣。」《廣雅・釋詁》三：「納，入也。」

簡本「琭」當讀爲「祿」。「琭」、「祿」皆爲來母屋部，來母雙聲，屋部疊韻，雙聲疊韻通假。《老子》三十七章「不欲琭祿如玉」，馬王堆漢墓帛書《老子》甲本作「不欲祿祿如玉」。《老子》三十九章「不如琭琭如玉」，敦煌唐寫本作「不欲祿祿如玉」。蘇輿云：「《曲禮》下鄭氏注云『納，猶致也。』《爾雅・釋詁》云：『祿，福也。』『納祿』猶言致福，下云『收祿』，正與此反言。」驀案：蘇說當是。

又明本「祝宗用事，辭罪而不敢有所求也」，張純一云：「《禮記・禮器》曰：『祭祀不祈。』鄭注云：『祭祀不爲求福也。』」

今君之正（政）反乎民，行孛（悖）乎神，大宮室而多斬伐，……

□

今君政反乎民而行悖乎神；大宮室，多斬伐，以偪山林；羨飲食，多畋漁，以偪川澤。

【校釋】

簡本此句「伐」下簡殘文缺。

簡文「正」當讀爲「政」，說見上。

簡文「孛」當讀爲「悖」，二字皆爲物部並母，屬雙聲疊韻，可通假。清阮元《疇人傳・徐光啓》云：「月交東鶩，月轉西馳，兩道違行，是生月孛。孛者，悖也。」「悖」，《說文》或作「誖」，違反，逆亂之意。

明本「羨」，貪欲，想慕。《淮南子・說林》「臨河而羨魚」之「羨」即此義。「羨飲食」與上文「節飲食」對文。

「行悖乎神」，張純一云：「今君子藉重獄多，反乎民心。百姓疾怨，自爲祈祥。背於神明之德矣。」

明本「反乎」，《治要》本作「反于」，「飲」作「飯」，「畋」作「田」，「澤」作「浦」，餘同。

是以神民俱怨而山川收琭（祿）， 司過薦至而祝宗斬（祈）福，意逆乎？」

是以民神俱怨而山川收祿，司過薦罪而祝宗祈福，意者逆乎？」

【校釋】

《治要》本與簡本同，唯「意」下有「者」字，與明本同。

簡本「琭」當讀爲「祿」，說見上。

「司過」，官名，內史，掌糾察群臣過失的官員。張純一云：「『司過』，官名，內史也。薦，舉也。」

明本「薦罪」，蘇輿云：「《治要》作『薦至』，疑誤。」騫案，簡本亦作「薦至」。

簡本「靳」同「祈」，或作「𢁣」、「蕲」。段玉裁《說文解字注》云：「蕲，古鐘鼎款識多借爲祈字。」「𢁣」不見《說文》，但字從扩，靳聲，靳由蕲知亦微部群紐字，與「祈」雙聲疊韻，可通假。《莊子・齊物論》「予惡乎知夫死者不悔其始之蕲生乎」，《釋文》云：「蕲，音祈，求也。」羅振玉認爲甲金文「从㫃从單字，蓋戰時禱於軍旗之下，會意」。王國維認爲「假借爲祈求之祈」。《說文》云：「祈，求福也。」

公曰：「寡人非夫子，無〔□〕聞此，請革心易行。」

公曰：「寡人非夫子，無所聞此，請革心易行。」

【校釋】

簡本此句「無」下殘缺一字，據明本當爲「所」字，餘同。《治要》本與明本同。

「革心易行」，意謂洗心改過，改變意志。與《漢書・嚴助傳》「願革心易行，身從使者入謝」之「易行」義同。

於是□〔□□□□〕止海食之獻，斬伐者〔□□□□〕者有數，居處飲食，節□勿羨，祝宗用事，辭罪而不敢有斬（祈）求也。

于是廢公阜之游，止海食之獻，斬伐者以時，畋漁者有數，居處飲食，節之勿羨，祝宗用事，辭罪而不敢有所求也。

【校釋】

簡本此句殘缺文字較多。「於是」下殘缺五字，據明本、《治要》本，疑當作「廢公阜之游」。「斬伐者」下殘缺四字，據明本、《治要》本疑當作「以時田魚」四字。「節」下殘缺一字，疑當爲「之」字。《治要》本與明本略同，唯「于」作「於」，「畋」作「田」、「所」作「祈」、「也」作「焉」，餘同。

簡本「斬」當讀爲「祈」，說見上。

明本「于是廢公阜之游，止海食之獻」，文廷式云：「《說苑·君道篇》曰：『海人入漁，景公以五十乘賜弦章』，蓋即『海食之獻』。又案《文選·王元長三月三日曲水詩序》『晦食來王』，李善注曰：『古本作「晦食」，《周書》曰「東越晦食」』。此文『海食』或『晦食』之異文，則是地名，故與公阜對舉矣。」騫案文說可備一說。

明本「公阜」，疑爲地名，唯地望不詳。

「斬伐者以時」，即斧斤以時入山林。

「畋漁者有數」，即恤物命以厚生。

簡本、明本「羨」，指超過適當的限度。與本書明本《問下》「喜樂無羨賞，忿怒無羨刑」之「羨」義同。張純一謂「節飲食，息苛擾」。

明本「辭罪而不敢有所求」，張純一云：「祝宗言罪而無求，庶不僭嫚於鬼神。」

故鄰國愚之，百生（姓）親之。晏子沒而后衰。

故**隣**國忌之，百姓親之。晏子沒而後衰。

【校釋】

《治要》本無此句。

簡本「鄰」乃「隣」之異體。

「生」當讀爲「姓」。「生」，耕部山母；「姓」，耕部心母；山心准雙聲，耕部疊韻，屬音近通假。朱駿聲《說文通訓定聲》云：「姓，假借爲生。」《管子·法禁》「身無職事，家無常姓」，郭沫若《管子集校》云：「丁士涵云，姓當爲生，假借字也。」《左傳·哀公四年》「蔡殺其大夫公孫姓」，《釋文》云：「姓本又作生。」

簡本「愚」，憎惡也。《廣雅·釋詁三》：「愚，惡也。」《國語·晉語五》「靈公虐，趙宣子驟諫，公愚之」，韋昭注云：「愚，疾也。」

明本「忌」，《說文》云：「憎惡也。」《詩·大雅·瞻卬》「舍爾介狄，維予胥忌」，毛傳云：「忌，怨也。」孔穎達疏云：「忌者，相憎怨之言，故以忌爲怨也。」

簡文「愚」與「親」爲對文，明本「忌」與「親」爲對文。親者，近也。張純一云：「忌，憚也。諸侯不敢加兵於齊。」

〔譯文〕

景公問晏子說：「我得精神有所衰退，身體病得厲害。現在我想準備圭璧和豬牛羊等祭品，讓祝宗敬獻給上帝和宗廟，想必以禮可以祈求到幸福吧？」

晏子回答說：「我聽說古代的先君祈求幸福，政事一定要符合民心，行爲一

定要順從神意；修建宮室要節制，不要大肆砍伐樹木，以免侵迫山林；飲食要節儉，不要大肆打獵捕魚，以免侵逼河流湖澤；祝宗祭祀上帝和宗廟時，只有辭罪而不敢有所請求。因此，神靈和百姓都能和順，而高山河流都能獻出自己的財富。現在君主您的政治違反民心而行為悖逆神靈；宮室修建得大而砍伐的森林多，因此毀滅了山林；貪圖美食，大肆打獵捕魚，因此侵害了河流湖澤。所以百姓和神靈都在怨恨，山林河流收回它們的財富，司過指出您的過錯而祝宗卻為您求福，想一想這不是互相矛盾的嗎？」

景公說：「若不是先生你，我是聽不到這些話的。請允許我洗心革面，改變行為。」

於是撤銷了到公阜的遊覽，禁止了進獻海味食品，按照時節來砍伐樹木，有數量地來打獵捕魚，起居飲食都較節儉，不超過限度。祝宗在祭祀上帝和宗廟時，只是辭罪而不敢有所祈求。因此鄰國都畏忌他而百姓卻親近他。晏子去世以後齊國才漸漸衰敗。

八

〔說明〕

本章原由五支竹簡組成，出土時殘損比較嚴重。經過整理，編號爲五六八、五六九、五七〇、五七一、五七二。五六八號簡由兩段不連貫的斷簡綴連而成。簡首「景公問晏子曰」上有「‧」符號，按本竹書抄寫體例，「‧」表示一章之首。不連貫處約殘缺五字左右。五六九、五七〇兩支簡號皆由兩段不連貫的斷簡綴合而成，兩簡均爲簡首簡尾完整，中部殘缺部分文字。五七一號出土時雖爲一支整簡，但簡的兩側殘破較重，所存文字墨跡尚能辨認。五七二號簡上僅存「若此」二字，其下皆爲空白，顯爲一章之末。本章在傳世本中爲《內篇問上‧景公問賢君治國若何晏子對以任賢愛民第十七》章。從竹簡存留文字與傳世明活字本本章文字比較來看，除個別句子有差異外，其他都無大區別。

‧景公問晏子曰：「賢君之治國何若？」

景公問晏子曰：「賢君之治國若何？」

【校釋】

簡本「何若」，明本作「若何」，餘同。

〔□□□□□〕□賢君之治國也，其正（政）任賢，其行愛民，其取下〔□〕，其自養斂（儉）。

晏子對曰：「其政任賢，其行愛民，其取下節，其自養儉。

【校釋】

簡本此句與明本差異較大。簡本「賢君之治國也」六字，爲明本所無。又簡本「賢君」上殘缺六字，疑當作「晏子合（答）曰□□」，餘二字不得而知。「其取下」下殘缺一字，據明本當是「節」字無疑。

簡本「正」當讀爲「政」，說見上。

「斂」當讀爲「儉」，「斂」談部來母，「儉」談部群母，二字談部疊韻，來、群準旁紐雙聲，可通假。《說文》云：「儉，約也。」《廣雅·釋詁》：「儉，少也。」今意爲節約，不奢侈。《國語·周語》：「季文子、孟獻子皆儉也。」注云：「儉，居處節儉也。」明本「節」亦「儉」義。《呂氏春秋·召類》：「唯其仁且節與。」注云：「節，儉也。」《周書·諡法》曰：「好廉自克曰節。」《孝經》：「制節謹度。」鄭注云：「費用儉約爲之制節。」

在上不犯下，任治不驚（傲）窮，從邪害民者〔□□□□〕舉過者有賞。

在上不犯下，在治不傲窮，從邪害民者有罪，進善舉過者有賞。

【校釋】

簡本此句「舉」上殘缺四字，據明本疑當作「有罪進善」四字。簡本「任」字當爲「在」字之誤。明本「在上」與「在治」爲對文，「不犯下」與「不傲窮」爲對文，當據正。

簡本、明本「犯」，《說文》云「侵也。」

簡本「驁」當讀爲「傲」，「驁」與「傲」皆爲疑母宵部字，屬雙聲疊韻，可通假。《漢書·王吉傳》「率多驕驁」，顏師古注云：「驁與傲同。」《漢書·宣元六王傳》「驁忽臣下」，顏師古注曰：「驁讀曰傲。」《漢書·田蚡傳》：「諸公稍自引而怠驁。」師古注云：「驁與傲同。」《呂氏春秋·下賢》：「士驁祿爵者固輕其主。」注云：「驁亦輕。」張純一云：「傲，輕也。謂不虐無告，不廢困窮。」

其正（政）刻上而下，正（政）剶（徹）而杚（救）窮。不因喜以加賞，不因怒以加罰。……怒以危國。

其政刻上而饒下，赦過而救窮；不因喜以加賞，不因怒以加罰；不從欲以勞民，不修怒而危國。

【校釋】

簡本此句「罰」下簡殘文缺。從復原後的殘簡位置來看，似缺七、八個字，疑當與明本差異不大。

簡本兩「正」字皆當讀爲「政」，說見上。

簡本、明本「刻」字，謂苛嚴，刻薄。《古今韻會舉要·職韻》：「刻，刻薄、慘覈也。」《莊子·刻意》「刻意尚行」，陸德明《釋文》云：「司馬云『刻，削也，峻其意也。』」案：削，意令峻也。《後漢書·申徒剛傳》：「欲令失道之君曠然覺悟，懷邪之臣懼然自刻者也。」李賢注云：「刻，猶責也。」本句「刻上」與下「饒下」爲對文。

簡本「饒」，謂寬恕、寬容。《正字通·食部》：「饒，俗謂寬恕曰饒。」張純一云：「儆于有位，撫下以寬。」

簡本「勶」同「徹」，《字彙・力部》：「勶，古徹字。」馬王堆漢墓帛書《老子》乙本「無德司勶」，今本《老子》七十九章作「無德司徹」。《說文》云：「徹，通也。」即通達、通曉也。《國語・周語中》「若本固而功成，施偏而民阜，乃可以長保民矣，其何不徹」，韋昭注云：「徹，達也。」

簡本「朹」，從木九聲，當讀爲「救」，「救」從「求」聲，九、求古音幽部見母字，屬雙聲疊韻，可通假。「絿」或作「紌」可證。又「紌」，《逸周書・王會》「紌牛者，牛之小者也」，朱右曾《集釋》云：「紌，通作觓。」亦可證。又《說文・竹部》有「朹」字，云「朹，古文簋。」段玉裁《說文解字注》云：「古音簋、軌，皆讀如九。」但本文「朹」疑與《說文》之「朹」當非一字。

簡本「政徹」與「救窮」爲對文。

明本「不因喜以加賞，不因怒以加罰」，張純一云：「賞必當賢，不以私喜淫；罰必當暴，不以私怒濫。《問下》八章『喜樂無羨賞，忿怒無羨刑』，義同。」

「不從欲以勞民，不修怒而危國」，蘇輿云：「『從』讀爲『縱』。『修怒』疑當作『修怨』，（《左傳》『修怨于諸侯』，義同此。）『怨』、『怒』形近而譌。」駿案：蘇云「從」當讀爲「縱」，甚是。縱，放縱，恣肆。與《尚書》「欲敗度，縱敗禮」之「縱」義同。但蘇云「怒」當作「怨」則不可信，簡本作「怒」，作「怒」亦通。

又明本「不修怒而危國」之「而」當作「以」，「以危國」與上文「以勞民」、「以加賞」、「以加罰」句式同。張純一謂此句義爲「不修怒以陵人，而危及國本。僖十五年《左傳》『史佚有言曰：「無重怒。」重怒，難任；陵人，不祥』。」

上无喬（驕）行，下无㠯（諂）德；

上無驕行，下無諂德；

【校釋】

簡本「喬」當讀爲「驕」。「喬」，群母宵部；「驕」，見母宵部。群、見旁紐雙聲，宵部疊韻，屬音近通假。《禮記·樂記》「衛音趨數煩志，齊音敖辟喬志」，《釋文》云：「喬，徐音驕，本亦作驕。」《禮記·中庸》「居上不驕」，《釋文》云：「驕，本又作喬。」「驕」，放縱、橫暴。《玉篇·馬部》：「驕，逸也。」《洪武正韻·蕭韻》：「驕，恣也。」《尚書·畢命》：「驕淫矜侉，將由惡終。」孔傳：「言殷眾士，驕恣過制，矜其所能，以自侉大。」「驕行」，指驕傲專橫、放縱的行爲。

簡本「凵」，從土從凵，疑爲「坎」之異體。當與《說文·土部》「塊」字之異體「凵」非一字。朱駿聲《說文通訓定聲》云：「凵，一說坎也，塹也，象地穿。」簡文「凵（坎）」，當讀爲「諂」，從「欠」聲之字與從「臽」聲之字古音相近可通。《左傳·襄公二十六年》「至則欿用牲」之「欿」，《周禮·秋官·司盟》鄭注引作「坎」。《玉篇·土部》：「埳，陷也，亦與坎同。」《說文》云：「坎，陷也。」皆是其證。「諂」，奉承，獻媚，《說文》作「讇」，云：「讇，諛也。」或省作「諂」。「諂德」，阿諛奉承的德行。

上毌（無）私眾，下无私義。毌（無）歺（朽）蠹（蠹）之臧（藏），毌（無）涷（凍）餒之民。

上無私義，下無竊權；上無朽蠹之藏，下無凍餒之民。

【校釋】

簡本「毌」通「無」，說見上。

簡本「私眾」，當指結黨營私，或指偏聽偏信。

「私義」，當指施行個人恩惠，或自私的道義。

簡文「歺」，《說文》云：「腐也。从歺丂聲。𣦵，歺或从木。」即「朽」之異體。

簡文「櫜」當讀爲「蠹」，《周禮·翦氏》：「掌除蠹物，以攻禜攻也，以莽草熏之。」注云：「莽草，藥物，殺蟲者以熏之則死，古文書蠹爲櫜。」「朽蠹，腐爛、蛀蝕。」

簡文「臧」當讀爲「藏」，藏從臧聲，徐鉉云：「《漢書》通用臧，从艸，後人所加。」「涷」通「凍」。《隸釋》張納《巴郡太守碑》「凍餒」字亦作「涷餒」。《說文》有「涷」、「凍」二字。因二字形義相近，所以古籍中往往通用。「凍餒」，猶今云飢寒交迫。與《墨子·非命上》「是以衣食之財不足而飢寒凍餒之憂至」之「凍餒」義同。《左傳·昭公三年》云：「民參其力，二人於公，而衣食其一，公聚朽蠹而三老凍餒。」

是以其士民藩（蕃）茲（滋）而尙同，民安樂而尙親。賢君之治國若此。」

不事驕行而尚司，其民安樂而尚親。賢君之治國若此。

【校釋】

簡文「藩茲」當讀爲「蕃滋」。「藩」、「蕃」古皆爲幫母元部字，幫母雙聲，元部疊韻，屬雙聲疊韻通假。《書·微子之命》「以蕃王室」，《釋文》云：「蕃，本亦作藩。」《詩·大雅·崧高》「四國於蕃」，《詩經考文》：「蕃，古本作藩。」「茲」當讀爲「滋」，「茲」、「滋」古皆爲精母之部字，精母雙聲，之部疊韻，屬雙聲疊韻通假。《左傳·哀公八年》「何故使我水滋」，《釋文》云：「滋本亦作茲。」《戰國策·秦策三》「樹德莫如滋」，馬王堆漢墓帛書《戰國縱橫家書》作「樹德莫如茲」。《玉篇·玄部》：「茲，濁也。或作滋。」朱駿聲《說文通訓定聲·頤部》：「滋，假借爲茲，實

為茲之誤字。」「蕃滋」，即繁衍滋長。

簡本「尙同」，明本作「尙司」，盧文弨云：「疑『同』，《墨子》有《上同》篇。」騫案盧說甚是，與簡本合。《墨子》「尙同」，意謂崇尙同一。「尙」即崇尙，「同」，指同一或統一。或云「尙同」意即《禮記·禮運》之「大同」。「同」猶和也，平也。「尙同」乃崇尙和睦之義。《禮記·禮運》云：「大道之行也，天下為公，選賢與能，講信修睦。故人不獨親其親，不獨子其子，使老有所終，壯有所用，幼有所長，矜、寡、孤、獨、廢、疾者皆有所養，男有分，女有歸。貨惡其棄於地也，不必藏於己；力惡其不出於身，不必為己。是故謀閉而不興，盜竊亂賊而不作，故外戶而不閉，是謂大同。」張純一《校注》據盧說改「司」為「同」。並云：「驕，縱恣也。《墨子·天志下》篇曰『諸侯不得恣己而為政，有天子正之。天下不得恣己而為政，有天正之』，是為上同。」于省吾云：「按盧說非是。『司』應讀作『治』，金文『嗣』、『司』同用。『嗣』，古『治』字，此言不事驕行而尙治也。」騫案于說不確。

「其民安樂而尙親」，張純一云：「民皆安居樂業，相愛而不相惡。下章云『下以相親為義』。」

〔譯文〕

景公問晏子說：「賢明的君主是怎樣治理國家的？」

晏子回答說：「他們在施政上能舉賢任能，他們在行為上能愛護百姓，他們在向下收取賦稅時能有所節制，他們在自己的生活上能夠儉樸。在上位的人不侵害在下位的人，掌權的人不輕視窮途末路的人。聽從邪說危害人民的人有罪，能進獻善言、指出過失的人有賞。他們在施政方面對上位的人苛嚴，對在下位的人寬容，赦免有過錯的人，賑救貧窮的人。他們不會因為高興而增加獎賞，不會因為生氣而加重懲罰。他們不會放縱私欲而勞苦百姓，不會結怨諸侯而危害國家。在上位的人沒有專橫放縱的行為，在下位的人就不會有諂媚的品德；在上位的人不結黨營私，在下位的人就不會有自私的道義；在上位的人的倉庫

中沒有腐朽蛀蝕的財物，在下面就不會有受餓受凍的人民。因此他們的人民就會繁衍滋長而崇尚和睦，人們就會安居樂業而崇尚親愛。賢明的君主治理國家就像這樣。」

九

〔說明〕

本章原由五支竹簡組成，出土時殘損均很嚴重，沒有一支完整的竹簡保存下來，綴合後也無一支整簡。經過整理，該組竹簡編號爲五七三、五七四、五七五、五七六、五七七。五七三號簡由三段斷簡綴連而成，且不連貫，中下段殘損七字左右。本簡簡首「景公問晏子」上有「‧」符號，按本竹書抄寫體例，「‧」表示一章之始。五七四號簡由兩段斷簡拼合而成，簡首簡尾完整，中段殘損五字左右。五七五號簡由兩段斷簡綴連而成，簡首殘缺十字左右。五七六號簡僅存上半段，下半簡殘缺。五七七號簡存上半段，約全簡的三分之一，下半段缺損無存。從上半段殘存文字來看，爲本章的最後一句「此明王之教民也」，下三分之二的殘缺部分疑爲白簡。本章在傳世本中爲《內篇問上‧景公問明王之教民何若晏子對以先行義第十八》章。從竹簡本殘存文字與傳世明活字本本章文字比較來看，除個別句子有所差異外，大部分內容無大差別。又凡本章簡本文字殘缺者，爲保持譯文文義連貫，譯文一依明活本譯出。

‧景公問於晏子曰：「明王之教民何若？」

景公問晏子曰：「明王之教民何若？」

【校釋】

簡本「問」下有「於」字，餘同明本。

晏子合（答）曰：「明……令，先之以行。養民不苛而□之以刑。

晏子對曰：「明其教令而先之以行義，養民不苛而防之以刑辟。

【校釋】

簡本此句「明」下簡殘文缺。從殘簡復原的位置來看，「明」下似缺七或八個字，與明本不同。據明本，缺字疑或爲「王之教民也明其教」八字，或爲「王之教民明其教」七字。

簡文「合」當讀爲「答」，說見上。又《爾雅·釋詁》云：「合，對也。」

簡文「而」下一字右半殘缺，左半從土旁，疑爲「坊」字，讀爲「防」。坊，幫母陽部；防，並母陽部；幫、並旁紐雙聲，陽部疊韻，屬音近通假。《禮記·經解》：「猶坊止水之所自來也。」《釋文》云：「坊本又作防。」《禮記·坊記》：「故君子禮以坊德，刑以坊淫，命以坊欲。」《釋文》云：「坊，音防。」防，防止。《玉篇·阜部》：「防，禁也。」《左傳·文公六年》：「教之防利，委之常秩。」杜預注：「防惡興利。」孔穎達疏：「防者，防使勿然。」

《治要》本「對曰」上無「晏子」二字，「行」下無「義」字，「刑」下無「辟」字，與簡本近。

明本「行義」、「刑辟」，吳則虞云：「『義』字後人所增，『先之以行』，言以身率教，『行』、『刑』爲韻。下句『辟』字亦後人妄增。」騫案：吳說甚是。孫星衍云：「『義』、『辟』爲韻。」非也。

「養」，《爾雅·釋詁》云：「養，使也。」《文選·范曄〈宦者傳論〉》：「將以其體非全氣，情志專良，通關中人，易以役養乎？」張銑注：「養，使也。」猶今之役使。

所求於下者弗務於上，所禁於民者弗行於身。

求所于下者不務於上，所禁於民者不行干身。

【校釋】

簡本「所求」，明本作「求所」，二字誤倒，當據簡本改正。

明本二「不」字，簡本皆作「弗」，餘同。《治要》本與明本略同，唯「求所」作「所求」，與簡本同。

「不務于上」，王引之云：「『不務于上』，義不可通，『不務』當作『必務』，此涉上下文諸『不』字而誤也。《治要》亦作『不務』，則唐初本已然。案：『所禁于民者不行干身』，謂無諸己而後非諸人；『所求于下者必務于上』，謂有諸己而後求諸人也。則當作『必務』明矣。下文云『苟所求于民不以身害之』，『苟所禁于民不以事逆之』，即承此四句而言。」張純一同王說，並改「不務于上」爲「必務于上」。騫案王、張說非也，當從簡本、《治要》本作「不務于上」。「不務於上」，謂不勉于上也。《公羊傳·定公二年》：「不務于工室。」注云：「務，勉也。」正其義。《說文》云：「勉，強也。」段玉裁注云：「舊作『彊』，非其義也。凡言勉者，皆相迫之意。」上文云「求于民者不務于上」、「禁于民者不行于身」，下文云：「求于民不以身害之」、「禁于民不以事逆之」四句爲對文，作「不」、「弗」是。

守〔□□□□〕以利，立法義（儀）不犯之以邪。

守于民財，無虧之以利；立于儀法，不犯之以邪。

【校釋】

簡本此句「守」下殘缺四字，據明本本章及本篇之十四章，疑當作「財不虧之」四字。明本「守于民財」、「立于儀法」句為後人妄改。簡本此句文簡義賅。

簡本「義」當讀為「儀」。義、儀皆為疑母歌部字，疑母雙聲，歌部疊韻，屬雙聲疊韻通假。《詩經·曹風·鳲鳩》「其儀一兮」，崔靈恩《集注》云：「本儀作義。」《周禮·春官·肆師》：「治其禮儀。」鄭注：「故書儀為義。鄭司農云：『義讀為儀』。古者書儀但為義，今時所謂義為誼。」《漢書·高帝紀》：「遣詣相國府，署行義年。」顏注引劉放曰：「義讀曰儀。」《文選·江賦》：「驅八駿於黿鼉。」李注：「《列子》曰：『八駿之乘白儀。』張湛曰：『儀，古義字。』」明本「儀法」當為「法儀」。孫星衍云：「《墨子》有《法儀篇》，『天下從事者不可無法儀』，本篇前十四章云『守則（當為「財」字之誤）而不虧，立法儀而不犯』正是其義。」法儀，即法度。《管子·兵法篇》云：「治眾有數，勝敵有理，……則可以定威德，制法儀，出號令，然後可以一眾治民。」《治要》本無此句。

笱（苟）所求於民，不以⋯⋯

苟所求于民，不以身害之，故下之勸從其教也。

【校釋】

簡本此句僅存「笱所求於民，不以⋯⋯」七字。「以」下簡殘文缺。從復原的殘簡位置來看，似殘缺十字左右。《治要》本作「故下從其教也」，較明本少「苟所求于民，不以身害之」二句。

簡本「笱」當讀為「苟」，笱、苟從「句」得聲，皆為見母候部字。見母雙聲，候部疊韻，屬雙聲疊韻通假。《戰國策·魏策三》「苟有利焉」、《燕策二》「苟無死」之「苟」，馬王堆漢墓帛書《戰國縱橫家書》皆作「笱」。

苟，連詞。表示假設關係，相當於假若、如果。清王引之《經傳釋詞》卷五云：「苟，猶若也。」「苟所求於民」，劉師培云：「以上文《問若臣身尊而榮》章證之，『苟』下當增『有』字。」駢案王說似非，簡本無「有」字，亦通。

明本「故下之勸從其教也」之「之」字，王念孫云：「案『之』字衍，下文曰『故下不敢犯其上也』，文義正與此同，則不當有『之』字明矣。《治要》無。」吳則虞云：「指海本刪『之勸』二字。」駢案「之勸」二字疑爲後人所增。張純一校本刪「之勸」二字，疑是。如此則簡本「以」下殘缺十字疑當作「身害之故下從其教也稱」（「稱」字屬下讀）。

……事以任民，中聽以禁邪。

稱事以任民，中聽以禁邪。

【校釋】

簡本此句「事」上簡殘文缺。據上句校釋，疑「事」上一字爲「稱」字。《治要》本與明本同。明本「稱」，《廣雅·釋詁》二云：「稱，度也。」「稱事」即量事、度事。

「中聽以禁邪」，俞樾云：「案『聽』，謂聽訟也。古謂聽訟爲『聽』，《書大傳》：『諸侯不同聽。』注云：『聽，議獄也。』『中聽以禁邪』，言聽訟得中則足以禁邪也。《尚書·呂刑篇》曰：『罔不中聽獄之兩辭。』然則『中聽』二字蓋本于《尚書》矣。《問下》篇曰：『聽則民安。』夫刑罰不中，民無所措手足，故中聽則民安也。又曰：『慢聽厚斂則民散。』『聽』、『斂』並言，亦《孟子》『省刑罰，薄稅斂』之意。」

不窮之以勞，不害之以實。

不窮之以勞，不害之以實。

【校釋】

簡本此句與明本同。「實」，《治要》本作「罰」。王念孫云：「案『害之以實』，義不可通，『實』本作『罰』，謂不以刑罰害民也。『窮之以勞，害之以罰』，皆虐民之事。《治要》正作『不害之以罰』。」黃以周云：「『不窮之以勞』，謂稱事。『不害之以實』，謂中聽。『實』當依《治要》本作『罰』。」黷案王、黃說不足信。「不窮之以勞」，謂不以勞作使之窮也。

「不害之以實」，謂不反以實情使之受害也。張純一校本改「實」爲「罰」，非。孫星衍云「邪」、「實」爲韻。是。

筍（苟）所求於民，不以事逆，故下不敢犯禁也。

苟所禁于民，不以事逆之，故下不敢犯其上也。

【校釋】

簡本此句與明本異。《治要》本無此句。

簡本「筍」當讀爲「苟」，說見上。

張純一云：「逆，反也。」

古者百里異名，千里異習。

古者百里異習，千里而殊俗。

【校釋】

《治要》本無此句。簡本「異名」，明本作「異習」；簡本「異習」，明本作「殊俗」。簡本「百里異名」與「千里異習」爲對文。明本句式與簡本同，但「異習」與「殊俗」義同，「異」者「殊」也，「習」者「俗」也，當以簡本作「異名」、「異習」爲義長。「名」，名稱；「習」，習俗。

故明王脩（修）道……不相遺也。

故明王修道，一民同俗，上愛民為法，下相親為義，是以天下不相遺。

【校釋】

簡本此句僅存「故明王脩道……不相遺也」九字，「道」下「不」上簡殘文缺。據復原後的殘簡位置來看，「道」下「不」上似缺十八字左右，疑與明本差異不大。《治要》本作「上以愛民爲法，下以相親爲義，是以天下不相違也」，無「故明王修道，一民同俗」九字。王念孫云：「案《治要》作『上以愛民爲法，下以相親爲義，是以天下不相違』是也。上文云『明王修道，一民同俗』，故云『天下不相違』。今本脫兩『以』字，『違』字又誤作『遺』，則文義皆不協。」吳則虞云：「『遺』字不爲誤，上下以相愛相親爲義，是不相遺也。猶《孟子》『未有仁而遺其親者，未有義而遺其君者』之『遺』，同義。此節『一民同俗』即墨氏之尙同，相愛相親，近墨氏之兼愛。『不相遺』非承『一民同俗』而來。」騫案孫說不確，吳說近是。張純一校本據《治要》本作「違」，非也。

此明王之教民也。」

此明王教民之理也。」

【校釋】

《治要》本與簡本同，明本較簡本、《治要》本多「之理」二字。王念孫
云：「案本作『此明王之教民也』，上章『賢君之治國若此』，正對『賢君
治國若何』之問。本章『此明王之教民也』，亦正對『明王教民若何』之
問。今本作『此明王教民之理也』，詞義庸劣，乃後人所改。《治要》正
作『此明王之教民也』。」騫案王說甚是，與簡本、《治要》本合。

〔譯文〕

景公問晏子說：「賢明的君主是怎樣教育人民的？」

晏子回答說：「闡明教令而自己要首先身體力行；役使老百姓不要太苛刻，
防止使用嚴刑峻法；要求下面不做的事，在上面的不要去專力從事；要求人民
禁止做的，自己本身不去做。要保護財物，不要因為私利而使之受到損害；要
制定法規，不要讓邪僻的行為而使之受到侵犯。如果對人民有所要求，不要因
為自身的原因去損害他們，因此下面的人就會聽從他的教導。要衡量事情的不
同來合理使用人民，要公正地處理案件來禁止邪僻。不要用過度的勞作來使人
民精疲力竭，不要不尊重事實而使人民受到損害。如果對人民有所要求，就不
要因私事去違反他們，因此在下面的人就不敢去冒犯他的上級。古時候百里之
內就有不同的稱呼。千里之內就有不同的習俗，所以賢明的君主修治道義，與
人民一起遵守習俗，上面的人把愛護人民作為一種法則，下面的人把相親相愛
作為一種道義，因此天下的人們都不相互遺棄，這就是賢明的君主教導人民的
方法。」

〔說明〕

本章竹簡出土清理後由七支竹簡組成，整理編號爲五七八、五七九、五八〇、五八一、五八二、五八三、五八四。五七八號簡由兩段不連貫的斷簡綴合而成，中下段殘損約九字左右。本簡簡首「景公問晏子」上有「・」符號，按本竹書抄寫體例，「・」表示一章之始。五七九號簡由三段斷簡綴合而成，首尾完整，簡的上段中部殘缺六字左右。五八〇號簡由兩段斷簡綴合而成，綴合後簡文除二、三字墨跡脫落外，其餘文字基本保存完整。五八一號簡殘損比較嚴重，由三段不連貫的殘簡組成，下半部分殘損較重，僅存八字。五八二號簡由兩段斷簡組成，除簡首殘缺一字外，其餘文字保存完整，且清晰可認。五八三號簡雖由三段斷簡綴合而成，但綴合後整簡比較完整，文字清晰可認。五八四號簡由三段斷簡綴合而成，除簡尾殘缺整簡的五分之一外，其餘保存完整，文字清晰可認。本簡上半段末尾「此佞人之行也」下有半段白簡，顯爲一章之末。本章在傳世本中爲《內篇問上・景公問忠臣之行何如晏子對以不與君行邪第二十》與《景公問佞人之事君何如晏子對以愚君所信也第二十一》兩章，簡本不分。從竹簡本所存文字與傳世明活字本比較來看，除個別句子差異較大外，其餘無大區別。《群書治要・晏子》也存有與本章相近的文字，可參考研究。

・景公問晏子曰：「忠臣之行何如？」

景公問晏子曰：「忠臣之行何如？」

【校釋】

簡本、《治要》本與明本同。

合（答）曰：「忠臣不合（弇）……□乎前，弗華（譁）於外。

對曰：「不掩君過，諫乎前，不華乎外。

【校釋】

簡本此句「合」下「乎」上簡殘文缺。據原簡復原情況來看，「合」下「乎」上約有十餘字位置，似較明本文字多。

簡本「合曰」當讀爲「答曰」，說見前。

「不合」之「合」當讀爲「弇」，即「掩」字。「弇」從「合」聲。《說文》段注云：「弇與奄音義同，弇、揜一字，奄、掩一字，相同。」《穀梁傳·昭公八年》：「揜禽旅。」《釋文》云：「揜本作掩。」《後漢書·王符傳》注云：「掩與揜同。」《爾雅·釋言》：「弇，覆也。」

簡本、明本「華」當讀爲「譁」。「華」、「譁」皆爲曉母魚部字，屬雙聲疊韻，可通假。《荀子·子道》：「奮於言者華，奮於行者伐。」俞樾《荀子評議》云：「華即譁之省文。」譁，意謂喧嘩。「不華乎外」，孫星衍云：「『不華』，不喧嘩也。」劉師培云：「『華』，爲侈飾之誼。」

明本、簡本之「乎」皆同「於」，介詞。《治要》本無「不掩君過，諫乎前，不華乎外」十一字。

篹（選）……

選賢進能不私乎內，稱身就位，計能定祿。睹賢不居其上，受祿不過
其量。

【校釋】

簡本此句僅存「篹……」一字，「篹」下簡殘文缺。從殘簡復原的情況來
看，簡文「篹」下當缺一簡。明本「選賢進能不私乎內」之「選」與下
文「不稱位以爲忠」之「位」字之間有三十五字，正當一簡字數，由此
可知原簡五七八號（出土編號，下同）與五七九號簡之間當缺一簡。簡本「篹」
當讀爲「選」，「篹」爲元部初母字，「選」爲元部心母字，元部疊韻，初、
心準旁紐，二字古音相近，可通假。「篹」從算聲，「撰」、「選」從巽聲，
算、巽古音近，從算與從巽得聲的字皆可通假。《周禮·大司馬》：「群吏
撰車徒。」注云：「撰讀曰算。」《漢書·藝文志》：「門人相與輯而論篹。」
注云：「篹同撰。」《漢書·敘傳下》：「故探篹前記，綴輯所聞。」師古
注云：「篹與撰同。」皆是其證。又與《晏子》同時出土的簡本《孫臏兵
法》中有「篹卒」一篇，整理小組讀「篹卒」爲「選卒」，甚是，亦爲其
一證。

明本「稱身」之「稱」，量也，與上文「稱事」之「稱」同。張純一云：
「言衡量自身之才德所堪任者以就位。《問下》五章曰『稱身居位，不爲
苟進』，《論語·季氏篇》『陳力就列』，《集解》引馬融云：『當陳其才力，
度己所任以就其位。』義同。」

明本「計能定祿」，王念孫云：「案祿由君定，非由臣定也，『定祿』本作
『受祿』，下文『受祿不過其量』，即其證。《治要》正作『計能受祿』。」
張純一校本據王說改「定」爲「受」。駢案說近是。《治要》本與明本略
同，唯「定祿」作「受祿」。「稱身就位」謂衡量自己的德才以後再擔任
適當的官職。「稱身就位」與「計能受祿」爲對文。

「睹賢不居其上」，謂遇到有賢德的人，自己的職位不超過他。《潛夫論·交際》云：「所謂恭者，……睹賢不居其上，與人推讓。……凡品則不然，……睹賢不相推，會同不相讓。」

……位以爲忠，不刻……

不權居以為行，不稱位以為忠，不揜賢以隱長，不刻下以諛上。

【校釋】

簡本此句僅存「……位以爲忠，不刻……」六字，「位」上「刻」下簡殘文缺。「位」上殘文屬上句校釋中提到的五七八號簡與五七九號簡間的缺簡中，文字內容不得而知。簡文「刻」下至下句「事」間缺文，從復原後的殘簡位置來看，似缺七字，當與明本差異不大。據明本，「刻」下「事」上的殘文似當爲「下以諛上君在不」七字（「君在不屬下讀」）。又簡本似無「不揜賢以隱長」句。《治要》本與明本略同，唯「居」作「君」、「揜」作「掩」。

明本「不權居以爲行」，王念孫云：「案『權居』二字，義不可通。『居』當爲『君』字之誤。權，稱也，（《周語》『權輕重以振救民』，韋注：『權，稱也。』）言忠臣之行（去聲），必準於道，不稱君以爲行也。《治要》本正作『不權君以爲行』。」俞樾云：「案王說非也。『權居』與『稱位』相對，權，猶稱也；居，猶位也。若作『權君』則義不倫也。古之君子，所居雖卑，所行則高，所居雖汙，所行則潔，是謂『不權居以爲行』。」吳則虞疑「不權居」、「不稱位」二「不」字爲衍文，並云：「『權居以爲行』即『素其位而行』，『稱爲以爲忠』即『陳力就列』，承上文『稱身就位』而來。」

「不揜賢以隱長」，張純一云：「務成人之美，揚人之善。」

刻，苛刻、苛酷。諛，《說文》云「諂也」，即今所謂諂媚。

……事大（太）子，國危不交諸矦（侯），

君在不事太子，國危不交諸侯。

【校釋】

簡本此句「事」上簡殘文缺。據殘簡復原位置及明本，「事」上殘字疑當作「君在不」三字，說見上句校釋。

簡文「大」通「太」。「大」，定母月部；「太」，透母月部。定、透旁紐雙聲，月部疊韻，屬音近通假。《廣雅・釋詁》：「太，大也。」「太」是大甚尊上之意，經傳中習寫作「大」。《說文》「泰」下段裁注云：「凡言大而以爲形容未盡則作『太』。如大宰俗作太宰、大子俗作太子、周大王俗作太王是也。」江沅《說文釋例》云：「古只作大，不作太。《易》之『大極』、《春秋》之『大子』、『大王、《尚書》之『大誓』、『大王王季』、《史》、《漢》之『大上皇』、『大后』，後人皆讀爲太。鍈」

簡本「矦」乃「侯」之古體。《字彙・矢部》：「矦，古侯字。」「國危不交諸侯」，張純一云此句意謂：「心一於君，不貳於儲。盡忠謀國，不藉外援。」

《治要》本無此十二字。

順則進，不（否）則退，不與君行邪。此忠臣之行也。」

順則進，否則退，不與君行邪也。

【校釋】

《治要》本與明本同，唯《治要》本「邪」下無「也」字。簡本「此忠臣之行也」六字爲《治要》本與明本所無。

簡本「不」通「否」。「不」、「否」皆爲幫母之部字，幫母雙聲，之部疊韻，屬雙聲疊韻通假。《廣雅‧釋詁》：「否，不也。」《易‧否卦》：「大人否亨。」虞注：「否，不也。」《書‧堯典》：「否德忝帝位。」傳曰：「否，不也。」皆其證。

張純一云此句意謂：「進退一準道，德操貞固而不求親。」此句也見《內篇‧問上》第十三章。

又明本此章至「不與君行邪也」止，與「景公問佞人之事君何如晏子對以愚君所信也」章分爲兩章。簡本合兩章爲一章，此章末句「此忠臣之行也」下緊接下文「公有（又）問曰：暝人之事君何如」句。或古本作一章，後人析爲兩章乎？

公有（又）問曰：「佞人之事君何如？」

景公問：「佞人之事君如何？」

【校釋】

簡本此句緊接上章末句「此忠臣之行也」句，不單獨立章。明本從「景公問佞人之事君如何」另立「景公問佞人之事君何如晏子對以愚君所信也」章，與簡本異。

簡本「有」當讀爲「又」。「有」、「又」皆爲匣母之部字，匣母雙聲，之部疊韻，屬雙疊韻通假。《詩經‧邶風‧終風》「終風且曀，不日不曀」，箋曰：「有，又也。」《禮記‧內則》「三王有乞言」，注云：「有讀爲又。」

清朱駿聲《說文通訓定聲・頤部》云：「有，假借爲又。」「有」、「又」在占籍中經常互用，《漢書・韓信傳》「淮陰少年又侮信」，王念孫《讀書雜志》云：「此『又』字非承上文之詞。又，讀爲有，言少年中有侮信者也。古字通以『又』。，《史記》正作『少年有侮信者』。」

「佞人」，指善於花言巧語，阿諛奉承的人。《論語・衛靈公篇》：「放鄭聲，遠佞人；鄭聲淫，佞人殆。」注云：「佞人，卑諂辯給之人。」《說文》下云「利于上，佞人也。」

明本「如何」誤倒，當從簡本及章目作「何如」。《治要》本無此章。

合（答）曰：「意難之不至也。

晏子對曰：「意難，難不至也。

【校釋】

簡本此句無「晏子」二字。

簡本「合」當讀爲「答」，說見上。

明本「意」，于鬯云：「意，蓋讀爲噫。」張純一云：「見義意以爲難，即畏縮不前。」吳則虞云：「此句有僞脫，不可強爲之解。」騫案，簡本「意」，《說文》云：「意，志也。從心。察言而知意也。」《禮記・哀公問》：「子志之心也。」注云：「志，知也。」疑簡本「意」當作「知」解，「意難之不至也」即「知難之不至也」。明本衍一「難」字，意不可解，似簡本義長。

明言行□飭（飾）其□□□无欲也兌（悅）□其交，觀上〔□

121

□〕欲而徵（微）爲之，竊求君之比璽（邇）……

明言行之以飾身，僞言無欲以說人，嚴其交以見其愛，觀上之所欲而微爲之偶，求君逼爾而陰爲之與。

【校釋】

簡本此句「璽」下簡殘文缺，從殘簡復原的位置來看，「璽」下至下句「爵」上似有六字的位置。「璽」上亦因簡殘而文不連貫，義不甚明。據明本，疑簡本補齊缺字作「明言行也飾其身，僞言無欲也兌民，其交觀上之所欲而徵爲之，竊求君之比璽而陰爲之內重」，「內重」二字屬下讀。與明本差異較大。

簡本「飭」當讀爲「飾」。「飭」，透母職部；「飾」，書母職部。透、書準旁紐雙聲，職部疊韻，屬音近通假。清朱駿聲《說文通訓定聲》云：「飾，假借爲飭。」《集韻·職韻》：「飭，《說文》『致堅也』，或作飾。」《莊子·漁父》「飭禮樂」，《釋文》云：「飭，本又作飾。」《易·雜卦》「蠱則飭也」，《釋文》：「飭，鄭、王肅作飾。」飾，修飾、裝飾。

「兌」當讀爲「悅」。「兌」，定母月部；「悅」，余母月部。定、余準旁紐雙聲，月部疊韻，屬音近通假。《釋名·釋天》：「兌，悅也。物得備足，皆喜悅也。」《莊子·德充符》：「使之知豫，通而不失於兌。」《釋文》引李頤注云：「兌，悅也。」悅，喜悅。

明本「人」當作「民」，爲後人避逃唐諱所改。

「徵」疑爲「微」之或體，從出土的漢代文字資料來看，當時「微」字多作此。「微」，《說文》云：「隱行也。」段玉裁注：「（《左傳·哀公十六年》文杜預注與《爾雅·釋詁》）皆言隱不言行。」微，隱蔽，偷偷地，密密地。

簡本「竊」，明本誤作「偶」，後人遂以之屬上讀，誤。「竊」，副詞，表

示情態，相當於偷偷地、暗中。《廣雅・釋詁四》：「竊，私也。」楊樹達《詞詮》卷六：「竊，表態副詞，私也。凡事不敢公然爲之者爲竊。」

明本「爾」、簡本「壐」皆當讀爲「邇」。「爾」、「邇」皆爲日母脂部字，日母雙聲，脂部疊韻，屬雙聲疊韻通假。

明本「逼」亦當讀爲「比」，二字古音相近，可通假。「比邇」，指親信。比，密也，近也。

明本「求君逼爾」，吳則虞云：「以上句例之，『君』下疑奪『之』字。」吳說與簡本合。

「陰爲之與」，蘇輿云：「與，黨與也。言求君寵倖之人而陰結爲黨與也。」雋案：蘇說不確。本句「陰爲之」與上句「微爲之」爲對文，文通字順。明本本句之「與」字疑爲後人妄增，從簡本殘簡復原位置來看，當無「與」字。即使古本有「與」字，亦爲句末語氣詞，表示感歎，非如蘇言「黨與」也。

……爵而外輕之以誣行，□〔□□□〕而面公正以僞廉，誣行僞廉以夜上。

內重爵祿而外輕之以誣行，下事左右而面示正公以僞廉。求上采聽而幸以求進，傲祿以求多，辭任以求重。

【校釋】

簡本此句「爵」上殘缺，據上句校釋，疑缺字爲「內重」二字。簡本「而面公正」上缺字，據明本疑當爲「下事左右」四字。從復原的簡文來看，簡本此句似較明本少「求上采聽而幸以求進，傲祿以求多，辭任以求重」十九字。

「誣行」，指欺騙行爲。

「面公正」，表面上顯得很公正合理。

明本「正公」，吳則虞云：「『正公』疑誤倒。」駢案吳說是，簡本正作「公正」，作「公正」義長。

「僞廉」，指虛假的廉潔。

簡本「夜」疑當讀爲「掖」。「夜」、「掖」皆爲余母鐸部字。余母雙聲，鐸部疊韻，屬雙聲疊韻通假。「掖」，誘掖。與《詩・陳風・衡門》毛序：「故作是詩以誘掖其君也」之「掖」義同。箋云：「誘，進也。掖，扶持也。」謂「掖」爲提攜之義。或云：從簡文文義來看，「掖」作「挾持」、「脅持」講也通。《說文》云：「掖，以手持人臂也。」《玉篇・手部》：「掖，扶持也。」《左傳・僖公二十五年》：「衛人伐邢，二禮從國子巡城，掖以赴外，殺之。」孔穎達疏：「掖，謂執持其臂投之城外也。」當與「挾天子以令諸侯」之「挾」義同。「掖上」謂脅持君主。一說《管子・侈靡篇》「大昏也，博夜也」之「夜」義同，注云：「夜，謂暗昧之行也。」

明本「傲祿」，輕視俸祿。明本本書《內篇問上三》「景公外傲諸侯，內輕百姓」，張純一注云：「傲，亦輕也。」《呂氏春秋・士客》「傲小物而志屬於大」，高誘注云：「傲，輕也。」

「辭任」，辭去官職。《玉篇・人部》：「任，委任也。」

工於取，蜚乎□，觀（歡）於新，曼（慢）乎故，鄰（吝）於財，薄乎施。

工呼取，鄙乎予，歡乎新，慢乎故，悋乎財，薄乎施。

【校釋】

簡本此句「蜚乎」下殘缺一字，據明本疑當爲「予」字。

簡本、明本「工」，《說文》云：「工，巧飾也。」

簡本「蜚」，整理小組注云：「疑當讀爲『菲薄』之『菲』，與『鄙』義近。」「蜚」，幫母微部；「菲」，滂母微部。幫、滂旁紐雙聲，微部疊韻，屬音近通假。「菲」，微薄。《方言》卷十三：「菲，薄也。」郭璞注：「謂微薄也。」

明本「鄙」，即鄙吝之義。《正字通·邑部》云：「鄙，嗇於財薄於禮者曰鄙。」

簡本「觀」當讀爲「歡」。「觀」，見母元部；「歡」，曉母元部。見、曉旁紐雙聲，元部疊韻，屬音近通假。《左傳·哀公元年》「觀樂月是務」，《文選·吳都賦》李注引「觀作歡」。《呂氏春秋·聽言》「世主多盛其歡樂」，舊校云：「歡」一作「觀」。「歡」，喜歡。《說文》云：「歡，喜樂也。」

簡本「曼」，當讀爲「慢」。「曼」、「慢」皆爲明母元部字，明母雙聲，元部疊韻，屬雙聲疊韻通假。「慢」，輕視、怠慢。《玉篇·心部》：「慢，輕侮也。」《說文》：「慢，惰也。一曰慢，不畏也。」《荀子·不苟篇》：「君子寬而不慢。」注云：「慢，怠惰也。」猶今言傲慢、怠慢。

「鄰」當讀爲「吝」。「鄰」，來母真部；「吝」，來母文部。來母雙聲，真文旁轉疊韻，屬音近通假。「吝」，吝嗇，貪戀。

明本「悋」乃「吝」之俗體，《正字通·心部》：「悋，本作吝。」《論語·泰伯篇》：「使驕且吝。」《釋文》云：「吝，本作悋。」孫星衍云：「悋，當爲吝。」《說文》云：「吝，恨惜也。」

「薄乎施」，張純一云：「財慳積而不樂施。」

堵（睹）貧窮若弗式，騶（趨）富利若弗及。

覩貧窮若不職,趨利若不及。外交以自揚,背親以自厚,積豐義之養,
而聲矜邮之義。

【校釋】

簡本此句作「堵貧窮若弗式,騶富利若弗及」,無明本「外交以自揚,背
親以自厚,積豐義之養,而聲矜邮之義」二十一字。

簡本「堵」當讀爲「覩」,「堵」、「覩」皆爲端母魚部字,端母雙聲,魚
部疊韻,屬雙聲疊韻通假。《國語‧魯語下》:「以露覩父爲客。」《儀禮‧
燕禮》鄭注、《左傳‧襄公二十七年》孔疏引並作「路堵父」。「覩」,視
也。

簡本「弗」,副詞,表示否定,相當於「不」字。《廣雅‧釋詁四》:「弗,
不也。」

簡本「式」疑當假爲「識」,二字古音皆爲書母職部,書母雙聲,職部疊
韻,屬雙聲疊韻通假。「弗式」即「不識」,不認識。

簡本「騶」當讀爲「趨」。「騶」,莊母侯部;「趨」,清母侯部。莊、清準
旁紐雙聲,侯部疊韻,屬音近通假。《荀子‧正論》:「騶中《韶》、《護》。」
楊注云:「騶當爲趨。」「趨」,追求,追逐。《史記‧貨殖列傳》:「好賈
趨利。」「趨利」即求利、謀利。「趨富利若不及」,意謂謀求利益唯恐落
後於人也。

明本「趨利若不及」,吳則虞云:「『利』上疑脫一字。」騫案吳說當是,
此句與「覩貧窮若不識」爲對文,據簡本、明本,「利」上當脫一「富」
字。

明本「外交以自揚」,張純一云:「外交鄰國之權幸,聲揚以自重。背親
以自厚」,張純一云:「利之所在,雖至親亦背之而厚自取。」

「積豐義之養，而聲矜卹之義」，俞樾云：「案『豐義』二字，誼不可通。『義』當作『羡』。字之誤也。羡，饒也。『豐羡』猶『豐饒』矣。」張純一同俞說，據改「義」爲「羡」。于省吾云：「按俞說非是。『豐義』乃『禮儀』二字之古文。」《說文》：『豊，行禮之器也。』『豐，豆之豐滿者也。』甲骨文、金文『豊』、『豐』同字。大豐毁『王有大豐』，『大豐』即『大豊』；師遽尊『醴』字作『豒』，豊、禮古今字。義、儀金文通用。金文『威儀』之『儀』亦作『義』。《外篇》第一『畏禮也』，今本作『畏禮義也』，王念孫謂作『義』乃古字之僅存者，良可寶也。《周禮・秋官・司盟》『及其禮義』，注：『義音儀。』然則此文『積豐義之養』，謂積禮儀之養。《呂氏春秋・秋過理》『臣聞其聲』，注：『聲，名也。』『矜』本應作『矜』，憐也。此言佞人非能誠中形外，但積禮儀之養，而名矜卹之義耳。上云『內重爵祿而外輕之以誣行，下事左右而面示正公（騫案：「正公」當作「公正」。）』，均謂有其表而無其質也。《問下》第十九『夸禮貌以華世』，義亦相仿。」

非譽不徵乎請（情）而言不合乎行，身股存所義（議）而好論賢不宵（肖）。

非譽乎情而言不行身，涉時所議而好論賢不肖。

【校釋】

簡本此句與明本有所不同，似明本在流傳過程中有所脫誤和妄改。

簡本「非」當讀爲「誹」。「非」、「誹」二字古皆爲幫母微部字，幫母雙聲，微部疊韻，屬雙聲疊韻通假。《荀子・解蔽》「百姓怨非而不用」，楊注：「非或爲誹。」《漢書・晁錯傳》：「非謗不治。」顏注：「非讀曰誹。」「誹」，誹謗，詆毀。《論語・衛靈公》：「吾之於人也，誰毀誰譽？」朱

熹《集注》：「毀者，稱人之惡而損其真；譽者，揚人之善而過其實。」

簡本「徵」，證驗，證明。《廣雅·蒸部》：「徵，證。」《尚書·胤征》：「聖有謨訓，明徵定保。」孔傳：「徵，證。」《漢書·兒寬傳》：「徵兆必報。」師古曰：「徵，證也。」又《書·洪範》：「念用庶徵。」鄭注：「徵，驗也。」《左傳·昭公元年》：「徵為五聲。」注：「徵，驗也。」

「請」當讀為「情」。「請」，清母耕部；「情」，從母耕部。清、從旁紐雙聲，耕部疊韻，屬音近通假。《荀子·成相》：「聽之經，明其請，參伍明謹施賞刑。」注云：「請當為情，聽獄之經在明其情。」《史記·禮書》：「故至備情文俱盡。」《集解》引徐廣曰：「古情字或假借為請，諸子中多有此比。」「情」，實情。

簡本「非譽不徵乎請而言不合乎行」句，意謂毀譽不驗于情而言不合乎行。明本「非譽乎情」，張純一云：「疑本作『非譽徇乎情』，今脫『徇』字，文不成義。非，誹同。情，私意也。徇乎情，謂不當理也。」騫案張純一補「徇」字非是，但云「非譽乎情」文不成義是有道理的，且讀「非」為「誹」甚是，明本當有譌脫。簡本作「非譽不徵徇乎情」較明本義長。劉師培云：「『乎』疑『平』字，言毀譽雖公，不能實踐也。」劉說非是。

「言不行身」，張純一云：「口言之而身不行。」

簡本「殷」當讀為「隱」。「殷」、「隱」古皆為影母文部字，影母雙聲，文部疊韻，屬雙聲疊韻通假。《漢書·揚雄傳》：「殷殷軫軫。」顏注：「殷讀曰隱。」《文選·閑居賦》：「隱隱乎。」李注：「隱隱，一作殷殷，音義同。」《文選·上林賦》：「殷天動地。」注云：「殷猶隱也。」《詩·北門》：「憂心殷殷。」《楚辭章句》十六引作「憂心隱隱」。《說文通訓定聲·屯部》：「隱，假借為殷。」「隱」，《說文·𨸏部》：「隱，蔽也。」徐灝註箋：「隱之本義蓋謂隔自不相見，引申為凡隱蔽之稱。」《玉篇·阜部》：「隱，不見也，匿也。」《廣韻·隱韻》：「隱，藏也。」

簡本「義」當讀為「議」。「義」、「議」古皆為疑母歌部字，疑母雙聲，

歌部疊韻，屬雙聲疊韻通假。《史記‧司馬相如列傳》「義不反顧」，《漢書‧司馬相如傳》、《文選‧喻巴蜀檄》引「義」作「議」。《莊子‧齊物論》：「有倫有義。」《釋文》：「崔本作『有論有議』。」「議」，《說文》：「議，語也。」段玉裁本據《韻會》尚有「一曰謀也」。沈濤古本考：「《御覽》五百九十五《文部》引作『議，語也』，又曰『論難也』，是古本尚有『一曰論難也』五字，今奪。」段玉裁注云：「上文云『論難曰語』，又云『語論也』，是論、議、語三字爲與人言之稱。」又《廣韻‧寘韻》：「議，謀也。」是「議」也有謀議、謀慮之意。

簡本「殷存所義」意謂隱藏著謀議。

簡本「宵」當讀爲「肖」。「宵」、「肖」古皆爲心母宵部字，心母雙聲，宵部疊韻，屬雙聲疊韻通假。《漢書‧刑法志》：「夫人宵天地之貌。」顏注：「宵與肖同。」注引應劭曰：「宵，類也。」《說文通訓定聲》：「宵，假借爲肖。」《說文》：「肖，骨肉相似也。不似其先，故曰不肖。」後來稱不孝之子、不才、不正派皆曰不肖。簡文「好論賢不宵」，意謂喜歡議論別人的長短、是非。

明本「涉時所議而好論賢不肖」，張純一云：「偶涉時議，輒縱論人之短長，不自愧怍。」此句與簡本差異較大，似簡本義長。

有之己，不難非之人，无之己，不難求之人，此佞人之行也。」

有之己，不難非之人，無之己，不難求之人。其言彊梁而信，其進敏遜而順。此佞人之行也，明君之所誅，愚君之所信也。」

【校釋】

簡本此段較明本簡略。無「其言彊梁而信，其進敏遜而順」及「明君之所誅，愚君之所信也」二十三字，疑此二十三字爲後人在流傳過程中所

加的注文。

明本「有之己，不難非之人；無之己，不難求之人」，張純一云：「「《墨子·小取》曰：『有諸己不非諸人，無諸己不求諸人。』」佞人反之。」

明本「其言彊梁而得」，張純一云：「出言」乖戾，終任意氣而不屈。」「彊」同「強」，「彊梁」，兇暴，強橫。《宋書·晉平刺王休祐傳》：「休祐狠戾彊梁，前後忤上非一。」又作「強梁」、「強良」，《老子》：「強梁者不得其死。」《莊子·應帝王》：「有人於此，嚮疾強梁，物徹疏明，學道不勌，如是者可比明王乎？」

「其進敏遜而順」，張純一云：「其干進也，敏捷謙遜而順利。」

〔譯文〕

景公問晏子說：「忠於君主的大臣的所作所爲是怎樣的？」

晏子回答說：「忠於君主的大臣不掩飾君主的過失，當面進行勸諫，不到外面喧揚。選拔推薦賢良和有才能的人時不偏向自己的親朋。衡量自己的德才以後再擔任適當的官職，估計自己的才能以後再決定接受適當的俸祿。遇到有賢德的人時自己的職位不要超過他，接受俸祿時自己不要超過有賢德的人的數量。不以掌權的大小來論自己的品行，不以職位的高低來論對國君的忠誠。不掩蓋賢能的人而隱瞞他們的長處，不以苛刻對待百姓來阿諛奉承君主。國君在位時不服事太子，國家危難時不結交諸侯。順利的時候就進取，否則隱退，不和君主一起幹邪僻的事情。這就是忠於國君的大臣的所作所爲。」

景公又問說：「奸佞的人侍奉君主是怎樣的？」

晏子回答說：「他們知道有困難時就不來了。他們公開的言行只不過是用來裝飾自己，假裝說沒有私欲來取悅於人民。他們在交往時，觀察君主所希望幹的事而偷偷地去做，暗地裡巴結君主親近的人而隱蔽地去學他們。內心很看重爵祿而表面上卻用欺騙的行爲表示輕視，卑下地與左右共事而表面上卻用虛假的廉潔表示公正，這種欺騙的行爲和虛假的廉潔都是爲了得到君主的提攜。這

些人善於索取，捨不得給予，喜歡新的，輕視舊的，吝嗇錢財，很少施捨。他們看到貧窮的人就像不認識，追逐利祿時就怕比別人落後。他們詆毀和贊譽別人時都不驗證實情，說過的話不符合他們的實際行動，他們隱藏自己的謀慮而喜歡議論別人的是非。他們自己具有的就毫不困難地非難別人，自己不具有的就毫不困難地要求別人，這就是奸佞之人的所作所為。」

<h1 style="text-align:center">十一</h1>

〔說明〕

　　本章竹簡出土時殘損十分嚴重，經過整理和綴連後由五支竹簡組成，整理編號爲五八五、五八六、五八七、五八八、五八九。五八五號簡僅存簡尾「樂民有問」四字，簡首殘損無存。按本竹書抄寫體例，簡首也當有「·」號，表示一章之始。五八六號簡存整簡的下半部份，上半部份殘損無存。五八七號簡由兩段斷簡綴合而成，部分簡文墨跡脫落，但與傳世本對照來看，文字尚可辨淸。五八八號簡簡首殘缺五字左右，其餘保存完整。五八九號簡由兩段不連貫的斷簡綴合而成，上段中間殘缺四字左右，「小人之行也」下有一半白簡，顯爲一章之末。本章在傳世本中爲《內篇問下·叔向問意孰爲高行孰爲厚晏子對以愛民樂民第二十二》與《叔向問嗇吝愛之於行何如晏子對以嗇者君子之道第二十三》兩章。簡本不分。從簡本殘存文字與傳世明活字本比較來看，除個別句子文字有所差異外，其餘無大區別。由於本章簡本文字殘損嚴重，因此在譯文中凡簡本殘缺者，爲保持文義貫通，一依明活字本譯出。

……樂民。

叔向問晏子曰：「意孰爲高？行孰爲厚？」對曰：「意莫高于愛民，行莫厚於樂民。」

【校釋】

　　簡本此句僅存「……樂民」二字，「樂」上簡殘文缺。從復原後的殘簡位置來看，存「樂民」二字的殘簡爲一枚簡的簡尾，「樂」上當有二十九字

左右的位置。

明本「意」字，劉師培云：「此節四『意』字，均『德』字之訛也。『德』正字作『𢜔』，與『意』形近，故訛爲『意』。猶《逸周書・成開篇》『內則順意』，『意』爲『德』字之訛也（孫詒讓說）。『意孰爲高』當作『德孰爲高『意莫高于愛民』當作『德莫高于愛民』，『意孰爲下』當作『德孰爲下』，『意莫下于刻民』當作『德莫下於刻民』，故『德』與『行』對文。」駢案：「意」當依《說文》作「志」講。《增韻・志韻》：「意，心所向也。」《呂氏春秋・長見》：「申侯伯善持養吾意。」高誘注：「意，志也。」後引申爲志向。「行」，品行。「厚」，敦厚。本句由於簡文殘缺過甚，故譯文從明本。

有（又）問……民，行莫踐於害民。

又問曰：「意孰爲下？行孰爲踐？」對曰：「意莫下於刻民，行莫踐于害身也。」

【校釋】

簡本此句僅存「有問……民，行莫踐於害民」九字。簡本「民」上簡殘文缺。從復原後的殘簡位置來看，「民」上當有十八字左右的位置。

簡文「有」當讀爲「又」，說見上。

以明本「意孰爲下」與「意莫下于刻民」句中兩「意」字，劉師培認爲皆爲「德」字之訛（說見上句《校釋》）。駢案：「意」當讀爲「志」，說見上。

明本「害身」，簡本作「害民」，「身」疑爲後人妄改。吳則虞云：「『身』爲『民』字之誤。」吳說甚是。

又案：明本此章至「行莫踐于害身也」止，簡本「行莫賤於害民」下緊接「有問曰：鄰嗇之於行何如」至「羨愛者小人行也」數句，此數句明本爲《內篇問下‧叔向問嗇吝愛之於行何如晏子對以嗇者君子之道第二十三》章，簡本合兩章爲一章，與明本篇章分合不同。疑原本爲一章，後人析爲兩章。

有（又）問曰：「鄰（吝）嗇之於行何如？」

叔向問晏子曰：「嗇吝愛之子于行何如？」

【校釋】

簡本此句「有問曰」上緊接「行莫賤於害民」句。「有問曰」，明本作「叔向問晏子曰」。

簡本「有」當讀爲「又」，說見上。

「有問曰」承上文而言，指叔向又問於晏子，簡本不分章，明本析爲兩章。

明本「叔向問晏子曰」爲此章之始，與簡本異。

簡本「鄰」當讀爲「吝」，二字古音相同，可通假，說見上。《說文》云：「吝，恨惜也。」猶今言顧惜，捨不得。《顏氏家訓‧治家》云：「吝者，窮急不恤之謂也。」嗇，節儉。《韓非子‧解老》：「少費之謂嗇。」

又據簡本下文「羨愛者小人之行也」、「不能自養有不能分人之謂愛」，簡本「鄰嗇」下疑脫一「愛」字，明本作「嗇吝愛」當是。「愛」，吝惜，貪得。《字彙‧心部》：「愛，吝也。」《孟子‧梁惠王上》：「百姓皆以王爲愛也。」趙歧注：「愛，嗇也。」《周書‧謚法》：「嗇於賜與曰愛。」是吝、嗇、愛義近。

合（答）曰：「嗇者，君子之道也；粦（吝）愛者，小人之行也。」

晏子對曰：「嗇者君子之道，吝愛者小人之行也。」

【校釋】

簡本此句「合」當讀爲「答」，說見上。「粦」當讀爲「吝」，說見上。「嗇」，節省。《韓非子・解老》云：「少費之謂嗇。」

叔鄉（向）曰：「何謂也？」合（答）曰：「□□□□而節用之，富无……貸之謂嗇，

叔向曰：「何謂也？」晏子曰：「稱財多寡而節用之，富無金藏，貧不假貸，謂之嗇。

【校釋】

簡本此句「而」上四字，簡本字跡殘泐，不可辯認，據下文，疑當作「積財多寡」。明本「稱」當爲「積」字之訛。簡本「无」下「貸」上簡殘文缺，從復原後的殘簡位置來看，當有五個字的位置。疑與明本差別不大。

簡文「鄉」當讀爲「向」，「鄉」、「向」古皆爲曉母陽部字，曉母雙聲，陽部疊韻，屬雙聲疊韻通假。《左傳・昭公十八年》：「乃毀於而鄉。」《釋文》：「鄉本亦作向。」《論語・陽貨》：「鄉原，德之賊也。」《集解》：「一曰『鄉，向也。』」《荀子・非相》：「鄉則不若。」楊注：「鄉，讀爲向。」《荀子・儒效篇》「鄉有天下」，注云：「鄉讀曰向。」《漢書》中「鄉」、「向」通假例甚多。

明本「稱」，泛指衡量、揣度。《廣雅・釋詁》:「稱，度也。」《孫子・刑》:
「四曰稱。」王晳注:「稱，權衡也。」杜牧注:「稱，校也。」本句張
純一《校注》云:「稱，量也。」

「富無金藏」，張純一云:「多財則以分貧。」

「貧不假貨」，張純一云:「衣粗食惡，自若爲極，故不假貨。《墨子・修
身篇》曰:『貧則見廉。』」「假貨」，借貨。

積財不能分人獨自養之謂粦（吝），不能自養有（又）不能
分人之謂愛。

積多不能分人而厚自養，謂之吝。不能分人又不能自養，謂之愛。

【校釋】

簡本此句與明本稍異。簡本「粦」當讀爲「吝」，「有」當讀爲「又」，說
見上。

「積財」，積攢財物。

「獨自養」，獨自滿足自己。

故嗇者君子〔□□□□〕粦（吝）愛者，小人之行也。」

故夫嗇者君子之吝嗇者小人行也。」

【校釋】

簡本此句「粦」上殘缺四字，據上文「嗇者君子之道也，粦愛者小人之行也」，疑此處缺字當作「之道也夫」，「夫」屬下讀。

簡本「粦」當讀爲「吝」，說見上。

明本「故夫嗇者君子之」，文不成義，「之」下當脫「道」字或「道也」二字。吳則虞云：「元刻本無『道』字，吳懷本、吳學勉本有。」騫案：有「道」字是。

〔譯文〕

叔向問晏子說：「在志向中哪一種爲最高尙？在品行中哪一種爲最淳厚？」

晏子回答說：「在志向中沒有比愛護百姓更爲高尙的，在品行中沒有比讓百姓歡樂更淳厚的。」

叔向又問說：「在志向中哪一種最爲低下？在品行中哪一種最爲卑賤？」

晏子回答說：「在志向中沒有比苛刻百姓爲最低下的，在品行中沒有比危害百姓更卑賤的。」

叔向又問說：「節儉和吝愛對於人的品行怎樣？」

晏子回答說：「節儉是君子的準則，吝愛是小人的品行。」

叔向說：「爲什麼這樣說呢？」

晏子回答說：「根據財物的多少來節儉地使用它，富裕的時候不要積攢財物，貧窮的時候不借貸，叫做節儉。積攢財物又不能分給別人，只爲獨自滿足的叫做吝惜，不能獨自滿足又不能分給別人的叫做貪得。所以，節儉是君子的準則，吝惜、貪得是小人的品行。」

十二

〔說明〕

本章原由八支簡組成，整理編號為五九〇、五九一、五九二、五九三、五九四、五九五、五九六、五九七。五九〇簡簡首有「・」符號，表示一章之始。五九七簡「九甬而出」下約有五分之四的空簡，明顯為一章之末。本章除五九〇、五九二、五九六簡為整簡外，其他皆為殘簡綴連，且有殘缺文字。本章在傳世本中為《內篇雜上・莊公不用晏子致邑而退後有崔氏之禍第二》，從簡本所存文字與傳世本比較來看，文字內容差異不大。

・晏子為壯（莊）公臣，言用，晦（每）朝，賜爵益邑。我（俄）而不用，晦（每）朝，致邑與爵。

晏子為莊公臣，言大用，每朝，賜爵益邑。俄而不用，每朝，致邑與爵。

【校釋】

簡本此句與明本略同。簡本「壯」當讀為「莊」。「壯」、「莊」古皆為莊母陽部字，莊母雙聲，陽部疊韻，屬雙聲疊韻通假。《漢書・古今人表》：「衛柳壯。」顏注：「壯讀曰莊。」《莊子・天下》：「不可與莊語。」《釋文》：「一本作壯。」《荀子・非十二子》：「儼然壯然。」楊注：「壯或當為莊。」

「言用」，謂晏子在莊公面前說的話每每被採納。

「晦」通「每」。「晦」，之部曉母，「每」，之部明母。之部疊韻，曉、明

旁紐雙，可通假。《說文》：「晦，從日每聲。」「每朝」，每逢朝見的時候。「益」，增加。

「我」通「俄」。「我」、「俄」古皆爲疑母歌部字。疑母雙聲，歌部疊韻，屬雙聲疊韻通假。《說文·我部》：「我，頃頓也。」段玉裁注：「謂傾側也。……然則古文以我爲俄也，古文假借如此。」「俄」，謂瞬間，極短暫的時間。《說文·人部》：「俄，行頃也。」《玉篇·人部》：「俄，俄頃，須臾也。」《公羊傳·桓公二年》：「俄而可以爲其有矣。」何休注：「俄者謂須臾之間，制得之頃也。」

「致」，歸還。《國語·魯語下》：「子冶歸，致祿而不出。」韋昭注：「致，歸也歸祿，還采邑也。」《禮記·王制》：「七十而致政。」鄭玄注：「致政，還君事。」「致邑與爵」即「還邑與爵」。

爵邑盡，退朝而乘，渭（喟）然慷（嘆），慷（嘆）終而笑。

爵邑盡，退朝而乘，噴然而歎，終而笑。

【校釋】

簡本此句「渭」當讀爲「喟」（或作「噴」。「渭」），匣母物部；「喟」，溪母物部。匣、溪旁紐雙聲，物部疊韻，屬音近通假。《說文》：「喟，大息也。」明本「噴」，《說文·口部》：「噴，喟或從貴。」《文選·舞賦》：「噴息激昂。」注云：「噴與喟同。」孫星衍《音義》云：「『噴』，一本作『喟』，《說文》：『喟，大息也。』或作『噴』，《字林》：『噴，息憐也。』」

簡文「慷」當讀爲「嘆」。「慷」、「嘆」古皆爲透母元部字，透母雙聲，元部疊韻，屬雙疊韻通假。《說文》：「嘆，吞歎也。從口歎省聲。一曰太息也。」明本「歎」亦當讀爲「嘆」。段玉裁《說文解字注》：「嘆、歎二

字，今人通用，毛《詩》中兩體錯出，依《說文》則意異，歎近於喜，嘆近於哀，故嘆訓吞歎。」《詩·大雅·公劉》：「而無永歎。」《釋文》：「歎字或作嘆。」是「嘆」、「歎」皆嘆息之義。徐鍇《說文繫傳》：「嘆，欲言不能，吞恨而太息也。」《廣雅·釋詁》：「嘆，傷也。」《禮記·坊記》：「戲而不歎。」注云：「歎，謂有憂戚之聲也。」《楚辭·九歎》序：「歎者，傷也，息也。」明本「歎」下當如簡本復有「歎」字，疑當後人流傳中譌脫。

其僕曰：「〔□〕慎（嘆）笑相從之數（速）也？」

其僕曰：「何歎笑相從數也？」

【校釋】

簡本此句「慎」上殘缺一字，據明本，疑當作「何」。

簡本「慎」讀爲「嘆」，說見上。

簡本、明本「數」皆當讀爲「速」。「數」，山母候部；「速」，必母屋部。山、心準雙聲，候、屋陰入對轉疊韻，屬音近通假。《禮記·曾子問》：「不知其已之遲數，則豈如行哉！」注云：「數，讀爲速。」《史記·屈原賈生列傳》：「淹數之度兮。」《集解》引徐廣曰：「數，速也。」《禮記·祭義》：「其行也趨趨以數。」注云：「數之言速也。」《廣雅·釋詁》：「數，疾也。」《說文》云：「速，疾也。」《考工記總目》：「不微至，無以爲戚速也。」注云：「速，疾也。書或作數。」皆其證。

「僕」，御者，駕車的人。

「相」，交互。

「從」，隨著，接著。

明本「也」，張純一云：「『也』讀爲『邪』。」鶱案：「也」，句末語氣詞，表示疑問或反問語氣。《經傳釋詞》云：「也，猶『邪』也，猶『歟』也，猶『乎』也。」

晏子曰：「吾懫（嘆）也，哀吾君必不免於難也，吾笑……吾夕（亦）无死已。」

晏子曰：「吾嘆也，哀吾君不免於難，吾笑也，喜吾自得也。吾亦無死矣。」

【校釋】

簡本此句「笑」下簡殘文缺。從復原的殘簡位置來看，「笑」下似有五、六字位置，疑與明本差異不大。

簡本「懫」當讀爲「嘆」，說見上。

簡本「夕」當讀爲「亦」。「夕」，邪母鐸部；「亦」，余母鐸部。邪、余鄰紐雙聲，鐸部疊韻，屬音近通假。《史記·管蔡世家》：「子莊公夕姑立。」《索隱》：「夕，音亦。」《漢書·古今人表》正作「亦姑」。《說文》云：「亦，人臂亦也。」這個意義在古書中多寫作「掖」，王筠云：「知『亦』爲古文，『掖』爲小篆，許（慎）偶分隸兩部耳。」掖，從才夜聲。夜、夕、昔，三字疊韻，在古書中經常互訓。《廣雅·釋詁》：「昔，夜也。」《莊子·齊物論》：「是今日適越而昔至也。」《釋文》引崔注云：「昔，夕也。」是其證。陶鴻慶云：「『吾亦無死矣』，本作『吾其無死矣』，『其』字古文作『亓』，與『亦』相似而誤。」鶱案陶說不確。

簡本「已」，句末語氣詞，表示確定語氣，大略同「矣」。《經傳釋詞》：「《禮記·檀弓》曰：『生事畢而鬼事始已。』盧植注曰：『已者，辭也。』『已』

為語終之詞則與『矣』同義，連言之則曰『已矣』。」《經詞衍釋》：「已，語終詞也，義同『矣』。」是簡本「已」與「矣」義同。

崔杼果式（弒）壯（莊）公。晏子立於崔子之門，從者曰：（「何不死乎？」晏子曰：「獨吾君輿歟）！吾死也！」

崔杼果弒莊公，晏子立崔杼之門，從者曰：「死乎？」晏子曰：「獨吾君也乎哉？吾死也。」

【校釋】

簡本此句與明本稍異。

簡本「式」當讀為「弒」。古「式」、「弒」皆為書母職部字，書母雙聲，職部疊韻，屬雙聲疊韻通假。「弒」，古時臣子殺死君主或子女殺死父母稱弒。《說文》：「弒，臣殺君也。」段玉裁注：「述其實則曰殺君，正其名則曰弒君。《春秋》正名之書也，故言弒不言殺，三《傳》述實以釋經之書也，故或言殺或言弒，不必傳無殺君字也。許釋弒曰臣殺君，此可以證也。」

「壯」當讀為「莊」，說見上。劉師培《校補》云：「《後漢書·臧洪傳》注引『莊公』作『齊莊公』。」

明本「立」下當脫一「於」字，簡本、《左傳·襄公二十五年》「立」下皆有「於」字。

又「崔杼」，《左傳》作「崔氏」，「門」下又增「外」字。

明本、簡本「從者曰」，《左傳》作「其人曰」。

明本、簡本「晏子曰」，《左傳》「曰」上無「晏子」二字。《左傳》「晏子

立於崔氏之門外」，杜注云：「聞難而來。」

簡本「輿」當讀爲「歟」，句末助詞，表示疑問。「輿」、「歟」古皆爲余母魚部字，余母雙聲，魚部疊韻，屬雙聲疊韻通假。王輝《古文字通假釋例》云：「輿用作語氣詞，通作歟，早期作與。」

明本「獨吾君也乎哉」，楊伯峻《春秋左傳注》云：「此句當爲『吾死也，獨吾君也乎哉』，因著重非獨一人之君，故先言之。」

「吾死也」，吳則虞云：「此『也』字亦當讀爲『邪』，爲《晏子》全書通例，左氏因之。」

崔杼，齊國大夫。崔杼弑莊公事，見《左傳·襄公二十五年》。齊莊公與崔杼之妻棠姜私通，崔杼借機在自己家中殺死莊公。

「何不去乎？」曰：「吾罪輿（歟）才（哉）！吾亡也！」「然則何不〔□□□〕君死焉歸？

曰：「行乎？」曰「獨吾罪也乎哉？吾亡也。」曰：「歸乎？」曰：「吾君死，安歸？

【校釋】

簡本此句「輿」當讀爲「歟」，說見上。

「才」當讀爲「哉」。「才」，從母之部；「哉」，精母之部。精、從旁紐雙聲，之部疊韻，屬音近通假。《爾雅·釋詁注》：「茂哉茂哉。」《釋文》云：「哉，本作才。」《爾雅·釋詁上》：「哉，始也。」邢疏：「哉，古文作才。」

簡本「君死」上從復原後的殘簡位置來看，當缺三字，據明本，疑當爲

143

「歸乎曰」三字。「然則何不歸乎」爲從者之語,「曰:君死焉歸」,爲晏子之語。

明本「安」、簡本「焉」,皆表處所之疑問代詞。《左傳》與明本略同,唯「吾罪」上無「獨」字,「罪」作「君」,「吾君死」作「君死」。

夫君人者幾（豈）以泠（陵）民,社褹（稷）是主也。

君民者豈以陵民?社稷是主。臣君者豈為口實?社稷是養。

【校釋】

簡本此句與明本差異較大。簡本較明本少「臣君者豈爲口實,社稷是養」十二字。《左傳》與明本同。

簡本「幾」當讀爲「豈」。「幾」,見母微部;「豈」溪母微部。見、溪旁紐雙聲,微部疊韻,屬音近通假。《荀子‧榮辱篇》:「幾直夫芻豢稻粱之縣糟糠爾哉!」注云:「幾,讀爲豈。」《史記‧黥布列傳》:「相我當刑而王,幾是乎?」《集解》引徐廣曰:「幾,一作豈。」

「泠」疑當讀爲「陵」。「泠」,來母耕部;「陵」,來母蒸部。來母雙聲,耕‧蒸旁轉疊韻,屬音近通假。

「君人者」,爲民之君者。《左傳》、明本作「君民者」疑當爲後人避諱所改。

「豈以陵民」,意謂豈用之駕陵於民上。《左傳》杜注云:「言軍不徒居民上,臣不徒求祿,皆爲社稷。」

簡本「褹」當讀爲「稷」,「褹」、「稷」古皆爲精母職部字,精母雙聲,職部疊韻,屬雙聲疊韻通假。《集韻‧職韻》:「褹,通作稷。」

明本「豈爲口實，社稷是養」，吳則虞《集釋》引竹田光鴻箋云：「《頤卦》：口實，食物也。養，猶奉也。」口實，即口中的食物。《公羊傳・文公五年》：「王含者何？口實也。」即其證。明本「臣君者豈爲口實，社稷是養」，意謂臣於君者，豈爲俸祿？保養社稷也。

故君爲社襪（稷）死則死之，君爲社襪（稷）亡則亡之。若君爲己死，爲己〔□□〕其私親，孰敢任之。

故君為社稷死則死之，為社稷亡則亡之。若君為己死而為己亡，非其私暱，孰能任之。

【校釋】

簡本此句兩「襪」字皆當讀爲「稷」，說見上。

簡本「其」上殘缺二字，據明本疑當作「亡非」。

簡本此句與明本差異不大，《左傳》與明本略同，唯「爲己死」上無「君」字，「孰能任之」作「誰敢任之」。

「君爲社稷死則死之，爲社稷亡則亡之」，《史記・齊太公世家・集解》引服虔曰：「謂以公義爲社稷死亡也。如是者，臣亦隨之死亡。」

「非其私暱，孰能任之」，《史記・集解》引服虔曰：「言君自以己之私欲取死亡之禍，則私近之臣所當任之也。」杜預注《左傳》云：「私暱，所親愛也，非所親愛，無爲當其禍。」與「私親」義同。楊伯峻《春秋左傳注》云：「私暱，爲個人而暱愛之人。」《左傳》「誰敢任之」，楊伯峻注云：「敢與不敢，由於合理與不合理。不合理而死或亡，畏時人及後人議論，故云誰敢。」用今天的話講即「誰敢擔當這災禍」。

人有君而殺之，吾焉得死？焉得亡？」

且人有君而弒之，吾焉得死之？而焉得亡之？將庸何歸？」

【校釋】

簡本此句與明本略有差異。簡本無明本「且」字、「死之」、「亡之」之「之」字、「將庸何歸」四字。且簡本「殺」字，明本作「弒」。《左傳》與明本同。杜預注此句云：「言己非正卿，見待無異於眾臣，故不得死其難也。」

「且人有君而弒之」，楊伯峻注云：「莊公之立，由於崔杼，故言『人有君』，人指崔杼。」吳則虞云：「人指崔杼言，此其憤慨之辭。」

「焉得死之而焉得亡之」，楊伯峻注云：「焉得，何能也。謂崔杼立之，又殺之，我何能爲之死爲之逃。」

「將庸何歸」，杜預注云：「將用死亡之義，何所歸趣。」劉淇《助字辨略》卷一云：「庸何，重言也。」

門啓而入，崔子曰：「晏子〔□□□〕子曰：「過（禍）始弗智（知）也，過（禍）眾（終）弗智（知）也，吾何爲死？

門啟而入，崔子曰：「子何不死？子何不死？」晏子曰：「禍始吾不在也，禍終吾不知也，吾何爲死？

【校釋】

簡本此句與明本稍異。簡本「晏子」下簡殘缺文，從復原後的殘簡位置來看，「晏子」下似有三字或四字的位置，整理小組注云：「簡本所缺疑

為『死乎晏』三字。」襄案：若缺四字，則疑當為「何不死晏」。

簡本兩「過」字皆當讀為「禍」。「過」，歌部見母；「禍」，歌部匣母。見、匣旁紐雙聲，歌部疊韻，屬音近通假。《荀子·修身》：「雖有大過，天其不遂乎？」楊注：「過與禍通。」

簡本兩「智」字皆通「知」，說見上。

簡本「眾」當讀為「終」。「眾」、「終」古皆為章母多部字，章母雙聲，多部疊韻，屬雙聲疊韻通假。《易·雜卦》：「大有眾也。」《釋文》：「眾，荀作終。」襄案：「眾」與「終」通漢猶如此，出土的馬王堆漢代帛書中此例甚多。又一九七七年甘肅玉門花海漢烽燧遺址出土一枚菱形觚，銘為制詔，文曰：「……朕體不安，今將絕矣！與天地合同，眾（終）不復起……審察朕言，眾（終）身毋已！」嘉峪關市文物保管所《玉門花海漢代烽燧遺址出土的簡牘》一文說，此為漢武帝後元二年臨終立太子劉弗陵之遺言。簡文兩「眾」字皆當讀為「終」。《禮記·祭法》「以義終」，朱駿聲《說文通訓定聲》以「終」為「眾」之假借字。

「門啓而人」，《史記·齊太公世家》作「門開而入」。「啓」、「開」義同。《廣雅·釋詁三》：「啓，開也。」《六書故·人部》：「啓，開戶也。」《左傳》、《史記》皆無「崔子曰：子何不死，子何不死」至「遂袒免坐」數句。

且吾聞之，以亡為行者不足以存君，以死為義者不足以立功。嬰幾（豈）婢子才（哉）？繵而從之？」

且吾聞之，以亡為行者不足以存君，以死為義者不足以立功。嬰豈其婢子也哉？其繵而從之也？」

【校釋】

簡本此句與明本略同，唯「豈」作「幾」、「哉」作「才」，皆同音假借字，說見上。

又簡本「才」上無「也」字，「縊」上無「其」字，「從之」下無「也」字。《左傳》、《史記》無此句。

「行者」，品行，道德。

「義者」，道義。

「婢子」，女奴，婢女。

「縊」，《說文》：「縊，經也。」即吊死。鈕樹玉《校錄》：「《玉篇》『自經也』，《廣雅》『自經死也』，則《說文》當有『自』字。」《釋名・釋喪制》：「縣繩曰縊，縊，阨也，阨其頸也。」

「從」，隨從。

徙（遂）但（袒）免，枕君〔□□〕哭，興，九甬（踊）而出。

遂袒免，坐。枕君尸而哭。興，三踊而出。

【校釋】

簡本此句與明本略同，唯簡本無明本「坐」字，簡本「九」，明本作「三」。簡本「君」下殘缺二字，據明本，疑當作「尸而」二字。《左傳》作「枕尸股而哭，興，三甬而出」，無「遂袒免坐」四字。《史記》「枕公尸而哭，三踊而出」，無「遂袒免坐興」五字。

簡本「衕」當讀爲「遂」，竹簡整理小組云：「從術聲之字與從象聲之字古音相近，可通假。「衕」，從聲。尗，船母物部；遂，邪母物部。般、邪鄰紐雙聲，物部疊韻，屬音近通假。

「但」當讀爲「袒」。「但」、「袒」古皆爲定母元部字。定母雙聲，元部疊韻，屬雙聲疊韻通假。《墨子‧耕柱》：「維人但割而和之。」注云：「『但割』即『袒割』。」「袒」，《說文》：「袒，衣縫解也。」謂脫掉衣服露出上身。《廣雅‧釋詁》：「袒，解也。」《禮記‧曲禮上》：「勞毋袒。」鄭玄注：「袒，露也。」

「免」，去冠括髮曰免。《廣雅‧釋詁》：「免，脫也。」「袒免」，袒衣免冠。古代喪禮：凡五服外的遠親，無喪服之制，唯袒衣免冠，以示哀思。露左臂曰袒，去冠括髮曰免。可參閱明代張存紳《雅俗稽言》。孫星衍云：「『免』即『絻』省文。」吳則虞云：「『免』非『絻』之省，疑免冠也。」《左傳》「枕尸股而哭」，杜預注云：「以公尸枕己股也。」

「興」，楊伯峻注云：「哭時僕地，哭畢而起。」

簡本「甬」當讀爲「踊」。「甬」、「踊」古皆爲余母東部字。余母雙聲，東部疊韻，屬雙聲疊韻通假。《說文》云：「踊，跳也。」此句謂晏子哭畢起來，急奔出走。

簡本「九踊」、明本「三踊」之「九」、「三」，皆表示多次的意思，非確指。又簡本本章至「九甬而出」止。明本「三踊而出」下仍有「人謂崔子：『必殺之。』崔子曰：『民之望也，舍之得民。』」十八字。

人謂崔子：「必殺之。」崔子曰：「民之望也，舍之得民。」

【校釋】

簡本無此句。《左傳》、《史記》與明本同，唯「崔子」《史記》作「崔杼」。

杜預云：「舍，置也。」《史記·集解》引服虔曰：「置之，所以得人心。」
楊伯峻注云：「民心所響往之人。釋而殺之，我得民心。」

〔譯文〕

晏子做莊公的大臣時，他的話多被採用，每次朝見，莊公都要給他賞賜爵祿和增加食邑沒過多久晏子的話就不被採用了，每次朝見時晏子都要歸還一些食邑和爵祿。爵祿和食邑全部歸完以後，晏子退出朝廷坐在車上感慨地嘆息，嘆息完後又放聲大笑。

他的僕人說：「你爲什麼嘆息完緊接著就大笑呢？」

晏子說：「我嘆息是可憐我們的君主不能免於災難，我大笑是高興我自得其所。我也就不用跟著去死了。」

後來崔杼果然殺死了莊公。晏子站在崔杼的門外，隨從的人問說：「爲什麼不去殉死呢？」

晏子說：「難道只是我一個人的君主嗎？要我殉死？」

隨從的人又問說：「爲什麼不離開這裡？」

晏子回答說：「難道是我的罪過嗎？要我逃走？」

隨從的人又問說：「然而爲什麼不回去呢？」

晏子回答說：「我們的君主死了，回到哪裡去呢？爲人君主的人難道可以欺陵百姓嗎？要以治理國家爲主。作爲君主的臣子難道只是爲了自己的俸祿？要以保護國家爲主。所以君主爲國家而死，臣子就爲國君而死，君主爲國家而逃亡，臣子就爲國君而跟隨逃亡。如果國君是爲了自己的利益而死，爲了自己的利益而逃亡，如果不是他寵愛親近人，誰敢擔當這樣的責任。崔杼有君主卻又把君主殺死，我爲什麼要殉死？我爲什麼要逃亡？如果這樣做了，我又將回到哪裡去呢？」

崔杼的門打開後晏子走了進去，崔杼說：「晏子爲什麼不殉死呢？」

晏子回答說：「禍患發生的時候我不知道，禍患結束的時候我也不知道，我爲什麼要去殉死呢？況且我聽說，把逃亡看作是忠君的行爲的人不足以保全國君，把死看作是節義的人不足以建立功勳。我晏嬰難道是他的奴婢嗎？要自經而跟他死去？」

於是晏子脫掉上衣，摘下帽子，枕著國君的屍體而痛哭，哭畢後起來急奔出去。

有人對崔杼說：「一定要把他殺掉。」

崔杼說：「他是百姓敬仰的人，放了他可以取得民心。」

十三

〔說明〕

　　本章原來共有十三支竹簡組成，整理編號為五九八、五九九、六〇〇、六〇一、六〇二、六〇三、六〇四、六〇五、六〇六、六〇七、六〇八、六〇九、六一〇。出土後六〇二簡殘損一半，六〇一簡上半部分保存完整，下半部分是由兩段殘簡綴連而成。其餘十一支簡雖皆由兩段或三段殘簡綴連而成，但基本上能反映出原簡的整體面貌。五九八簡簡首有「‧」符號，表示一章之始。六一〇簡簡尾「數為之而毋求財官」句下有兩字的空簡位置，顯為一章之末。本章在傳世本中為《內篇雜下‧栢常騫禳鳥死將為景公請壽晏子識其妄第四》，經過對比簡本與傳世本在一些文字上差異較大，似傳世本在流傳過程中有後人改動之處。

‧景公令脩（修）茖（路）帚（寢）之臺，臺成，公不尙（上）焉。

景公為路寢之臺，成而不踊焉。

【校釋】

　　簡本此句與明本在文字上略有差異。

　　簡本「脩」當讀為「修」。「脩」、「修」古皆為心母幽部字，心母雙聲，幽部疊韻，屬雙聲疊韻通假。《楚辭‧九章》：「紛縕宜脩，姱而不醜兮。」《考異》：「脩，一作修。」《爾雅‧釋天》：「在丙曰修。」《釋文》：「修本亦作脩。」《楚辭‧離騷》：「恐脩名之不立。」《補注》：「脩與修同，

古書通用。」《字彙補・內部》：「脩，與修通。」《說文》：「脩，脯也。從肉攸聲。」「修，飾也。從彡攸聲。」即「脩」爲肉脯，「修」爲裝飾，古本爲兩字，自漢隸兩字已互混，在古籍中經常通用。《說文解字注》：「經傳多假脩爲修治字。」

「茖」當讀爲「路」。「茖」、「路」古皆爲來母鐸部字，來母雙聲，鐸部疊韻，屬雙聲疊韻通假。「茖」，宋沈括《夢溪筆談・器用》：「予昔年在姑熟王敦城下土中得一銅鉦，刻其底曰：『諸葛士全茖鳴鉦。』『茖』即古『落』字，此『部落』之『落』字。」《漢書・揚雄傳》上：「爾乃虎路三嵏以爲司馬，圍經百里而爲殿門。」注引服虔曰：「以竹虎落此山也。」是「落」通「路」之例。又《荀子・議兵》「路亶者」，《新序・雜事三》作「落單」。亦「路」通「落」之例。

簡本「帚」爲「寢」之省體，說見上。

「尙」當讀爲「上」。「尙」、「上」古皆爲禪母陽部字，禪母雙聲，陽部疊韻，屬雙聲疊韻通假。《廣雅・釋詁》：「尙，上也。」《儀禮・覲禮》「尙左」，注云：「古文『尙』作『上』。」《荀子・致士篇》：「莫不明通方起以尙盡矣。」注云：「尙與上同」。明本「踊」與「上」義同，《公羊傳・成公二年》：「踊於棓而闚窺客。」注云：「踊，上也。」猶今言登上。《說苑・辨物篇》與明本略同，唯「景」上有「齊」字，「踊」作「通」。孫星衍云：「『踊』，《說苑》作『通』，下同，言不到也。『踊』當是『通』之誤。」王念孫云：「案作『踊』者是也。成二年《公羊傳》『蕭同姪子踊於棓而闚客』，何注曰：『踊，上也。凡無高下有絕加蹋板曰棓。』然則『踊於棓』則登於棓，故何訓『踊』爲『上』也。此言『不踊』，亦謂臺成而公不登也。《說苑・辨物》作『通』者，非字之誤，即聲之通。孫以『不通』爲『不到』，失之。」蘇輿云：「王說是。《廣雅・釋詁》亦訓『踊』爲『上』。」吳則虞云：「以『踊』爲『上』，蓋齊人之言。」簡本作「尙」，足證王、吳說是也。又張純一云：「凡從足又從辵之字，義並同。如『跡』與『迹』、『踰』與『逾』之類可證。此『踊』與『通』並從『甬』，聲同，『足』與『辵』義同。『踊』訓『上』。《說苑》『通，達

也』，義近。」

柏常騫見曰：「□〔□〕□甚急，今成，何爲不尙（上）焉？」

柏常騫曰：「君爲臺甚急，臺成，君何爲而不踊焉？」

【校釋】

簡本此句與明本略同。簡本「甚急」上殘缺三字，據明本疑當爲「君爲臺」。

「尙」當讀爲「上」，說見上，與「踊」義通。

《說苑》與明本略同，唯「爲臺」上無「君」字，「而不踊焉」作「不通焉」。

明本、《說苑》「栢」，俗「柏」字。《類潘·木部》：「栢，同柏。」

簡本「騫」通「騫」。「騫」，曉母元部；「騫」，溪母元部。曉、溪旁紐雙聲，元部疊韻，屬音近通假。孫星衍云：「字柏常，名騫。」「柏常騫」，《晏子春秋·內篇諫上》或作「伯常騫」。《莊子·則陽篇》稱「仲尼問於大史伯常騫」，蓋是周之大史。依本書《外篇》所記，則入齊後又爲太卜。

公曰：「然。每〔□□□〕鳴焉，其聲无不爲也，吾是以不尙（上）焉。」

公曰：「然。有鴞昔者鳴，聲無不爲也，吾惡之甚，是以不踊焉。」

【校釋】

簡本此句與明本小異。簡本無明本「吾惡之甚」四字。簡本「每」下殘缺三字，疑當爲「昔（或夕）有梟」。

「尙」當讀爲「上」，說見上。

《說苑》引「梟」上無「有」字，「聲」上有「其」字，「踊」作「通」。

明本「梟」，鳥網鴟鴞科類的泛稱。古人認爲此類鳥爲不祥之鳥。《說文》云：「不孝鳥也。日至，捕梟磔之。」孫星衍云：「《詩・大雅・瞻卬》『爲梟爲鴟』，傳：『鴟鴞，惡聲之鳥。』《爾雅・釋鳥》有『梟鴟』，郭璞注：『土梟。』《說文》：『梟，不孝鳥也。日至，捕梟磔之。從「鳥」頭在「木」上。』按此即《說文》所云『鴟舊』。舊，留也。『舊』或作『鵂』。《莊子・秋水篇》：『鴟鵂夜撮蚤，察毫末，晝出瞋目而不見丘山。』即此物。一名『鵅』，《說文》：『鴟，鵅也。』一名『鵅』，《爾雅》『鵅，鳥鵙』，舍人注謂：『鵂鶹，此南陽名鉤鵅，又作「格」。其鳥晝伏夜行爲怪也。』（《衆經音義》）賈誼賦謂之『服』，高誘注《淮南》謂之『鼓造』，皆即此物耳。此書下一作『鴞』者，『梟』字假音，亦與『鵂』聲相近，『梟』與『鴞』實二鳥也。《爾雅》：『鴟鴞，鸋鴂。』注：『鴟鴞，一名鸋鴂。』與所注『鵅，鳥鵙』不同。」

明本「昔者鳴」，即夜鳴。《廣雅・釋詁》：「昔，夜也。」《莊子・天運篇》：「則通昔不寐也。」《釋文》云：「昔，夜也。」盧文弨謂「昔字衍」，非也。王念孫云：「古謂夜曰昔，或曰昔者。《莊子・田子方篇》曰『昔者寡人夢見良人』是也。後第六云『夕者嚳與二日』，『夕者』與『昔者』同，則『昔』非衍字明矣。」騫案：王說甚是。若簡本缺字作「夕」，則「夕」亦通「昔」，夜也。《詩・頍弁》「樂酒今夕」，《楚辭章句》十作「樂酒今昔」。《莊子・齊物論》：「是今日適越而昔至也。」《釋文》引崔注云：「昔，夕也。」《史記・楚世家》：「其樂非特朝昔之樂也。」《索隱》云：「昔，猶夕也。」皆其證。本章「昔」字與前《內篇諫上》第二十二章「今夕吾夢二丈夫立而怒」之「夕」音義並同。

柏常騫曰：「臣請□而去之。」

柏常騫曰：「臣請禳而去。」

【校釋】

明本此句「去」下當脫一「之」字。《說苑》本引「去」下有「之」字，餘同明本。

簡本「請」下一字，從竹簡殘存筆劃來看，左側從月，右側殘泐，似從昏，疑爲「脂」，隸作「胐」，當讀爲「祜」或「禬」。《說文・示部》云：「祜，祀也。」「禬，除疾殘祭也。」《說文通訓定聲・泰部》云：「祀，從示昏聲。與『禬』與『祓』略同，刮除災禍之意。」《周禮・女祝》云：「掌以時招梗，禬禳之事，以除疾殃。」鄭注：「除災害曰，猶刮去也。」明本「禳」與「禬」義近。《周禮・女祝》注云：「卻變異曰禳。」《史記・龜策列傳》「西攘大宛」，《集解》引徐廣曰：「攘，一作襄。襄，除也。」《說文》云：「襄，漢令解衣而耕謂之襄。」段注云：「此襄字所以從衣之本義，唯見於漢令也。引申之爲除也。凡云攘地、攘夷狄，皆襄之假借字也。」騫案：禳，攘也，謂攘除也。《漢書・藝文志》有《禳祀天文》十八卷，注云：「除災也。」

公曰：「若（諾）！」令官具柏長騫之求。柏常騫曰：「无求也，請築新室，以茅菽（茨）之。」室成，具白茅而已矣。

公曰：「何具？」對曰：「築新室，爲置白茅。」耕公使爲室，成，置白茅焉。

【校釋】

簡本此句與明本異。《說苑》本引與明本同，唯「爲置白茅」下有「焉」字。疑明本脫。

簡本「若」當讀爲「諾」。「若」，日母鐸部；「諾」，泥母鐸部。泥、日準雙聲，鐸部疊韻，屬音近通假。《戰國策・趙策四》：「太后曰：敬諾。」馬王堆漢墓帛書《縱橫家書》作「敬若」。劉心源《奇觚室吉金文述》：「若即諾之古文，既從口，又從言，於義爲贅，知諾爲後出字也。」「諾」、「若」皆爲答應之聲。《說文》：「諾，𧭜也。從言，若聲。」段玉裁《說文解字注》：「𧭜，應之俗字。」《禮記・曲禮上》：「父召無諾，先生召無諾，唯而起。」孔穎達疏：「父與先生呼召稱唯。唯，𠵸也。不得稱諾。其稱諾，則似寬緩驕慢。但今人稱諾，猶古之稱唯，則其意急也。今之稱𠵸，猶古之稱諾，其意緩也。是古今之異也。」

「令官具」之「具」，《說文》云：「共置也。」即準備，備辦之義。《廣韻・遇韻》：「具，備也，辦也。」

「萩」，竹簡整理小組云：「萩，從㣊聲，『㣊』即《說文》『𤎩』字所從之『㣊』之省。『萩』當讀爲『茨』。《說文・艸部》：『茨，以茅葦蓋屋也。』《釋名・釋宮室》：「屋以草蓋曰茨。茨，次比草爲之也。」

「具白茅而已矣」之「具」當讀爲「俱」。「具」、「俱」古皆爲群母侯部字，群母雙聲，侯部疊韻，屬雙聲疊韻通假。《詩・小雅・四月》：「百卉具腓。」《文選》謝靈運《戲馬臺詩》李注引「具」作「俱」。《大戴禮・誥志》「物乃歲俱」，《史記・曆書》作「物迺歲具」。「俱」，副詞，表示範圍，相當於「全」、「都」。《玉篇・人部》：「俱，皆也。」明本「爲置白茅」之「置」，購置，備辦。《韓非子・外儲說左上》：「鄭人有且置履者。」陳奇猷校注：「原無而立之曰置。今無履而買履，故亦曰置履，今言購置即此義。」「置白茅焉」之「置」，陳列，安放。即指將白茅放置在房上。《玉篇・网部》：「置，安置。」

又，簡本「室成具白茅而已矣」句，也有可能爲柏常騫之語。白茅，古

代祭祀用的一種草。

柏常騫夜用事焉，旦見於公曰：「今夜尚聞梟聲乎？」

柏常騫夜用事。明日問公曰：「今昔聞鴞聲乎？」

【校釋】

簡本此句與明本略同。《說苑》本與明本同，唯「鴞」《說苑》作「梟」，與簡本同。

簡本、明本「用事」，即行事，多指行祭祀之事。《周禮·春官·大祝》：「過大山川則用事焉。」注云：「用事，亦用祭事告行也。」

簡本「旦」，天明，早晨。《說文》：「旦，明也。」饒炯《部首訂》：「謂日出平明之時。」《玉篇·旦部》：「旦，早也，朝也，曉也。」明本「明日」指次日一整天，與簡本「旦」所表示的時間有所差異。柏常騫是在夜裏行祭祀之事，次日晨柏常騫見景公即問用事後的驗證，較爲合理。簡本作「旦」義長。明本作「明日」遜之。

明本「今昔」，于鬯云：「『今昔』猶謂之『今夜』也。上文云『昔者』，王念孫《雜志》云『古謂夜曰昔，或曰昔者』，是也。蓋『昔』字從『灸』、從『日』，『灸』，古文爲『虞』，實取日入虞淵之象，故謂夜曰『昔』。惟既言『明日問』，則是問昨日之夜也，乃不曰昨夜而曰今夜，此猶言今日而稱明日者，說見前校《儀禮·士虞記》，皆古人稱謂與今不同，當拈出之。」騫案：于說當是，簡本正作「今夜」。

明本「鴞」、簡本「梟」，孫星衍曰：「『鴞』與『梟』、『鵂』皆聲相近，故借『鶡鴂』字爲之，一書前後各異，傳寫之失也。」黃以周曰：「『鴞』宜作『梟』，下『鴞當陛』、『禳君鴞』並宜改從一律。」

公曰：「吾壹聞〔□□□□〕矣。」柏常騫曰：「□令人視之，梟〔□□〕矣。」公令人視之，梟布翼，伏地而死乎臺下。

公曰：「一鳴而不復聞。」使人往視之，鴞當陛，伏地而死。

【校釋】

簡本此句與明本稍異。《說苑》引與明本同，唯「鴞」作「梟」。「翌」作「翼」，與簡本同。

簡本「聞」下殘缺四字，疑當爲「而不復聞」。

「令」上一字，從竹簡殘存筆畫來辨認，疑當作「騫」。

「梟」下殘缺二字，疑當爲「已死」。

明本「陛」，指壇、殿的臺階。

明本「翌」，當讀爲「翼」。「翌」、「翼」古皆爲余母職部字。余母雙聲，職部疊韻，屬雙聲疊韻通假。《書·武成》「越翼日癸巳」，《漢書·律曆志》引《武成》作「若翌日癸巳」。《爾雅·釋地》：「南方有比翼鳥焉。」《釋文》：「翼本或作翌。」翼，鳥的翅膀。孫星衍云：「『翌』，《說苑》作『翼』，此假音字。」于省吾云：「按古有『翌』、『異』，無『翼』，甲骨文『翌』字作❐、亦作❐，古象羽翅形。《說文》：『昱，明日也。』『翼，翅也。』重文作『翼』，乃後起字。古『昱日』及『羽翼』字本均作『翌』，此云『布翌』，乃古字之僅存者。」

公喜曰：「子能請……柏常騫曰：「能。」公曰：「益幾何？」合（答）曰：「天子九，諸侯七，大夫五。」

公曰：「子之道若此其明，亦能益寡人之壽乎？」對田（曰）：「能。」

公曰：「能益幾何？」對曰：「天子九，諸侯七，大夫五。」

【校釋】

簡本此段與明本略異。簡本「請」下簡殘文缺，從復原後的殘簡位置來看，「請」下似有十二、三個字的位置。劉春生《簡本〈晏子春秋〉校補》云：「據相鄰簡字數估計，此簡『請』字之下殘去十三字。今本『子能請』作『子之道』，『道』與六○三號簡簡首『柏常騫』之『柏』字間作『若此其明亦能益寡人之壽乎』十二字。簡本下文『子之道若此其明也，亦能益寡人之壽乎』句作『女（汝）能請鬼神殺梟而不能益寡人之壽乎。』下文是柏常騫向晏子復述景公之言，據此疑此簡『子能請』下當作『鬼神殺梟而不能益寡人之壽乎』十三字。今本『子之道若此其明』句當是『子能請鬼神殺梟』之誤，下文『亦能』之『亦』當是『不』字形訛。」簡文「合」當讀爲「答」，說見上。

《說苑》本與明本同，唯「明」下有「也」字，「壽」上無「之」字。

明本「田」當爲「曰」字之誤，據別本改。

公曰：「□□益壽有徵兆乎？」柏常騫曰：「然。益壽地將動。」公喜，令數（速）爲之，令官具柏常騫之求，後者□不用令之罪。

公曰：「子亦有徵兆之見乎？」對曰：「得壽地且動。」公喜，令百官趣具騫之所求。

【校釋】

簡本此句與明本略異。且明本無「後者□不用令之罪」句。簡本「公曰」下殘缺兩字，第一字從殘存筆劃看疑當爲「子」字，第二字由於殘損過甚，難以辨認。「後者」下缺一字，不得而知。《說苑》本與明本同，唯「亦」上無「子」字。

簡本「數」當讀爲「速」，說見上。

「徵兆」，事先顯示的跡象。

「具」，準備，備辦。《說文》：「具，共置也。」《廣雅・遇韻》：「具，備也，辦也。」

明本「且」，《呂氏春秋・音律》篇注曰：「且，將也。」簡本正作「將」。

明本「趣」，催促也。《漢書・外戚傳上》：「王夫人又陰使人趣大臣立栗姬爲皇后。」師古曰：「趣讀曰促。」《史記・陳涉世家》：「趣趙兵亟入關。」《索隱》云：「趣，謂催促也。」又《說文》云：「趣，疾也。」

明本「見」，顯示，顯露。《廣韻・霰韻》：「見，露也。」《集韻・韻》「見，顯也。」《漢書・元帝紀》：「天見大異。」顏師古注：「見，顯示。」

柏常騫出，曹（遭）晏子於涂（途）。

柏常騫出，遭晏子于塗。

【校釋】

《說苑》本與明本同。簡本「曹」當讀爲「遭」。「曹」，從母幽部；「遭」，精母幽部。從、精旁紐雙聲，幽部疊韻，屬音近通假。《史記・殷本紀》「曹圉」，《索隱》：「《世本》作『遭圉』也。」《說文》：「遭，遇也。」《增韻・豪韻》：「遭，逢也。」

簡本「涂」乃「途」、「塗」之異體，道路。《釋名·釋道》：「涂，度也。人所由得通度也。」《說文繫傳》：「涂，《周禮》書塗路字如此。古無塗字，途，彌俗也。」《周禮·地官·遂人》：「百夫有洫，洫上有涂。」鄭玄注：「涂，道路。」《漢書·禮樂志》：「大朱涂廣，夷石爲堂。」顏師古注：「涂，道路也。」《玉篇》云：「途，路也。」《廣韻》云：「涂，道也。」《論語·陽貨》：「遇諸塗。」集解引孔注：「塗，道也。」

曰：「前日公令脩（修）臺，〔臺〕成而公不尙（上）焉，騫見而□問之，君曰：『有梟夜鳴焉，吾惡之，故不尙（上）焉。』騫爲君□之，而梟已死矣。君謂騫曰：『女（汝）能請鬼神殺梟而不能益寡人之壽乎？』騫合（答）曰：『能。』君曰：『若（諾）！爲之。』今騫將大祭，以爲君請壽，故將往以聞。」

拜馬前，辭騫曰：「爲禳君鴞而殺之。君謂騫曰：『子之道若此其明也，亦能益寡人壽乎？』騫曰：『能。』今且大祭，爲君請壽，故將往以問。」

【校釋】

簡本此句與明本差異較大，明本在流傳過程中當有脫漏和誤倒字句。

簡本「問」上殘缺一字，殘存筆劃較少，難以辨認。

「騫爲君」下一字殘泐，從殘存的墨跡來看，似左從月，又從昏，疑當作「脗」，若是，則當假爲「祮」或「禬」，說見上。

簡本「脩」當讀爲「修」、「尙」當讀爲「上」、「合」當讀爲「答」、「若」當讀爲「諾」，皆同音假借，說見前。

簡本「女」當讀爲「汝」，「女」，泥母魚部；「汝」，日母魚部。泥、日準旁紐雙聲，魚部疊韻，屬音近通假。《尚書·舜典》「汝陟帝位」，《史記·五帝本紀》作「女登帝位」。《左傳·昭公二十六年》：「使女寬守關塞。」《釋文》：「女本亦作汝。」《國語·晉語四》引《詩》云：「上帝臨女」，《補音》：「女通作汝。」《漢書·朱買臣傳》「待我富貴報女功」，顏注：「女讀曰汝。」

《說苑》本引與明本略同，唯「拜馬前辭騫曰：爲禳君鴉而殺之」作「拜馬前辭曰：騫爲君禳梟而殺之」，較明本義長。盧文弨云：「《說苑》作『辭曰：騫爲君禳梟而殺之』，此文（騫按：指明本。）誤。」黃以周云：「元刻作『辭騫曰』，《說苑》作『辭曰：騫爲君禳梟』。『拜馬前』、『辭』句，晏子辭其拜也，今作『辭騫』，誤。」騫案明本「騫曰」誤倒，「禳君」誤倒。王叔岷《晏子春秋斠證》云：「黃之寀本、子彙本『辭騫』並作『騫辭』，蓋後人不知『騫曰』二字之誤倒，乃臆乙『騫』字於『辭』字上耳。《禮記·檀弓》：『使人辭於狐突。』注云：『辭猶告也。』『辭曰』猶『告曰』。《莊子·秋水篇》：『將甲者進，辭曰：以爲陽虎也，故圍之。』與此『辭曰』同旨。黃氏以『拜馬前辭』爲句，並云『晏子辭其罪也』，失之遠矣。張純一本以『拜馬前』爲句，『禳君』二字從盧說乙正，並是。惟『辭前曰』三字仍從元本，『辭』字之義取黃說，『辭』字句，『騫曰』二字句，亦未深思耳。」

明本「且」，將也。

明本「問」當爲「聞」字之誤。吳則虞云：「吳勉學本、楊慎評本、凌本作『聞』。」與簡本同，義長。張純一校本改「問」爲「聞」，甚是。

晏子□：「誒！夕（亦）善矣能爲君請壽。雖然，徒祭可以益壽□？」柏常騫曰：「可。」晏子曰：「嬰聞之，雖（唯）正（政）川（順）□□可以益壽而已矣。今徒祭，可以益壽？

若謹爲之，然得壽則有見乎？」

晏子曰：「嘻！亦善能爲君請壽也。雖然，吾聞之，維以政與德而順乎神，爲可以益壽，今徒步祭，可以益壽乎？然則福兆有見乎？」

【校釋】

簡本此句與明本小異。「晏子」下缺字當爲「曰」，「益壽」下缺字當爲「乎」，「正川」下缺字當爲「乎神」二字。《說苑》本與明本略同，唯「善」下有「矣」字，「維」作「惟」，「德」下無「而」字。

明本「兆」，《說苑》作「名」。騫案作「名」無義，似當作「兆」或「見」。

簡本「詄」，當讀爲「嘻」。「詄」、「嘻」古皆爲曉母之部字。曉母雙聲，之部疊韻，屬雙聲疊韻通假。《說文·言部》「詄，可惡之辭，從言矣聲。一曰詄然。《春秋傳》曰『詄詄出出』。」《說文》引《春秋傳》「詄詄出出」，今本《左傳·襄公二十年》作「譆譆出出」。《楚辭·大招》「長爪踞牙，詄笑狂只」，洪興祖《補注》：「詄，音嘻。」從「矣」與從「喜」字古音相近，可通假。朱駿聲《說文通訓定聲》：「今蘇俗凡失意可惜之事尙作此語。按：實與欸同字。」

簡本「夕」當讀爲「亦」。「夕」，邪母鐸部；「亦」，余母鐸部。邪、余鄰紐雙聲，鐸部疊韻，屬音近通假。《史記·管蔡世家》「子莊公夕姑立」《索隱》：「夕音亦。」《漢書·古今人表》作「亦姑」。馬王堆漢墓帛書《老子·德經》「故人之所教，夕議而教人」，今本《老子》「夕」作「亦」。

簡本「雖正川」當讀爲「唯政順」，皆同音假借。「雖」，心母微部；「唯」，余母微部。心、余鄰紐雙聲，微部疊韻，屬音近通假。《荀子·性惡》「然則唯禹不知仁義法正，不能仁義法正也」，注：「唯讀爲雖。」銀雀山漢墓竹簡《孫臏兵法·勢備》「劍無首鋌，唯巧士不能進」，張震澤《校理》：「古雖、唯通用。」《禮記·少儀》「雖有君賜肅拜」，鄭注：「雖或爲唯。」

「正」讀爲「政」，說見前。

「川」，昌母文部；「順」，船母文部。昌、船雙聲，文部疊韻，屬音近通假。《說文》：「順，理也。從頁，從巛。」徐鍇《繫傳》作「川聲」。《說文》「巛」即「川」。《篇海類編》：「巛，川本字，通作川。」是「順」從「川」聲。「順」，和順。《詩‧鄭風‧女曰雞鳴》：「知子之順之」，鄭玄曰：「順，謂與己和順。」《禮記‧中庸》：「父母其順矣乎？」孔穎達疏：「謂父母能以教令行乎宗室，其和順矣乎。」賈子《新書‧數寧篇》引作「唯以順乎神」。

「徒」，但、僅。「徒祭」即僅僅祭祀。簡文下文云「若僅爲之」即其證。

明本「兆」，《說文》作「𠨮」，云：「灼龜坼也。從卜兆，象形。」

明本、簡本「見」，《說文》云：「現也。」即顯示、顯露。

明本「福」，古稱富貴壽考等齊備爲福。《尚書‧洪範》：「五福：一曰壽，二曰富，三曰康寧，四曰攸好德，五曰考終命。」是「福」也含「壽」義。

柏常騫曰：「得壽□□□□□曰：「昔吾見維星絕，樞星散，地其幾動，女（汝）以是乎？」

對曰：「得壽地將動。」晏子曰：「騫！昔吾見維星絕，樞星散，地其動，汝以是乎？」

【校釋】

簡本此句與明本、《說苑》本略同。簡本「壽」下殘缺五字，據明本、《說苑》疑當作「地將動晏子」。

簡本「女」當讀爲「汝」，說見上。

「幾」，《說文》云：「幾，微也，殆也。」謂細微的跡象，事情的苗頭或預兆。《易・繫辭下》：「幾者，動之微，吉之先見者也。」韓伯康注：「吉凶之彰，始於微兆。」《荀子・解蔽》：「危微之幾，惟明君子而後能知之。」楊倞注：「幾，萌兆也。」或云：「其幾」猶「其殆」，與《繫辭傳》「顏氏之子，其殆庶幾乎」之「其殆」義同。

「維星」即北斗星。張純一云：「《莊子・大宗師篇》『維斗得之，終古不忒』，《釋文》『維斗』，李云『北斗』，所以爲天之綱維。樞，名天樞，北斗星之首。」駢案：《莊子・大宗師》：「維斗得之，終古不忒。」唐成玄英疏：「北斗爲眾星綱維，故曰維斗。」《漢書・天文志》：「維星散，句星信，則地動。」又「極後有四星，名曰句星。斗杓後有三星，名曰維星。散者，不相從也。」

「樞星」，北斗七星第一星，也稱天樞。《星經》上《北斗》：「北斗星，……第一名天樞，爲土星。」

明本「地其動」，吳則虞云：「《後漢書》卷六、又卷九注及《冊府元龜》卷七百七十引皆作『地其動乎』。『汝以是』三字恐延《說苑》而增。」駢案「汝以是」三字漢代竹簡已有之，非沿《說苑》而增。吳說不可信。

柏常騫付（俯）有間，合（答）曰：「然。」晏子曰：「爲□□□弗爲損年，數（速）爲之而毋求財官。」

柏常騫俯有間，抑而對曰：「然。」晏子曰：「為之無益，不為無損也。汝薄柏，毋費民，且無令君知之。」

【校釋】

簡本此句末句與明本差異較大。

簡本「付」當讀為「俯」。「付」、「俯」古皆為幫母侯部字。幫母雙聲，侯部疊韻，屬雙聲疊韻通假。「俯」，《說文》無。《古今韻會舉要》：「古音流變，字亦隨異。如俯仰之俯，本作頫，或作俛，今文皆作俯。」《玉篇·人部》：「俯，下首也。」《禮記·禮運》：「皆可俯而闚也。」孔穎達疏：「俯，下頭也。」即今之低下頭。

「合」當讀為「答」、「數」當讀為「速」，皆同音假借，說見前。

簡本「晏子曰為」下殘缺三字疑當為「之無益」，若無誤，則簡本「為之無益，弗為損年」與明本「為之無益，不為無損」意正相反。

簡本「毋求財官」，意謂告誡柏常騫不要以此事來請求賞賜財物與官職。明本無「數為之而毋求財官」八字。

明本「抑」，《說苑》本引「抑」作「仰」、「汝薄柏」作「薄賦斂」、「毋」作「無」，「且」下無「無」字，餘與明本同。明本「汝薄柏」三字當有誤，王叔岷《晏子春秋斠證》云：「明活字本『賦』字與下章標題『景公成柏寢』之『柏』字誤倒。」明本「抑」，孫星衍云：「『仰』一本作『抑』，非。」吳則虞云：「元刻本、活字本、楊本、凌本皆作『抑』。」騫案：作「抑」者當讀為「仰」，二字皆從「卬」聲，古音相近，可通假。仰，抬頭。與「俯」相對。

明本「且無令君知之」，俞樾曰：「案柏常騫知地之將動，而借此以欺景公，自必不令君知，何必晏子戒之乎？當從《說苑》作『且令君知之』，蓋此與《外篇》所載太卜事相類，彼必使太卜自言『臣非能動地，地固將動』，即『令君知之』之意，所謂恐君之惶也。後人不達，臆加『無』字，則晏子與騫比周以欺其君矣，有是理乎？」陶鴻慶云：「竊謂『無』乃『先』字之誤為『无』，又寫為『無』耳。『先令君知』者，教騫以不欺也，與太卜事正合。」

〔譯文〕

景公下令修建路寢之臺，修成以後，景公卻不去上。柏常騫見到景公後就說：「您讓修建路寢之臺時非常著急，現在臺修成了，您爲什麼不上去呢？」

景公說：「是這樣的。因爲每天晚上有梟鳥在那裡鳴叫，牠的聲音什麼樣的都能鳴叫出來，所以我不上去。」

柏常騫說：「我請求祈禱神靈除災讓牠離開這裡。」

景公說：「可以。」

於是命令屬官準備柏常騫所需求的東西。

柏常騫說：「我沒有什麼需求的，請修建一座新房子，用白茅草蓋在上面。」

新房子修建成之後，房上全部是白茅草。柏常騫晚上在這裡做祈神除災的事，第二天一早見到景公後說：「昨天晚上還能聽到梟鳥的鳴叫嗎？」

景公說：「我只聽到叫了一聲就沒有再聽到叫了。」

柏常騫說：「我派人去查看，梟鳥已經死了。」

景公又派人去查看，梟鳥兩翼張開，趴在地上死在路臺下。景公高興地說：「你能請鬼神殺死梟鳥而能否增加我的年壽呢？」

柏常騫說：「能。」

景公說：「能增加多少年？」

柏常騫回答說：「天子增加九年，諸侯增加七年，大夫增加五年。」

景公說：「你增加年壽事先有什麼徵兆嗎？」

柏常騫說：「是這樣的。增加年壽地將發生震動。」

景公聽了很高興，讓柏常騫趕快實施，讓屬官準備柏常騫所需求的東西。柏常騫出來後在路上遇見了晏子。

柏常騫說：「前日景公下令修建路寢之臺，臺修成之後景公卻不上去，我見了景公後問他，景公說：『晚上有梟鳥在那裡鳴叫，我很討厭牠，所以我不登路寢之臺。』我爲國君祈禱除災，而梟鳥已經死了。國君對我說：『你能請鬼神殺

死梟鳥而能否爲我增加年壽呢？』我回答說：『能。』國君說：『可以！去實施吧。』現在我將去舉行盛大的祭祀，以此來爲國君請求延年益壽，所以我將去您那裡把這件事告訴您。」

晏子說：「欸！能爲國君延年益壽也好啊。雖然是這樣，但僅僅靠舉行祭祀可以延年益壽嗎？」

柏常騫說：「可以。」

晏子說：「我聽說只有政事和神靈和協才可以延年益壽。現在僅僅靠祭祀，可以延年益壽嗎？如果是僅僅這樣做，那麼得壽後有什麼徵兆顯示呢？」

柏常騫回答說：「得的到延年益壽後地將發生震動。」

晏子說：「從前我曾看見維星消失，樞星散亂，地也微微震動，你指的就是這些嗎？」

柏常騫低頭想了一會兒，回答說：「是的。」

晏子說：「你做這些事沒有什麼益處，不做就會減少壽命，你趕快去做，但不要以此來請求賞賜財物和官職。」

十四

〔說明〕

　　本章竹簡殘損比較嚴重，經綴連復原，僅得一支整簡，七支殘簡。其整理編號爲六一一、六一二、六一三、六一四、六一五、六一六。其中六一一、六一二是由兩支殘簡綴連而成；六一三、六一五兩簡僅存原簡的三分之一弱；六一六簡爲本章章末，僅存原簡上簡頭，其上有「君乎」二字，「乎」下爲空簡，顯然爲一章之末無疑；六一四簡是本章唯一一支由三段斷簡綴連成的整簡，上存三十六字。本章章首簡頭殘斷，僅存「高子問晏」四字，按本竹書抄寫體例，「高」上亦應有章首符號「‧」，可惜殘損未見。本章在傳世本中爲《外篇重而異者‧高子問子事重靈公莊公景公皆敬子晏子對以一心第十九》。從簡本殘存文字與明本比較來看，似差別不是太大。由於簡本殘損嚴重，故譯文中，簡本殘損者一依明本。

高子問晏……心壹與（歟）？夫子之心三與（歟）？」

高子問晏子曰：「子事靈公、莊公、景公，皆敬子，三君之心一耶？夫子之心三也？」

【校釋】

　　簡本此句僅存「高子問晏……心壹與夫子之心三與」十三字，「晏」下「心」上簡殘文缺，從復原後的殘簡來看，「晏」下「心」上似有十八、九個字的位置，疑當與明本差異不大。《治要》本此章屬《問下》篇，與明本異。又明本「三君之心一耶」，《治要》本作「三君一心耶」，明本「三也」，《治要》本作「三耶」，餘與明本同。

簡本兩「與」字皆讀爲「歟」，說見上。《說文》：「歟，安氣也。從欠與聲。」段玉裁注：「今用爲句末之辭，亦取安舒之意，通作與。」《玉篇・欠部》：「歟，語末末辭。」表示疑問。

明本「也」、「耶（邪）」古通。王引之《經傳釋詞》卷四云：「『邪』猶『也』也。《莊子・德充符》篇曰：『我適先生之所，則廢然而反，不知先生之洗我以善邪。』『邪』與『也』同義。猶言日遷善而不自知也。」《顏氏家訓》曰：「北人呼『邪』爲『也』。」《荀子・正名篇》曰：「如此者，其求物也，養生也？粥壽也？」楊倞注云「『也』皆當讀爲『耶』，問之辭。」

蘇時學《爻山筆話》（以下簡出姓名）云：「晏子時，景公尚存，安得死後之諡而稱之，此著書者偶失檢，當如下文作『今君』爲是。」蘇說近是。

晏子曰：「善犮（哉）！問事君，嬰聞之，一心可以事百君，三心不可事……嬰心非三也。

晏子對曰：「善哉！問事君，嬰聞一心可以事百君，三心不可以事一君，故三君之心非一也，而嬰之心非三必也。

【校釋】

簡本此句「嬰心」上簡殘文缺，從復原後的殘簡位置來看，「事」下「嬰」上似有七個字位置，簡本此句當與明本不同。疑簡本殘文爲「一君君心非一也」七字。

簡本「犮」即「哉」字，漢代竹簡帛書「哉」字多作「犮」。《說文》：「哉，言之閒也。從口犮聲。」案：《說文》：「犮」，從戈才聲。「才」古文多省作「十」，故「犮」作「哉」，又省作「犮」。

《治要》本與明本稍異，《治要》本「對曰」上無「晏子」二字，無「善哉為事君」五字。明本「非一也」，《治要》本作「非一心也」。明本「必」，《治要》本作「心」，張純一云：「『三』下『心』字衍。」鶱案張說當是，與簡本同。明本「嬰之心非三必也」句，衍「心」字，後又訛為「必」。《治要》本本章至「而嬰之心非三也」止。

明本「三君之心非一也」，王念孫云：「按『非一也』本作『非一心也』，與『非三心也』對文，今本『一』下脫『心』字，《治要》本有。」鶱案王說未必允當，簡本此句雖殘，但從下文「嬰心非三也」可推知上文當作「君心非一也」，「一」、「三」下並無「心」字。張純一云：「『非一也』。『非三也』，各承上為『心』字言，『一』、『三』下』均不必有『心』字，蓋本文如此。今本『非三心也』，『心』字乃衍文。《治要》『非一心也』、『非三心也』兩『心』字並嫌贅，當刪。」張說當是。此段與本書明本《外篇不合經術者》第三章、第四章旨同。

且嬰之事曡（靈）公也，……尚勇力，勝欲辟於邪，而嬰非能禁也，故退而鯉（野）處。

且嬰之於靈公也，盡復而不能立之政，所謂僅全其四支以從其君者也。及莊公陳武夫，尚勇力，欲辟勝干邪，而嬰不能禁，故退而埜處。

【校釋】

簡本此句「也」下「尚」上簡殘文缺，從復原後的殘簡來看，「也」下「尚」上有二十六字位置，疑與簡本差異不大。

簡本「曡」疑當為「靈」之者寫，《說文》云：「霝，靈巫，以玉事神。從玉霝聲。靈，或從巫。」簡本「品」疑為「霝」之省寫。

「鯉」，當讀爲「里」，《說文》云：「從魚里聲。」「里」即「鄉里」之「里」。或云簡本「鯉」爲「野」之誤字。

簡本「勝欲辟於邪」，明本作「欲辟勝干邪」，明本「干」當爲「于」字之訛，簡本作「於」是。

簡本「勝欲辟於邪」，疑文字有顛倒，似明本作「欲辟勝於邪」義長。

簡本「鯉」如讀爲「里」，則「里處」意謂在鄉里居住。若簡本「鯉」爲「野」之誤，則「野處」意謂在偏僻的地方居住。

明本「埜」爲「野」之別體。《說文》云：「野，郊外也。從里予聲。壄，從里省從林。」「埜」爲「壄」之省寫。孫星衍云：「《說文》『壄』，古文『野』。埜，此省字。」張純一云：「野處，謂東畊海濱。」

明本「盡復而不能立之政」，張純一云：「復，《小爾雅‧廣言》『白也』。《廣雅‧釋詁》一『語也』。『盡復而不能立之政』，謂盡言於君而不見用也。」

「四支」之「支」當讀爲「肢」。「支」、「肢」古皆屬章母支部字。章母雙聲，支部疊韻，屬雙聲疊韻通假。《正字通‧支部》：「支，與肢通。人四體也。」《史記‧文帝紀》「斷支體」，司馬遷《報任安書》作「斷肢體」。《易‧坤‧文言》：「而暢於四支。」疏：「四支，猶人手足。」注：「四支，謂股肱也。」「肢」，《說文》作「胑」，云：「體四胑也。從肉只聲。肢，胑或從支。」「肢」乃人體兩臂兩腿的總稱。

嬰聞之，言不用者不受其祿，不善其事，不與〔其〕難，吾於壯（莊）公行之矣。

嬰聞之，言不用者不受其祿，不治其事者不與其難，吾於莊公行之矣。

【校釋】

簡本此句「壯」當讀爲「莊」，二字古音相同，可通假。說見前。簡本「難」上疑脫「其」字，明本有「其」字，似義長。

「言不用」，謂意見或建議不被採納。

簡本「不受其祿」、「不善其事」、「不與其難」爲並列句，對「言不用者」而言，謂「言不用者」不做以下三件事。而明本則分爲「言不用者」和「不治其事者」兩種情況，一種情況是「不受其祿」，而另一種情況是「不與其難」。

簡本「不善其事」，謂不做好他的事情。猶「工欲善其事」之「善其事」。「不與其難」謂不和他共患難。

明本「不與其難」，張純一謂「言所以不死崔杼之難」。

今之君，輕國重樂，薄民……君乎？」

今之君輕國而重樂，薄於民而厚于養，籍斂過量，使令過任，而嬰不能禁，嬰庸知，其能全身以事君乎？」

【校釋】

簡本此句簡殘文缺，僅存「今之君輕國重樂，薄民……君乎」十一字。從復原後的殘簡來看，「民」下似有二十六、七個字的位置，疑原簡文與明本差異不大。

簡本「輕國重樂」。謂輕視治國而重視享樂。

「薄民」，對老百姓刻薄。

明本「籍歛過重」，張純一云：「掠民財而無節。」

「使令過任」，張純一云：「竭民力而不休。」

駿案：明本「任」，放縱、任性。「庸知」，才能平庸，智力短淺。「其」，反詰副詞，相當於「豈」。「其……乎」，相當於「難道……嗎」。「其」的這種用法，與「豈」相近，但又不完全相等。「豈」大多與「或」相呼應，所表示的語氣較「其……于」更強烈一些。

〔譯文〕

高子問晏子說：「您侍奉靈公、莊公、景公，他們都敬重您，三位君主的心是一樣的呢？還是您的心是三樣的呢？」

晏子說：「很好啊！你問侍奉君主的事，我聽說過，一心可以侍奉一百個君主，三心不可以侍奉一個君主，因此三個君主的心並非一樣，而我的心也並非三樣。況且我侍奉靈公，只能盡心回答詢問而不能在治國方面有所建樹，就是所說的只能保全自己的身體來服從君主的人。到了莊公的時候，他搜羅武士，從崇尚勇力，欲望和嗜好超過了一般的邪僻，而我不能禁止，所以就辭去官爵而居住在鄉間。我還聽說，意見或建議不被採納的人，不接受君主的俸祿，不做好他的事情，不和他共患難，我對於莊公就是這樣做的。現在的君主輕視治國而重視享樂，對百姓刻薄而對自己的供養卻很多，徵收賦稅過重，役使百姓又過於任性，而我不能禁止，我才能平庸，智力短淺，難道能保全自己來侍奉君主嗎？」

十五

〔說明〕

本章竹簡原由七支組成，整理編號爲六一七、六一八、六一九、六

二〇、六二一、六二二、六二三。其中六一七、六一八、六一九、
六二〇殘損比較嚴重，六一七號剩上半截，下半截殘缺；六一八號、
六一九號皆由三段殘簡拼連，而且皆有殘損文字；六二〇號是由兩
段殘簡拼連，但實存文字僅有整簡的三分之一。六二一、六二二、
六二三保存比較完整。六二三號簡「中泥□去」四字下尚有四分之
一的空簡，顯爲一章之末。按本竹簡的書寫體例，章首六一七號簡
「中泥之齊」上的簡頭當有表示一章開始的「‧」符號，可惜竹簡
出土時已殘缺不存。本章在傳世本中爲《外篇不合經術者‧仲尼見
景公景公欲封之晏子以爲不可第一》。從簡本殘存文字與明本比較來
看，有些字句差異較大，且此有彼無的現象多有存在。又《墨子‧
非儒下》、《孔叢子‧詰墨》皆有與相近的文字。

中（仲）泥（尼）之齊，見景公，景公說（悅）之，將封欲
之以璽（爾）稽。

仲尼之齊，見景公，景公說之，欲封之以爾稽。

【校釋】

簡本此句與明本略同。

明本「仲尼」，簡本作「中泥」，「中泥」當讀爲「仲尼」。「中」，端母多
部；「仲」、定母多部。端、定旁紐雙聲，多部疊韻，屬音近通假。《禮記‧
月令》「仲丁又命樂正入學習舞」，《釋文》「仲」作「中」，云：「本亦作
仲。」《漢書‧元帝紀》：「中多雨水大霧。」顏注：「中讀曰仲。」《漢書》
注中此例甚多。「泥」、「尼」古皆屬泥母脂部字。泥母雙聲，脂部疊韻，
屬雙聲疊韻通假。《爾雅‧釋丘》：「水潦所止泥丘。」《釋文》云：「泥，
依字作尼。」《隸釋》十二《夏堪碑》「仲泥何忙」，洪適釋以夫子爲「仲

尼」。按夫子指孔丘。丘，字仲尼。簡本「說」通「悅」，說見前。「仲尼
之齊」事，《史記‧孔子世家》以爲魯昭公二十五年魯亂，孔子適齊以後
事。此事《魯子‧非儒下》亦有記載，作「孔某之齊，見景公說，欲封
之尼谿」。簡本「璽稽」，明本作「爾稽」，《史記》、《墨子》皆作「尼谿」，
孫星衍云：「尼、爾，稽、谿聲皆相近。」孫詒讓云：「尼谿，地無考。」

**以告晏……下，好樂而〔□□　□□□〕親治；立令（命）
而殆（怠）〔□〕不可使守職；**

以告晏子，晏子對曰：「不可。彼浩裾自順不可以教下，好樂綏於民
不可使親治，力命而建事不可使守職。

【校釋】

簡本此句殘缺較多。「晏」下簡殘文缺，從復原後的殘簡位置來看，似當
有十六、七字，疑原簡文與明本文字差別不大。「親治」上殘缺五字，疑
作「淫民不可使」，「殆」下一字疑作「事」。《墨子》引作「以告晏子，
晏子曰：不可。夫儒浩居而自順者也。好樂而淫人不可使親治，立命而
怠，事不可使守職。」

劉春生《〈晏子春秋〉校補》云：「案：今本此文作『好樂綏於民，不可
使親治』，『樂』下無『而』字，作『綏於民』，簡文『樂』下有『而』字，
則『而』下當作二字，上下句相合，今本此處作『綏於民』者，當是誤
文。《墨子‧非儒下》述晏子此語作『好樂而淫人，不可使親治』，『樂』
下有『而』字，與簡本合，疑簡本此處缺文作『淫民不可使』五字，此
張下文『盛爲聲樂，以淫愚民』及『問上』十一章『不淫於樂，不循於
哀』句皆作『淫』。今本作『緩』者誤『綏』者，誤。」案劉說當是。

簡本「令」當讀爲「命」。「令」，來母耕部；「命」，明母耕部。來、明鄰

紐雙聲，耕部疊韻，屬音近通假。《書‧說命上》：「臣下罔攸稟令。」傳云：「令亦命也。」《周禮‧夏官‧大司馬》：「犯令陵政則杜之。」注云：「令猶命也。」《國語‧魯語下》：「諸侯朝修天子之業命。」注云：「命，令也。」《呂氏春秋‧孟春紀》：「命田舍東郊。」注云：「命，令也。」皆是其證。王輝《古文字通假釋例》云：「令、命古本一字，後分化爲二，冊命、受命一般作命，此周末已。《秦公及王姬鑄鐘》「我先且（祖）受天令」，《秦公殷》「朕皇且（祖）受天命」。鑄爲秦武公器，殷爲秦景公器，二器時代相距約一百二十年，一用『令』，一用『命』，已不相同。」「立命」，謂修身以順天命。《孟子‧盡心》：「殀壽不貳，修身以俟之，所以立命也。」即此義。

簡本「殆」當讀爲「怠」。古「殆」、「怠」皆爲定母之部字，定母雙聲，之部疊韻，屬雙聲疊韻通假。《論語‧爲政》：「思而不學則殆。」《釋文》：「殆，依字當作怠。」《詩‧商頌‧玄鳥》「受命不殆」，《正義》：「受命不怠。」鄭箋：「不解殆。」明本「建事」，《墨子》、《孔叢子》作「怠事」，孫星衍云：「《墨子》作『怠事』是。言恃命而怠於事也。『建』或爲『逮』譌，『逮』亦爲『怠』假音與。」今案孫說近是，作「怠事」義長。「怠事」，荒廢本職事業。孫詒讓云：「孫說未確，『建』與『券』聲近字通，『建事』謂厭倦于事也。《考工記‧輈人》云：『左木楗』，杜子春云：『《書》「楗」作「券」。』鄭康成云：『「券」，今「倦」字也。」《墨子‧號令篇》云：「慎無厭建。」厭建，即厭倦也。」今案孫詒讓說似不確。

明本「浩裾」，紅頤烜云：「『浩裾』即『傲倨』假借字。」「浩」，匣母幽部；「傲」，疑母宵部。匣、疑旁紐雙聲，幽、宵旁轉疊韻，屬音近通假。孫星衍云：「《墨子》作『浩居』，《史記》作『倨傲』。」「倨傲」，傲慢自大。孫詒讓《墨子閒詁》云：「《王制》云：『喪祭用不足曰暴，有餘曰浩。』鄭注云：『浩，猶饒也。』『居』、『裾』之假字。」《家語‧三恕篇》『號倨者則不親』，王肅注云：『浩倨，簡略不恭之貌。』明本『自順』，孔廣森云：『自順謂非順也。』明本「好樂綏於民」，《墨子》作「好樂而淫人」。明本「綏」，孫星衍云：「今本『緩』誤『綏』，《鹽鐵論》作『繁於樂而舒民』，因『舒』知爲『緩』字。」今案：孫說不確。今本「緩」、「綏」

皆爲「淫」之誤字。「民」乃後人避諱改字。

久喪而循哀，不可使子民；

厚喪破民貧國，久喪道哀費日，不可使子民。

【校釋】

簡本此句與明本差異較大，且無「厚喪破民貧國」句。

簡本「久喪而循哀」，「久」，《廣韻・有韻》：「有，長久也。」謂時間較長。「久喪」，謂長時間辦喪事。

「循」，疑讀爲「遂」。「循」，邪母文部；「遂」，邪母物部。邪母雙聲，文物對轉疊韻，屬音近通假。《孔叢子》、《史記》均作「遂」。明本作「道」爲「遂」之誤字。「遂」，延續。《篇海類編・人事類・辵部》：「遂，繼也。」《漢書・外戚傳・衛后》：「六年之間大命不遂，禍殃仍重。」顏師古注：「遂，猶延也。」「遂哀」，謂哀而不正。

簡本「久喪而循哀」，《墨子》作「宗喪循哀」，《孔叢子》、《史記》皆作「崇喪遂哀」。孫詒讓曰：「宗、崇字通。《詩・周頌・烈文》鄭箋云：『崇，厚也。』《書・盤庚》僞孔傳云：『崇，重也。』循、遂一聲之轉。遂哀，謂哀而不止也。」今案：「宗喪」即「崇喪」，謂喪禮厚重。

明本「道」，王念孫云：「案『道』爲『循』字之誤也。『遁』與『循』同。《墨子・非儒篇》云：『宗喪循哀，不可使慈民。』文義正與此同。《問上篇》曰『不淫于樂，不循于哀』，即循哀也。（《問下篇》曰『晏子逡遁而對』，又曰『晏子逡循對』。《外上篇》『晏子遵循而對』，是『遁』即『循』也《管子・戒篇》『桓公然逡遁』，《小問篇》『公遵遁』，亦以『遁』爲『循』。）『循』之言遂也，『遂哀』謂哀而不止也。」

簡本「子民」，謂像對子女一樣地愛護人民。《玉篇・子部》：「子，愛也。」《正字通・子部》：「人君愛養百姓曰子。」《戰國策・秦第一》：「子元元。」高誘注：「子，愛也。」《禮記・中庸》：「子庶民也。」鄭玄注：「子猶愛也。」孔穎達疏：「子，愛也。言愛民如子。」孫星衍云：「『子民』，《墨子》作『慈民』，『子』當讀爲『慈』。」《禮・樂記》：「君子曰：『禮樂不可斯須去身，致樂以治心，則易直子諒之心油然而生矣。』」「子諒」，《韓詩外傳》引作「慈良」。《禮・文王世子》：「教之以孝弟睦友子愛。」清孫希旦《集解》云：「『子』當作『慈』，與《樂記》『子諒』之『子』同。」子、慈、愛也。孫詒讓云：「子、慈字通。《禮記・緇衣》云：『故君民者，子以愛之則民親之。』又云『故長民者，章志貞教尊仁以子愛百姓』。《國語・周語》云：『慈保庶民親也。』」皆是其證。

明本「原葬破民貪國」句，疑爲後人妄增。

「費日」二字疑爲注文串入正文。

□□□〔□〕容，不可以道〔導〕〔□□□□〕之威（滅），周室之卑……民行茲（滋）薄，聲樂蘗（繁）充，而世茲（滋）衰。

行之難者在內，而傳者無其外，故異于服，勉于容，不可以道眾而馴百姓。自大賢之臧，周室之卑，威儀加多而民行滋薄，聲樂繁充而世德滋衰。

【校釋】

簡本此段殘缺不全，僅存「□□□〔□〕容，不可以道〔□□□□〕威，周室之卑……民行茲薄，聲樂蘗充，而世茲衰」二十三字。簡文「□□□〔□〕容」上緊接「不可使子民」句，無明本「行之難者在內，而傳

者無其外」十二字。簡本與明本差異較大。據明本，簡本「道」下缺字疑當「衆自大賢」四字。又明本「威儀加多而民行滋薄」與下文「聲樂繁充而世滋衰」爲對文，文字無可省，六一九號簡 b 之位置據此確定，如此安排則六一九號 a、b 之間只能容納四字，疑簡本似無「而馴百姓」四字。「卑」下簡疑文缺，從復原後的殘簡來看，「卑」下「民」上似有六字的位置。據明本，疑當作「也威儀加多而」六字。

簡本「道」當讀爲「導」，古今字也。《說文》：「道，所行道也。……衜，古文道，从首寸。」《說文義證》：「臣鍇曰：『所行道』，此『道』字當作今『導』字之意。」《說文義證》：「馥謂『衜』即『導』。寸部『導』，後人加之。經典『導引』亦作『道』。《隱公五年傳》『請君釋憾于宋，敝邑爲道』是也。」《說文句讀》：「『導』爲『道』之累增字。」王力《同源字典》：「『道』是路，『導』是引路。這是名詞和動詞的關係。」今案：「道」、「導」本爲一字，「導」爲後起字。

「威」當讀爲「滅」，亦古今字也。《說文》：「威，滅也。」王筠《說文句讀》：「《毛傳》『威』，滅也，《釋文》：『威，本或作滅。』《左傳·昭公年》、《列女傳》七皆引『褒姒滅之』，案：毛以今字釋古字。」「威」，謂熄滅，滅亡。

簡本「卑」，衰微。《國語·周語上》：「王室其將卑乎？」韋昭曰：「卑，微也。」

「茲」當讀爲「滋」，亦爲古今字。「茲」，副詞，表示程度，相當於「愈益」、「更加」，後作「滋」。《墨子閒詁》：「古正作茲，今相承作滋。」《說文》：「茲，艸木多益。」徐鍇《說文繫傳》：「此草木之茲盛也。」《素問·五藏生成論》：「五藏之氣，故色見青如草茲者死。」注：「茲，滋也。」《左傳·襄公八年》：「謀之多族，民之多違，事滋無成。」注：「滋，益也。」

竹簡整理小組注云：「簡本『緐』當即《說文》『緐』之異體，假爲『繁』」案：《說文》有「緐」字，「緐」即今「繁」字，段玉裁注云：「引申爲緐

多。又欲改其字『繁』，俗形行而本形廢，引申之義行而本義廢矣。」「繁」謂繁多。

簡本「世」下疑脫「德」字。《墨子》此句作「機服勉容，不可使導眾」，亦無「行之雖者在內而傳者無其外」句，且無「而馴百姓，自大賢之滅，周室之卑也」十四字。《墨子》「機服勉容」，孫詒讓《墨子閒詁》云：「《大戴禮記・本命篇》盧注云：『機，危也。』危服，蓋猶言危冠。勉，俛之借字。《考工記》『矢人前弱則俛』，唐石經『俛』作『勉』，是其證也。機服勉容，言其冠高而容勉也。」

明本「自大賢之滅，周室之卑也」，《史記・孔子世家》載云：「自大賢之息，周室既衰，禮樂缺有間。」《史記》「息」，明本、簡本作「滅」。「息」，《說文》作「熄」，並云「滅火」。《易・革卦》「水火相息」，馬注：「熄滅也。」《釋文》：「息，《說文》作『熄』。」「滅」，《穀梁傳・公六年》注「滅猶亡也」。《史記・索隱》云：「息者，生也。言上古大賢生則有禮樂，至周室周室微而始缺有間也。」今案《索隱》訓「息」為「生」，非是。于鬯《香草續校書》云：「自大賢之滅，猶云自聖人之沒耳。」于說甚是。吳則虞云：「『異于服』者，如《儒行》所謂衣逢掖之衣，冠章甫之冠也。……『勉于容』者，即《儒行》所謂坐起恭敬。」

明本「馴」，通「訓」。「馴」，邪母文部；「訓」，曉母文部。邪、曉准旁紐雙聲，文部疊韻，屬音近通假。《史記・孝文本紀》「而列候亦無由教馴其民」，《正義》云：「馴，古訓字。」「訓」，《說文》：「訓，說教也。」段玉裁注：「說教者，說釋而教之，必順其理。」

今孔丘盛爲容飭（飾）以蠱世，紋（弦）歌……眾，

今孔丘盛聲樂以侈世，飾弦歌鼓舞以聚徒，繁登降之禮，趨翔之節以觀眾。

【校釋】

簡本此句殘缺，僅存「今孔丘盛爲容飭以蛊世，紣歌⋯⋯眾」十三字。從復原後的殘簡來看，「歌」下「眾」上似當有十六字位置。疑原簡文與明本差異不大。

簡本「杍」當讀爲「飭」。「飭」，透母職部；「飾」，書母職部。透、書準旁紐雙聲，職部疊韻，屬音近通假。《易・雜卦》「蠱則飭也」，《釋文》：「飭，鄭王肅作飾。」《莊子・漁父》：「飾禮樂。」《釋文》：「飾，本又作飭。」「容飾」即「飾容」，謂修飾儀容。

簡本「蛊」疑爲「蠱」之省體，蠱，蠱惑，迷惑。《爾雅・釋詁下》：「蠱，疑也。」郭璞注：「蠱惑有貳心者皆疑也。」《玉篇・蟲部》：「蠱，或（惑）也。」《文選・西京賦》注：「蠱，惑也。」《左傳・莊公二十八年》：「楚令尹子元欲蠱文夫人。」注云：「蠱惑以淫事。」「蛊世」，謂迷惑世人。簡本「紣」乃「弦」之或體。「弦」，《說文》：「弦，弓弦也。」「弦歌」，謂彈奏琴瑟等弦樂來伴唱。《禮記・文王世子》：「春誦夏弦。」鄭玄注：「弦，謂以絲播詩。」孔穎達疏：「謂以琴瑟播彼詩之音節。」《禮記・樂記》：「樂師辨乎聲詩，故北面而弦。」鄭玄注：「弦」謂鼓琴瑟也。」本句《墨子》作「孔某盛容修飾以蠱世，弦歌鼓舞以聚徒，繁登降之禮以示儀，務趨翔之節以觀眾」。《史記》引作「今孔子盛容飾，繁登降之禮，趨詳之節」。王叔岷《晏子春秋斠證》(以下簡出姓名)云：「『盛聲樂以侈世』與下文『盛爲生樂以淫愚其民』義復，當從《墨子》作『盛容修飾以蠱世』，與下句『弦糕鼓舞以聚徒』相稱，今本『飾』字誤錯在下句『弦歌鼓舞』上，『容修』之作『聲樂』又涉上文『聲樂繁充』而誤也。《史記》作『盛容飾』，亦不言『聲樂』。」今案王說疑是。

明本「登降之禮」，即尊卑、上下之禮。與《史記・司馬相如傳》子虛賦「其南則有平原廣澤，登降陁靡」之「登降」義同。

明本「趨翔」，文庭式云：「即趨蹌也。《呂覽・尊師篇》『疾趨翔』，畢沅曰『翔』與『蹌』；同。」今案文說是。「趨翔」即「趨蹌」，步履有節奏

貌。《詩·齊風·猗嗟》:「巧趨蹌兮,射則臧兮。」傳曰:「蹌,巧趨貌。」「趨」或本作「趍」,誤。「翔」,《史記》作「詳」,二字古音皆爲邪母陽部,邪母雙聲,陽部疊韻,屬雙聲疊韻通假。《漢書·西城傳上》「其土地山川、王候戶數、道里遠近翔實矣」,師古注曰:「翔與詳同,假借用耳。」

博學不〔□□□〕□思不可補民,纍(累)儔(壽)不亶(殫)其教,

傳學不可以儀世,勞思不可補民,兼壽不能殫其教,

【校釋】

簡本此句「學」上一字僅存右半「專」旁,釋文據《墨子》寫作「博」。簡本「思」上殘缺四字,據明本疑當作「可儀世勞」。《墨子》此句作「博學不可使議世,勞思不可以補民,衆壽不能盡其學」,與簡本計近。《史記》引作「累世不能殫其學」。

簡本「纍」同「累」,《改正四聲篇海》引《餘文》:「纍,音累。」《字彙補·田部》:「纍,與淚音義同。」《正字通·糸部》:「累,增也。」「纍」或作「絫」,《說文》:「絫,增也。」段玉裁注:「增者益也,凡增益謂之積絫,絫之隸變作累,累行而絫廢。」《廣雅·紙韻》:「絫,十黍之重也。累、絫同。」《文選·司馬相如〈上林賦〉》:「雜襲絫輯,被山緣谷。」李善注:「絫,古累字。」《漢書·律曆志》上:「權輕重者不失黍絫。」師古注云:「絫,孟音來戈反,此字讀亦音纍絏之纍。」

簡本「儔」當讀爲「壽」。「儔」、「壽」古皆爲禪母幽部字,禪母雙聲,幽部疊韻,屬雙聲疊韻通假。《左傳·文公六年》「魏壽餘」,《史記·秦本紀》作「魏儔餘」。「絫壽」,猶言延年益壽。

簡本「亶」當讀爲「殫」。「亶」定母元部；「殫」，元部端母。定、端旁紐雙聲，元部疊韻，屬音近通假。《墨子‧非樂上》：「亶其思慮之智。」《非命下》「亶」作「殫」。《說文》云：「殫，極盡也。」段玉裁注：「窮極而盡之也。」《墨子》作「盡」，正是「殫」義。「殫其教」，學完他的學問。《墨子》「博學不可使議世」，王念孫云：「此言孔子博學而不可以爲法於世。」

又明本「傅學」，或本作「博學」、「儒學」，孫詒讓《墨子閒詁》曰：「『博』舊本作『儒』，畢云《晏子》『儒』作『博』，『議』作『儀』。王（念孫）云，作『博』者是。此言孔子博學而不可以爲法於世，非譏其儒學也。今本做『儒學』者，『博』誤爲『傅』，又誤爲『儒』耳。隸書『傅』、『儒』相似。……『儀』、『議』古通。」今索孫說當是，明本「傅學」當爲「博學」之誤。

明本「儀世」，謂爲世所效法，儀，法度、標準。《淮南子‧修務篇》：「設儀立度，可以爲法則。」

當年不能行其禮，積材（財）不能譫（贍）其樂。

當年不能究其禮，積財不能贍其樂。

【校釋】

簡本此句與明本略同。

簡本「材」當讀爲「財」。「材」、「財」二字古皆爲從母之部字，從母雙聲，之部疊韻，屬雙聲疊韻通假。《墨子‧公孟》：「著稅僞材。」注：「財、材字通。」《荀子‧君道》：「知務本禁末之爲多材也。」注：「材與財通。」

簡本「譫」、明本「贍」皆當讀爲「贍」。「譫」、「贍」皆爲章母談部，「贍」

爲禪母談母部。章、禪旁紐雙聲，談部疊韻，屬音近通假。「贍」，《說文新附》：「贍，給也。」即供給、供養。或云「贍」謂充足、滿足。《小爾雅・廣言》：「贍，足也。」

「當年」，孫詒讓注《墨子》云：「當年，壯年。」蘇輿云：「《爾雅》云：『丁，當也。』丁、當一聲之轉。此云『當年』者，丁年也。丁年者，壯年也。《呂氏春秋・愛類篇》云『士有當年而不耕者，女有當年而不織者』，《淮南・齊俗篇》曰『丈夫丁壯而不耕，婦人當年而不織』，《管子・揆度篇》曰『老者譙之，當壯者遣之邊戍』，『當壯』即『丁壯』。《輕重丁篇》『男女當壯』，《輕重戊篇》又作『丁壯』，是皆『丁』、『當』同義之證也。」今案蘇說甚是。

簡本「行其禮」，《墨子》與簡本同。明本、《史記》引作「究其禮」，且《史記》無「積財不能贍其樂」句。《抱朴子外篇》引《墨子》作「當年不能究其事」。簡本與《墨子》「行其禮」，「行」，通曉或施行。《呂氏春秋・適音》：「故先生之制禮樂也，非特以歡耳目、極口腹之欲也，將以教民平好惡、行禮義也。」高誘注：「行，猶通也。」推而行之謂之通。

明本「究」，《說文》云「窮，也。」《正字通・穴部》：「究，竟也。」《漢書・司馬遷傳》：「六藝經傳以千萬數，纍世不能通其學，當年不能究其禮。」顏師古注：「究，盡也。」

蘗（繁）飭（飾）降登以營世君，盛爲聲樂以淫愚民。

繁飾邪術以營世君，盛爲聲樂以淫愚其民也。

【校釋】

簡本此句與簡本略同。簡本「蘗」當讀爲「繁」，「飭」當讀爲「飾」，說見上。

「降登」，本章上文作「登降」，義同，皆指尊卑、上下。

簡本、明本「營」當讀爲「瞀」。「營」，余母耕部；「瞀」，匣母耕部。余、匣準旁紐雙聲，耕部疊韻，屬音近通假。畢沅云：「《說文》『瞀，惑也。』，營與瞀聲相近。」「瞀」，迷惑、惑亂。《淮南子・本經》：「目不營於色，耳不淫於聲。」高誘注：「營，惑也。」

「淫」，張純一《校注》：「淫，謂侈其性也。」《墨子》引與簡本略同，唯「愚」本作「遇」，蘇輿云：「『愚』、『遇』古字通。《莊子・則陽篇》『匿爲物而愚不識』，《釋文》：『「愚」一本作「遇」。』《秦策》『今愚惑與罪人同心』，姚本作『遇惑』，並其證矣。」今案蘇說甚是，「愚」、「遇」二字古皆爲疑母候部字，疑母雙聲，候部疊韻，屬雙聲疊韻通假。《說文》云：「愚，戇也。」即愚昧也。明本「愚」下「其」字疑當誤衍。

其道不可以視世，其數不可以道（導）眾。

不可以示其數也，不可以導民。

【校釋】

簡本此句與明本有所差異。《墨子》此句作「其道不可以期世，其學不可以導眾」。據《墨子》、簡本足證明本「不可以示」上脫「其道」或「其道也」字，「示」下脫「世」字，且「其教也」當屬下讀。

簡本「視」當讀爲「示」，古今字也。《詩・鹿鳴》：「視民不恌。」鄭箋云：「視，古文示字也。」「示」，把手事物擺出來或指出來使人知道。如：示範。「示世」，示範於世。則云「示」，教倒。《正字通・示部》：「示，教也。」

簡本「道」當讀爲「導」，說見前。

《墨子》「其道不可以期世」，俞樾云：「《晏子春秋‧雜篇》作『其道不可以示世』，此文『期』字亦『示』字之誤。古文『其』字作『亓』，見」《集韻》，『示』誤爲『亓』，因爲爲『期』也。」

明本、簡本「其教」，《墨子》作「其學」，吳則虞云：「『數』，《墨子》作『學』者是，蓋斅、教形近而譌。」今案吳說未塙，簡本作「教」，作「教」義長。《說文》：「教，上所施下所效也。」即政教、教化之義。

今君封之移齊俗，非所以道（導）國先民也。」

今欲封之移齊國之俗，非所以導眾存民也。」

【校釋】

簡本此句與明本小有差異。

簡本「君」，明本作「欲」；簡本「移齊俗」，明本作「以移齊國之俗」；簡本「道國先民」，明本作「導眾存民」。

簡本「道」當讀爲「導」，說見上。《墨子》作「今君封之以利齊俗，非所以導國先眾」。《史記‧孔子世家》作「君欲用之以移齊俗非，所以先細民也」。據簡本、明本、《史記》，《墨子》「利」當爲「移」字之誤。《史記》「細民」，小民也。《問上》有云「治徧細民」，注云：「治理所及，不遺一小民。」

公曰：「善。」於是重其禮而留其奉（封），敬見之而不問其道。

公曰：「善，」于是厚其禮而留其（封），敬見不問其道。

【校釋】

簡本此句與明本略同。《墨子》作「公曰：善。於是厚其禮，留其封，敬見而不問其道。」今案明本句法不調，據簡本、《墨子》，「留其」下當脫「封」字。

簡本「奉」當讀爲「封」。「奉」，並母東部；「封」，幫母東部。並、幫旁紐雙聲，東部疊韻，屬音近通假。《說文》云：「封，爵諸侯之土也。」或云簡本「奉」，祿也。《史記》云：「後，景公敬見恐子，不問其禮。異日，景公止孔子曰：『奉之以季氏，吾不能，以季、孟之閒待之。』」《索隱》云：「今奉音如字。請奉待孔子如魯季氏之職，故下文云『以季、孟之閒待之』也。」義亦通。

「敬見」，俞樾云：「『敬』字當作『茍』。」《爾雅·釋詁》：『亟，疾也。』《釋文》曰：『字又作「茍」。』是『茍』與『亟』通，『茍見』猶云『亟見』。《孟子·萬章篇》『穆工亟見于子思』，與此同義。亟見而不問其道，仲尼所以行也。『茍』字經傳罕見，淺人遂加『攴』作『敬』耳。」今案俞說不確，《說文》云：「敬，肅也。」此句猶言景公見到孔子仍恭敬端肅，但不問其道而已，所以下文云「仲尼乃行」。不必改「敬」爲「茍」。

中（仲）泥（尼）□去。

仲尼迺行。

【校釋】

簡本此句「泥」下殘缺一字，據明本，疑亦作「迺」。

簡本「中泥」當讀爲仲尼，同音假借，說見上。孫星衍云：「《墨子·非儒篇》引作『孔某乃恚，怒于景公與晏子。乃樹鴟夷子皮于田常之門，

告南郭惠子以所欲爲，歸于魯』云云，疑本《晏子春秋》，後人以其詆譏
孔子，乃刪去其文，改爲『仲尼遁行』四字。」《史記·孔子世家》云：
「齊大夫欲害孔子，孔子聞之。景公曰：『吾老矣，弗能用也。』孔子遂
行，反乎魯。」無《墨子》「乃樹鴟夷子皮于田常之門，告南郭惠子以所
欲爲」之事。張純一云：「案孫說未足據。何也？《墨子·非儒篇》『孔
子怒于景公與晏子，乃樹鴟夷子皮于田常之門』，蘇時學注云：『據《史
記》范蠡亡吳後，乃變易姓名，適齊，爲鴟夷之皮。然亡吳之歲乃孔子
卒後六年，景公卒後十七年，又安知蠡之適齊而樹之田氏之門乎？此真
齊東野人之語也。又知白公之謀』云云。畢浣注云：『《孔叢子·詰墨》云，
白公亂在哀公十六年秋，孔子已卒十旬。』蘇時學云：『此誣罔之辭，殊
不足辨。唯據白公之亂，在景公卒後十二年，而晏子卒更在景公之前，
又安能預知後事而先與景公言之。』案蘇說是也，據《史記·齊世家》，
晏子先景公卒十年，亡吳之歲在晏子卒後二十七年，白公之亂在晏子卒
後二十二年，其說不能見信於後人，故本書不取，專就儒家旨趣異于墨
者而非之。」

〔譯文〕

孔子到了齊國，拜見了景公，景公很喜歡他，將要打算把爾稽封賞給他，
並把這件事告訴了晏子。

晏子回答說：「不可以。他驕傲自大，隨心所欲，不能夠教育下屬；他喜歡
音樂而放縱百姓，不能夠讓他親理政事；他倚仗君命而厭倦做事，不能夠恪守
職責。他主張厚葬，破費民財，使國家貧困；他主張長期守喪，悲哀不止，不
能夠愛民如子。他改變服裝的式樣，極力修飾儀容，不能夠用來引導百姓。自
從有很高賢德的人去世、周王室衰弱以後，威嚴的禮儀增多了，但百姓的德行
卻越來越微薄了。歌舞禮樂冗繁充斥，而世間的道德卻越來越衰亡。現在孔丘
大倡修飾儀容來蠱惑世人，用弦歌鼓舞來聚集黨徒。他們博學卻不能做世人的
表率，思慮益苦卻不能對百姓有所補益，即使延長壽命也學不完他們得禮教，
人到壯年也不能施行他的禮儀，積蓄錢財也不足供給他們的禮樂費用。他們反

復修飾尊卑上下的禮儀來迷惑君主，大力倡導聲樂來淫惑百姓。他們的主張不能夠用來示範於世，他們的學問不能夠用來引導百姓。現在您打算封賞孔子來改變齊國的風俗，這不是用來引導百姓的辦法。」

景公說：「好。」

於是就賞給他豐厚的禮物而留下了封賞他的土地，恭恭敬敬地會見了他但不問他的治國之道。仲尼於是就離開了齊國。

十六

〔說明〕

本章原由七支竹簡組成，整理編號爲六二四、六二五、六二六、六二七、六二八、六二九、六三〇。出土時雖然殘斷，但經綴連拼接後，基本保存完整。唯六二四號簡中下段殘缺四字，六二五號簡中上段殘缺兩字，六二八號簡上端殘缺四字。六二九號簡中下部文字殘泐，約有七字無法辨認，有的甚至點墨無存。六三〇號簡中部以下殘缺。六二四簡簡端「‧」符號，顯爲一章之始。本章爲簡本《晏子》的最後一章。本章在傳本中爲《外篇不合經術者《晏子沒左右諛弦章諫景公賜之魚第十八》，亦爲傳世本《晏子春秋》全書的最末一章。從簡本文字與明本比較來看，除開頭兩句外，其它字句差異較大。本章文字，在《群書治要‧晏子春秋》中也有保存，《治要》本有的文字與簡本相近。又《說苑‧君道篇》、《意林》、《太平御覽》九三五、《諸林瓊林》十六等書中也有與本章相近的文字。

‧晏子沒十有七年，公飲諸大夫酒。

晏子沒十有七年，景公飲諸大夫酒。

【校釋】

明本此句「公」上有「景」字。《說苑‧君道篇》、《治要》本引與明本同。《意林》引「年」下有「後」字。

今案：《史記‧齊世家》云景公四十八年（公元前五百年）晏子卒，五十八年秋（公元前四百九十年）景公卒，據此則晏子先景公十一年卒，然

此云「晏子沒十有七年，景公飲諸大夫酒」似晏子與景公卒年又非相距僅十一年。蘇時學云：「案晏子之沒，木審何年，然齊、魯會夾谷之歲尙在，至哀公五年而景公卒，相距僅十年，安得有十七年之說。倘如所云，當在悼、簡之世，安得尙爲景公耶？凡此皆屬衣托之詞，不暇考其時世者。」今案本篇作「十有七年」有誤，當作「十有一年」，先秦戰國文字中「七」作「十」，與「一」字形相近，疑傳抄者誤「一」爲「七」。自景公四十八年至景公五十八年，恰爲十有一年。

公射，出質，堂上昌（唱）〔□□□〕□，公組（作）色大（太）息，蕃（播）弓矢。

公射，出質，堂上唱善若出一口，公作色太息，播弓矢。

【校釋】

簡本此句與明本略同。《太平御覽》卷九三五引作「射質，堂上唱善者一口」。據明本及《御覽》，疑簡本「昌」下殘缺四字爲「善若一口」或「善者一口」。

簡文「昌」，《說文》云：「昌，美言也。」或云「昌」當讀爲「唱」。「昌」、「唱」古皆爲昌母陽部。昌母雙聲，陽部疊韻，屬雙聲疊韻通假。「唱」，段玉裁《說文解字注》：「古多以倡爲之。」《周禮·春官·樂師》「遂倡（唱）之」，鄭注：「故書倡（唱）爲昌。」《集韻·漾韻》：「唱，《說文》『導也』，亦作倡、昌。」清俞樾《兒笘錄》：「昌即唱之古文。《廣雅·釋詁》曰：『昌，始也。』蓋一聲既作，眾生從之，故訓始。今經傳『昌始』字作『倡』。」「唱」，稱贊。

簡本「組」，精母魚部；「作」，精母鐸部。經母雙聲，魚、鐸入陰對轉疊韻，屬音近通假。從「且」和從「乍」的字古音相近，可通假。如「狙」

或作「祚」,《詩·大雅》「侯作侯祝」,注云:「作,詛也。」《說文》云:「作,起也。」

簡本「大」通「太」,說見上。《說文》云:「嘆,一曰太息也。」《廣雅·釋詁》:「嘆,傷也。」自或作「歎」。《禮記·坊記》:「戲而不嘆。」注云:「歎,謂有憂戚之聲也。」《楚辭·九歎序》:「歎者,傷也,息也。」

簡本「蕃」當讀爲「播」。「蕃」,幫母元部;「播」,幫母歌部。幫母雙聲,元、歌通轉疊韻,屬音近通假。《周禮·春官·大樂》:「播之所八音。」鄭注:「故書播爲藩,杜子春云:『藩當爲播。』」《周禮·地官·大司徒》:「九曰蕃樂。」鄭注:「杜子 春讀蕃樂爲藩樂。」是「蕃」通「播」。「播弓矢」,仍掉,丟棄。張純一注:「播,棄也。」《說苑》引與明本同。

《治要》本引「太」作「大」,餘與明本「質」,孫星衍云:「射質也。」「射」,即射箭。古代六藝之一。古代貴族男子重武習射,常舉行射禮。本章所講爲「燕射」,即宴飲之射。《禮記》孔穎達疏:「燕射則在寢。」孫詒讓《周禮正義》:「燕射者,王與諸侯,諸臣因燕而射是也。」

紓(弦)章入,公曰:「章!自吾失〔□□〕於是今十有七年,未嘗吾不善。今射出質,昌(唱)善者若出一口。」

弦章入,公曰:「章!吾失晏子,未嘗聞吾不善。」

【校釋】

簡本此句與明本殊異。簡本「失」下殘缺二字疑爲「晏子」。

簡本「紓」當讀爲「弦」、「十有七年」當作「十有一年」,說見上。《治要》本引與簡本近,唯「紓」作「弦」,「年」下有「矣」,「若」作「如」。《說苑》本引與簡本亦近,唯「紓」作「弦」,「吾」下有「過」,「質」

下有「而」字。《太平御覽》九百三十五引作「弦章入，公曰：吾失晏子，未嘗聞吾不善」。吳則虞云：「《意林》作『自晏子歿後，不復聞不善之事』。《事賦類》二十九引作『吾失晏子，未嘗聞不善』。《諸子瓊林》同，惟『歿』作『死後』，下有『吾』字。」

紟（弦）章合（答）曰：「此諸臣之不宵（肖）也。智不足以智（知）君之不善，勇不足不以犯君之雝（顏），此諸臣之不宵（肖）也。然而有一焉，臣聞斥（尺）汙（蠖）食黃其身黃，食青其有食乎凵（諂）人之言輿（歟）？」公曰：「善。」

章曰：「臣聞君好臣服，君嗜臣食。尺蠖食黃身黃，食蒼身蒼，君其食諂人言乎？」公曰：「善。」

【校釋】

簡本此句與明本殊異。《治要》本引作「弦章對曰：『此諸臣之不肖也，智不足以知君不善，勇不足以犯君之顏，然而又一焉。臣文君好之則臣服之，君嗜之則臣食之。尺蠖食黃其身黃，食蒼其身蒼，君其猶有食諂人之言乎？』公曰：『善！』」與簡本相近。《治要》本引至「善」止。《說苑》本引與《治要》本略同，唯「智不足」作「知不足」，「知君」下有「之」字，「顏」下有「色」字，「聞」下有「之」字，「尺」上有「夫」字，「食黃」、「食蒼」下有「則」字，「諂」上無「食」字。《太平御覽》九百三十五引作「章曰：『臣聞君好臣服，君嗜臣食，尺蠖食黃身黃，食蒼身蒼，君其食諂人言乎？』公曰：『善。』」較諸本皆略。簡本「勇不足」下衍「不」字。

簡本「紟」當讀為「弦」、「合」當讀為「答」、「宵」當讀為「肖」、「智」

當讀爲「知」，說見上。

簡本「鴈」疑是「雁」之異體，讀爲「顏」。「雁」、「顏」古皆爲疑母元部字，疑母雙聲，元部疊韻，屬雙聲疊韻通假。《漢書・嚴助傳》：「如使越人蒙死徼幸，以逆執事之顏行。」注：「文穎曰『顏行猶雁行。』」是「顏」通「雁」之例。簡本「鴈（顏）」，臉色。《廣韻・刪韻》：「顏，顏容。」

「勇不足」下「不」字，當涉上文而誤衍。

「斥汙」當讀爲「尺蠖」。「斥」與「尺」古皆爲昌母鐸部字，昌母雙聲，鐸部疊韻，屬雙聲疊韻通假。《莊子・逍遙遊》「斥鴳笑之」，《釋文》：「斥本亦作尺。」

簡本「汙」當讀爲「蠖」。「汙」，影母魚部；「蠖」，匣母鐸部。影、匣鄰紐雙聲，魚、鐸通轉疊韻屬音近通假。

簡本「青」，《廣雅・釋器》：「青，蒼也。」《文選》謝朓始出尚書省詩「青精翼紫軑」，注云：「青即蒼也。」明本作「蒼」，義同。

簡本「凵」即「坎」字，當讀爲「諂」、「與」當讀爲「歟」，說見前。

簡本「其君有食」之「有」當與「或」義同，謂君或食諂人之言歟？

紒（弦）章出。自海入魚五十乘以賜紒（弦）章。章歸，魚塞〔□〕。

賜弦章魚五十乘，弦章歸，魚車塞途。

【校釋】

簡本此句與明本、《說苑》差異較大。《說苑》本引作「今日之言，章爲

君，我爲臣。是時海人入魚，公以五十乘賜弦章，歸，魚乘塞塗」。「今日之言，章爲君，我爲臣」當爲景公之語，應接上句「公曰：善」下讀。

簡本「紒」當讀爲「弦」，說見上。

「塞」下殘缺一字，據明本、《說苑》，疑當作「途」或「塗」。

又據明本、《說苑》，簡本「魚」下當脫一「車」或「乘」字。吳則虞云：「《事類賦》作『賜魚五十乘』，《諸子瓊林》作『乃以魚五十乘賜之。』」

〔□□□〕之手曰：「襄（曩）之昌（唱）善者皆欲若魚者也。昔者晏子辭賞以正君，故過不弇（掩）。今諸臣𦜉（諂）臾（諛）以弋利，故出質而昌（唱）善若出一口。今所以補（輔）君未於□□□□□□晏子之義，而順𦜉（諂）臾（諛）之欲也。固辭而弗受。」

章撫其僕曰：「曩之唱善者皆欲此魚也。」固辭不受。

【校釋】

簡本此句與明本殊異。明本無「昔者晏子辭賞以正君，故過不。弇。今諸臣𦜉臾以弋利，故出質而昌善若出一口。今所以補君未見於□□□□□□晏子之義，而順𦜉臾之欲也」數句，且明本「此」，簡本作「若」；明本「魚」下脫「者」字、「辭」下無「而」字。簡本「弗受」，明本作「不受」。明本至「固辭不受」終，而簡本「固辭而弗受」下尙有「公曰：紒章之廉，晏子之□……」數句。《說苑》本引作「撫其御之手曰：『曩之唱善者皆欲若魚者也。昔者晏子辭賞以正君，故過失不掩。今諸臣諂諛以干利，故出質而唱善如出一口。今所輔於君未見於眾而受若魚，是

反晏子之義而順諂諛之欲也，固辭魚不受。」《太平御覽‧人事部》六
十七引與《說苑》引相近，唯「撫」上有「章」，「昔者」誤作「昔考」。
（騫案：者、考形近而譌。）無「故出質而唱善如出一口，今所輔於君未見於眾」
二句。「而受若魚」作「吾若受魚」。簡本、《說苑》、《太平御覽》較明本
義長，疑明本有脫文。簡本「之手」上缺疑當爲「撫其御」三字。

「襄」當讀爲「曩」。「襄」，心母陽部；「曩」，泥母陽部。泥、心準旁紐
雙聲，陽部疊韻，屬音近通假。「曩」，《說文》：「曩，曏也。」即從前、
過去。《爾雅‧釋詁》：「曩，久也。」郝懿行《義疏》：「曩者，《說文》
云『曏也』，《釋言》云：『不久也』。今案：對遠日言則曏爲不久，對今
日言則曏又爲久。」

簡本兩「昌」字或亦讀爲「唱」，說見上。兩「凷臾」當讀爲「諂諛」，
說見上。

簡本「弇」當讀爲「揜」，「揜」同「掩」。「弇」、「揜」古皆爲影母談部
字，影母雙聲，談部疊韻，屬雙聲疊韻通假。《荀子‧富國》：「使衣食百
用出入相揜。」王先謙《集解》：「王念孫曰：《爾雅》曰：『弇，同也。』
《方言》曰：『揜，同也。』《周頌‧執競》傳曰：『奄，同也。』弇、奄、
掩、揜並通。」「掩」，遮蔽，隱蔽。《方言》：「掩，薆也。」戴震《疏證》：
「《釋名》『薆，隱也。』，注云『謂隱蔽』。」《說文》：「掩，斂也。」徐
灝注箋：「《文選‧懷舊賦》注引《坤蒼》曰『掩，覆也。』《淮南子‧天
文訓》注：『掩，蔽也。』此掩斂之本義也。」

簡本「補」當讀爲「輔」。「補」，幫母魚部；「輔」，並母魚部。幫、並旁
紐雙聲，魚部疊韻，屬音近通假。《戰國策‧秦策一》「神農伐補遂」，《春
秋事語》「補遂」作「輔遂」。

簡文「弋」，《書‧多士》「非我小國，敢弋殷命」，傳云：「弋，取也。」
《古今韻會舉要‧職韻》：「弋，取也。」謂獵取，獲得。

簡本「晏子之義」上缺文，據《說苑》疑當爲「眾而若受魚是反」七字。

公曰：「紹（弦）章之廉，晏子之□……。

【校釋】

簡本「晏子之」下殘缺。明本無此句，《說苑》引作「君子曰『弦章之廉，乃晏子之道行也。』」與簡本相近。《太平御覽・人事部》卷六十七引「晏子」上無「乃」字。簡本「紹」當讀爲「弦」，說見上。「晏子之」下殘文或當爲「遺行也」三字。

〔譯文〕

晏子去世十七年之後，景公請眾大夫飲酒。景公燕射，箭飛出了箭靶，而叫好的聲音就像出自一人之口。景公變了臉色，長長嘆息了一聲，把弓箭扔在了地上。

弦章進入寢堂，景公說：「弦章，自從我失去晏子至今已有十七年，從來沒有聽到有人說我的缺點和過錯。今天燕射箭靶，叫好聲就像出自一人之口。」

弦章回答說：「這就是眾大夫表現不才。他們的才智不足以知道君主的過錯，他們的勇氣不足以冒犯君主的臉色，這就是眾大夫的不才。然而有一點需要指出，我聽說尺蠖吃黃色的東西牠的身體就會變成黃色，吃青色的東西牠的身體就會變成青色。君主您有沒有聽從諂媚之人的話的地方呢？」

景公說：「很好。」

弦章離開寢堂後，景公把海邊送來的五十車魚賞賜給弦章。弦章回家時，拉魚的車子堵塞了道路。

弦章撫摸看車夫的手說：「先前在堂上叫好的人都是想得到這些魚的人。過去晏子用辭謝賞賜來匡正國君，所以他不掩蓋君主的過失。現在的大臣們阿諛奉承爲的是求取利益，因此君主射出箭靶但叫好聲若出一口。現在輔助君主的結果沒有眾人看到，而你接受了這些魚，這樣就違背了晏子的道義，卻順應了

諂媚之人的貪欲。」因此堅決推辭不接受。

附 錄

《晏子春秋》佚文
(劉師培、吳則虞輯，吳則虞案)

天子以下至士皆祭以首時。

　　案：此條《禮記・王制》孔疏引《晏子春秋》。

允矣君子，直言是務。

　　案：此條王應麟《詩攷》引《晏子春秋》。丁宴《補注》本「允」作「樂」，
　　　　今本書挩引此詩，未知王氏所據何本。

寡婦樹蘭，生而不芳；繼子得子得食，肥而不澤。

　　案：此爲《太平御覽》八百四十九所引，蒙上所引「晏子曰」，「食脫粟之
　　　　飯」章、「相齊三年」章，標「又曰」二字，今本書挩此四句。見《淮
　　　　南子・繆稱訓》，惟「寡婦」作「男子」，「生」字作「美」。◎則虞案：
　　　　「樹蘭」句文見《文心雕龍・情采篇》。

余家素貧，畫則苦於作勞，夜則甘於疲寢，三時之際，書舶生塵。

　　案：此條《御覽》三十七引《晏子春秋》，然不類晏子語。

治天下若委裘，用賢委裘之實，桓公聽管仲，而趙襄聽王登，此之謂
委裘然。

　　案：此條《文選》任昉《爲蕭揚州薦士表》李注引爲《晏子》，又申之云：
　　　　「委裘，謂用賢也。」今書無此文，晏字疑誤。

為代于囚脩為市死者又脩為也。

案：此爲原本《書鈔》四十五所引，蒙上所引「晏子曰籍重而獄多」二句，
標「又曰」二字，今本無此文。《書鈔》所引亦倪訛不可曉。

君之所以尊者令，令不行是無君也，故明君也，故明君慎令。

案：此條《御覽》六百三十八引《晏子》；《書鈔》四十五、《類聚》五十四
均引爲《申子》。

夫益高者意益下，官益大者心益小，祿益厚者施益博。

案：此爲《藝文類聚》二十三所引，蒙上條所引「晏子曰居必擇鄰」三句，
標「又曰」二字，《御覽》四百五十九直爲晏子，未有「也」字。然此
乃楚相孫叔語，見《韓詩外傳》七、《荀子·堯問篇》、《淮南·道應訓》。

人之將疾，必先不甘粱肉之味；國成將亡，必先惡忠臣之語。

案：此爲《類聚》二十三所引，蒙上所引「晏子曰居必擇鄰」，標「又曰」
二字，《御覽》四百五十九同，今此語亦見《文子·微明篇》。◎則虞
案：《記纂淵海》六十六引同，惟忠臣作忠直。

其文好者身必剝，其角美者身見煞；甘泉必竭，直木必伐。

案：此爲《類聚》二十三所引，亦蒙上條所引「晏子曰居必擇鄰」，標「又
曰」二字，《御覽》四百五十九改標《文子》。今此語見《文子·符言
篇》，或《類聚》誤引。

寧戚欲干齊桓公，困窮飯牛於北門之外，桓公詔門避任車，戚乃擊轅
耽歌，桓公憫而異之，命後車載之。

案：此爲《北堂書鈔》一百四十一所引，稱「《晏子春秋》」，今本無此文。
惟《呂氏春秋·舉難篇》亦述此事，或「《晏子》」乃「《呂氏》」之訛。

齊侯自頰谷歸，謂晏子曰：寡人獲罪於魯君，如之何？晏子曰君子謝

過以質，小人謝過以文，齊嘗侵魯四吧，請皆歸之。

案：此爲《公羊》定十年傳何休《解詁》文。《疏》云：「皆《晏子春秋》
及《家語》、《孔子世家》之文。」是本書亦記歸魯邑事，其《解詁》
同異若何，今不可攷，姑錄《解詁》文於此。

齊侯送晏子於雪宮。

案：此爲《元和郡縣圖志·河南道六臨淄縣》所引，其文云：「雪宮，在縣
東北六里，《晏子春秋》所謂『齊侯送晏子於雪宮』也。」今本書無此
文，竊疑《圖志》所引即《孟子·梁惠王下》齊宣王見孟子事，因彼
章亦述晏子語，遂誤識其文屬之本書，當訂正。

人不衣裋褐，不食糟糠。飲食不美，面目顏色，不足視也，是以食必
梁肉。

案：此爲原本《書鈔》一百四十三所引，稱爲「《晏子》」，今本書無文。此
見《墨子·非樂上篇》，陣禹謨本改「晏」爲「墨」，孔校亦云：「『《晏
子》』蓋沿上文誤入。」是也。

以上劉師培輯，則虞校。

管夷吾曰：「吾既告子養生矣，送死奈何？」晏平仲曰：「送死略矣，
將何以告焉。管夷吾曰：「吾固欲聞之。」平仲曰：「既死，豈在我哉？
焚之亦可，沈之亦可，之亦可，露之亦可，衣薪而棄諸溝壑亦可，袞
衣繡裳而納諸石槨亦可，唯所遇焉。

則虞案：見《列子·楊朱篇》，《意林》二引《列子》選稱「晏子曰」。譏晏
子者每以薄葬短喪爲詬病，今《晏子春秋》無其文。《列子》引《晏子》者
二：一即此；其二《力命篇》引牛山之對。

四海之雲湊，千里之雨至。

　　則虞案：見《記纂淵海》卷二引。

師曠識爨薪，易牙別淄澠。

　　則虞案：見《記纂淵海》卷六十一引。

　　　　　　　　以上則虞補輯。

晏子傳記

《史記・管晏列傳》

晏平仲嬰者，萊之夷維人也，事齊靈公、莊公・景公，以節儉力行重於齊。既相齊，食不重肉，妾不衣帛。其在朝，君語及之即危言，語不及之即危行，國有道即順命，無道即衡命，以此三世顯名於諸侯。越石父賢，在縲絏中，晏子出，遭之塗，解左驂贖之，載歸，弗謝；入閨，久之，越石父請絕，晏子懼然攝衣冠謝曰：「嬰雖不仁，免子於厄，何子求絕之速也？」石父曰：「不然。吾聞君子詘於不知己而信於知己者，方吾在縲絏中，彼不知我也，夫子既以感寤而贖我，是知己，知己而無禮，固不如在縲絏之中。」晏子於是延入為上客。晏子為齊相，出，其御之妻從門間而闚其夫。其夫為相御，擁大蓋，策駟馬，意氣揚揚，甚自得也。既而歸，其妾請去。夫問其故，妻曰：「晏子長不滿六尺，身相齊國，名顯諸侯，今者妾觀其出，志念深矣，常有以自下者。今子長八尺，乃為人僕御，然子之意，自以為足，妾是以求去也。」其後夫自抑損，晏子怪而問之，御以實對，晏子薦以為大夫。

太史公曰：「吾讀管氏《牧民》、《山高》、《乘馬》、《輕重》、《九府》，及《晏子春秋》，詳哉其言之也。即見其著書，欲觀其行事，故次其傳。至其書，世多有之，是以不論，論其軼事。管仲，世所謂賢臣，然孔子小之，豈以為周道衰微，桓公即賢，而不勉之至王，乃稱霸哉！語曰『將順其美，匡救其惡，故上下能相親也。』豈管仲之謂乎！方晏子伏莊公尸，哭之成禮然後去，豈所謂見義不為無勇者邪！至其諫說犯君之顏，此所謂進思盡忠，退思補過者哉！假令晏子而在，余雖為之執鞭，所忻慕焉。」

《通志‧列傳五‧晏子傳》

晏平仲嬰，萊之夷維人，桓子弱之子也。及事靈公、莊公、景公。初，晉大夫欒盈得罪奔楚，晉于是會諸侯于商任以錮之。

莊公三年，欒盈自楚來奔，晏子言於公，曰：「商任之會，受命於晉，今納欒氏，將焉用之？小所以事大，信也；失信不立，君其圖之。」

弗聽。退告陳文子曰：「君人執信，臣人執共，忠信篤敬，上下同之，天之道也。君自棄也，弗能久矣。」

欒盈猶在齊，晏子曰：「禍將作矣，晉將來伐，不可以不懼。」

既而明年果有晉師。五年，崔杼弒莊公，晏子聞難往赴，立於崔氏之門外。其人曰：「死乎？」

曰：「獨吾君也乎哉？吾死也？」

曰：「行乎？」

曰：「吾罪也乎哉？吾亡也？」

曰：「歸乎？」

曰：「君死安歸？君民者豈以陵民，社稷是主；臣君者豈爲其口實，社稷是養。故君爲社稷死，則死之，爲社稷亡，則亡之；若爲己死而己亡，非其私暱，誰敢任之。且人有君而弒之，吾焉得死之，而焉得亡之，將庸何歸！」

門啓而入，枕尸股而哭，興，三踊而出。

人謂崔子必殺之，崔子曰：「民之望也，舍之得民。」

崔杼立靈公嬖子杵臼而相之，是爲景公。

慶封爲左相，盟國人於大宮，曰：「所不與崔、慶者。」

晏子仰天嘆曰：「嬰所不爲忠於君，利社稷者是與，有如上帝！」

乃歃。

及慶氏敗，公與晏子邶殿其鄙六十，弗受。

子尾曰：「富，人之所欲也，何獨弗欲？」

對曰：「慶氏之邑足欲，故亡；吾邑不足欲也，益之邶殿乃足欲，足欲，亡無日矣。在外不得宰吾一邑，不受邶殿，非惡富也，恐失富也。且夫富，如帛布之有幅焉，爲之制度，使無遷也。夫民生厚而用利，於是乎正德以幅之，使無黜嫚，謂之幅利，利過則爲敗，吾不敢貪多，所爲幅也。」

景公四年，吳季札來聘，見晏子，相得甚歡，說其納邑與政，故晏子因陳桓子而納之。

九年，公使晏子請繼室於晉，曰：「寡君使嬰曰：『寡人願事君朝夕不倦，將奉質幣以無失時，則國家多難，是以不獲，不腆先君之適，以備內官，焜燿寡人之望，則又無祿，早世隕命，寡人失望。君若不忘先君之好，惠顧齊國，辱收寡人，徼福於太公丁公，照臨敝邑，鎮撫其社稷，則猶有先君之適，乃遺姑姊妹，若而人。君若不棄敝邑，而辱使董振擇之，以備嬪嬙，寡人之望也。』」

韓宣子使叔向對曰：「寡君之願也。寡君不能獨任其社稷之事，未有伉儷，在縗絰之中，是以未敢請，君有辱命，惠莫大焉。若惠顧敝邑，撫有晉國，賜之內主，豈惟寡君與群臣實受其貺，其自唐叔以下，實寵嘉之。」

既成昏，晏子受禮，叔向從之宴，相與語。

叔向曰：「齊其何如？」

晏子曰：「此季世也，吾弗知，齊其爲陳氏矣，公棄其民而歸於陳氏。齊舊四量，豆、區、釜、鍾，四升爲豆，各自其四，以登於釜，釜十則鍾。陳氏三量皆登一焉，鍾乃大矣，以家量貸，而以公量收之，山木如市，弗加於山，魚鹽蜃蛤，弗加於海，民參其力，二人於公，而衣食其一。公聚朽蠹，而三老凍餒，國之諸市，屨賤踊貴，民人痛疾，而或燠休之。其愛之如父母，而歸之如流水，欲無獲民，將焉辟之。箕伯、直柄、虞遂、伯戲，其相胡公、太姬已在齊矣。」叔向曰：「然。雖吾公室，今亦季世也。戎馬不駕，卿無軍行，公乘無人，卒列無長，庶民罷敝，而宮室滋侈，道殣相望，而女富溢尤，民聞公命，如逃寇讎，欒郤、胥原、狐續、慶伯降在皂隸，政在家門，民無所依，君日不悛，以樂慆憂，公室之卑，其何日之有！讒鼎之銘曰：『昧旦丕顯，後世猶怠。』況日不悛，其能久乎！」

晏子曰：「子將若何？」

叔向曰：「晉之公族盡矣，肸聞之，公室將卑，其宗族枝葉先落，則公從之。肸之宗十一族，唯羊舌氏在而已，肸又無子，公室無度，幸而得死，豈其獲祀。」

初，公欲更晏子之宅，曰：「子之宅近市，湫隘囂塵，不可以居，請更諸爽塏者。」

辭曰：「君之先臣容焉，臣不足以嗣之，於臣侈矣。且小人近市，朝夕得所求小人之利也，敢煩里旅。」

公英曰：「子近市，識貴賤乎？」

對曰：「既近之，敢不識乎。」

公曰：「何貴？何賤？」

於是公方繁刑，有鬻踊者，故對曰：「踊貴屨賤。」

既已告於君，故與叔向語而稱之，公以是省刑焉。及晏子在晉，公更其宅，反則成矣。

既拜，乃毀之，而為里室皆如其舊，則使宅人反之，「且諺曰：『非宅是卜，唯鄰是卜。』二三子先卜鄰矣，違卜不祥。君子不犯非禮，小人不犯不祥，古之制也，吾敢違諸乎！」

卒復其舊宅。公弗許，因陳桓子以請，乃許之。

公孫灶卒，司馬灶見公子曰：「又喪子雅矣。」

晏子曰：「惜也！子旗不免，殆哉！姜族弱矣，而嬀將始昌，二惠競爽，可又弱一個焉，姜其危哉！」

鄭罕虎娶子尾氏，晏子驟見之。陳桓子問其故，對曰：「能用善人，民之主也。」

十六年，欒、高、陳、鮑之亂，子良謀欲得公以自輔，公不聽，遂伐虎門。晏平仲端委立於虎門之外，四族召之，無所往。

其徒曰：「助陳、鮑乎？」

曰：「何善焉！」

「助欒、高乎？」

曰：「庸勝乎！」

「然則歸乎？」

曰：「君伐，焉歸！」

公召之而後入。及欒、高敗，陳、鮑分其室，晏子謂陳桓子必致諸公：「讓，德之主也，讓之謂懿德，凡有血氣，皆有爭心，故利不可彊，思義爲愈；義，利之本也，蘊利生孽，姑使無蘊乎，可以滋長。」

桓子盡致諸公，而請老于莒。

二十六年，公疥，遂痁，期而不瘳，諸侯之賓問疾者多在，梁邱據與裔款言於公曰：「吾事鬼神豐，於先君有加矣，今君疾病爲諸侯憂，是祝史之罪也。諸侯不知，其謂我不敬，君盍誅於祝固、史嚚以辭賓。」

公說，告晏子，晏子曰：「日宋之盟，屈建問范會之德於趙武，趙武曰：『夫子之家事治，言於晉國，竭情無私，其祝史祭祀，陳信不愧，其家事無猜，其祝史不祈。』以語康王，康王曰：『神人無怨，宜其光輔五君，以爲盟主也。』」

公曰：「據與款謂寡人能事鬼神，故欲誅於祝史，子稱是語，何故？」

對曰：「若有德之君，外內不廢，上下無怨，動無違事，其祝史薦信，無愧心矣。是以鬼神用饗，國受其福，祝史與焉，其所以蕃祉老壽者，爲信君使也，其言忠信於鬼神。其適遇淫君，外內頗邪，上下怨疾，動作辟違，從欲厭私，高臺深池，撞鐘舞女，斬刈民力，輸掠其聚，以成其違，不恤後人，暴虐淫從，肆行非度，無所還忌，不思謗讟，不憚鬼神，神怒民痛，無悛於心，其祝史薦信，是言罪也，其蓋失數美，是矯誣也，進退無辭，則虛以求媚。是以鬼神不饗其國以禍之，祝史與焉，所以夭昏孤疾者，爲暴君使也，其言僭嫚於鬼神。」

公曰：「然則若之何？」

對曰：「不可爲也。山之林木，衡鹿守之；澤之萑蒲，舟鮫守之；藪之薪蒸，虞候守之；海之鹽蜃，祈望守之。縣鄙之人，入從其政；偪介之關，暴征其私；承嗣大夫，彊易其賄；布常無藝，微斂無度；宮室日更，淫樂不違；內寵之妾肆奪於市，外寵之臣僭令於鄙；私欲養求，不給則應。民人苦病，夫婦皆詛，

祝有益也，詛亦有損。聊、攝以東，姑、尤以西，其爲人多矣，雖則善祝，豈能勝億兆之詛？君若欲誅於祝史，修德而後可。」

公說，使有司寬政，毀關去禁，薄斂已責。公田于沛，既還，晏子侍于遄臺，子猶馳而造焉。

公曰：「唯據與我和夫？」

晏子對曰：「據亦同也，焉得爲和。」

公曰：「和與同異乎？」

對曰：「異。和如和羹焉，水火醯醢鹽梅，以亨魚肉，燀之以薪，宰夫和之，齊之以味，濟其不及，以洩其過 君子食之，以平其心。君臣亦然。君所謂可，而有否焉，臣獻其否，以成其可；君所謂否，而有可焉，臣獻其可，以去其否。是以政平而民不干，民無爭心。故詩曰：『亦有和羹，既戒既平，鬷假無言，時靡有爭。』先王之濟五味，和五聲也，以平其心，成典聲也。聲亦如味，一氣、二體、三類、四物、五聲、六律、七音、八風、九歌，以相成也；清濁小大，短長疾徐，哀樂剛柔，遲速高下，出入周疏，以相濟也。君子聽之，以平其心，心平德和，故詩曰：『德音不瑕。』今據不然，君所謂可，據亦曰可；君所謂否，據亦口否。若以水濟水，誰能食之；若琴瑟之專壹，誰能聽之。同之不可也如是。」

飲酒樂，公曰：「古而無死，其樂若何？」

晏子對曰：「古而無死，別古之樂也，若何得焉！昔爽鳩氏始居此地，季荝因之，有逢伯陵因之，蒲姑氏因之，而後太公因之。古若無死，爽鳩氏之樂，非君所願也。」

三十有二年，有彗見于國，公念自傷。

晏子曰：「君薵臺深池，賦斂如弗德，刑罰恐弗勝，茀星將出，彗星何懼乎！」

公曰：「禳之若何？」

對曰：「無益也，而祇取誣焉，天道不諂，不貳其命，若之何禳之！且天之有彗，以除穢也，君無穢德，又何禳焉；若德之穢，禳之何損。今怨者已眾，而君令一人禳之，安能勝眾口乎！」

時公冶宮室，聚狗馬，厚賦重刑，故晏子以此諫之。

公與晏子坐于路寢，公歎曰：「美哉室，其誰有此乎！」

晏子曰：「敢問何謂也？」

公曰：「吾以爲在德。」

對曰：「如君之言，其陳氏乎。陳氏雖無大德，而有施於民，豆、區、釜、鍾之數，其取之公也薄，其施之民也厚。公務於斂，陳氏務施，民歸之矣。詩曰：『雖無德與女，式歌且舞。』陳氏之施，民歌舞之矣。後世若少惰，陳氏而不亡，則國其國也。」

公曰：「善哉！是可若何？」

對曰：「唯禮可以已之。在禮家施不及國，民不遷，農不移，工賈不變，士不濫，官不滔，大失不收公利。」

公曰：「善哉！我不能已，吾今而後知禮之可以爲國也。」

對曰：「禮之可以爲國也久矣，與天地並。君今臣共，父慈子孝，兄愛弟敬，夫和妻柔，姑慈婦聰，禮也。君令而不違，臣共而不貳，父慈而教，子孝而箴，兄愛而友，弟敬而順，夫和而義，妻柔而正，姑慈而從，婦聽而婉，視之善物也。」

公曰：「善哉，寡人今而後，此禮之上也。」

對曰：「先王所稟於天地，以爲其民也，是以先王上之。」

時越石父賢，在縲絏之中，晏子出，遭之塗，解左驂贖之，載與歸，弗謝，人閨，久之，越石父請絕，晏子懼然攝衣冠謝曰：「嬰雖不仁，免子於難，何子求絕之速也？」

石父曰：「不然。吾聞君子拙於不知己，而伸於知己者。方吾在縲絏之中，彼不知我也，夫子既以感吾而贖我，是知己矣，知己而無禮，固不加在縲絏之中。」

晏子於是延入爲上客。晏子爲相時，出，其御之妻從門閨見其夫，擁大蓋，策駟馬，意氣甚自得。

　　已而歸，其妻請去。夫問其故，妻曰：「晏子長不滿六尺，身相齊國，名顯諸侯，今者妾觀其出，志念深矣，常有以自下者。今子長八尺，爲入僕御，然子之意自以爲足，妾是以求去也。」

　　其後夫自抑損，晏子怪而問之，御以實對，晏子薦以爲大夫。晏子卒，有子曰圉。

劉向《晏子敍錄》
(吳則虞集釋)

　　護左都水使者光祿大夫臣向言【一】：所校中書《晏子》十一篇【二】，臣向謹與長社尉臣參校讎【三】，太史書五篇【四】，臣向書一篇，參書十三篇，凡中外書三十篇，爲八百三十八章。除復重二十二篇六百三十八章【五】，定著八篇二百一十五章【六】，外書無有三十六章，中書無有七十一章，中外皆有以相定。中書以「𣎴」爲「芳」，「又」爲「備」，「先」爲「牛」，「章」爲「長」【七】，如此類者多，謹頗略揥【八】，皆已定以殺青【九】，書可繕寫。

　　晏子名嬰，諡平仲【一〇】，萊人，萊者，今東萊地也【一一】，晏子博聞彊記，通於古今【十二】，事齊靈公、莊公、景公【十三】，以節儉力行，盡忠極諫道齊【十四】，國君得以正行，百姓得以附親，不用則退耕于野，用則必不詘義，不可脅以邪，白刃雖交胸【十五】，終不受崔杼之劫，諫齊君懸而至【十六】，順而刻【十七】。及使諸侯，莫能詘其辭，其博通如此，蓋次管仲【十八】。內能親親，外能厚賢，居相國之位，受萬鍾之祿，故親戚待其祿而衣食五百餘家，處士待而舉火者亦甚眾【十九】。晏子衣苴布之衣【二〇】，麋鹿之裘，駕敝車疲馬，盡以祿給親戚朋友，齊人以此重之。晏子蓋短【二一】……。

　　其書六篇【二二】，皆忠諫其君，文章可觀，義理可法，皆合《六經》之義。又有復重，文辭頗異，不敢遺失，復列以爲一篇【二三】。又有頗不合經術，似非晏子言，疑後世辯士所爲者，故亦不敢失，復以爲一篇【二四】。凡八篇【二五】，其六篇可常置旁御觀【二六】，謹第錄【二七】。臣向昧死上【二八】。

（一）孫星衍《晏子春秋音義》（下簡出姓名）云：「《漢書・楚元王傳》『向字子政，成帝即位，召拜爲中郎，使領護三輔都水，遷光祿大夫。』蘇林注：『三輔多漑灌渠，悉主之，故言都水。』《百官公卿表》：『大夫掌論議，有中大夫，太初元年，更名

光祿大夫，秩比二千石。』」

（二）孫星衍云：「《漢書楚元王傳》『詔向領校中五經祕書』，顏師古注：『言中者，以別於外。』《唐六典》：『劉向、揚雄典校皆在禁中，謂之中書，猶今言內庫書也。』」

（三）孫星衍云：「《列子別錄》亦有參名。」◎俞樾云：「《管子》有臣富參四十一篇，此參疑即富參。」◎蘇時學云：「參，杜參也。《漢書藝文志》有《博士弟子杜參賦》二篇，注引劉向《別錄》云：『臣謹與長社尉杜參校中祕書。』劉歆又云：『參，杜稷人，以陽朔元年病死，時年二十餘，』」◎則虞案：《北史·樊遜傳》議曰：「案漢中壘校尉劉向受詔校書，每一書竟，表上輒言『臣向書，長水校尉臣參書』云云。」蘇說是也。

（四）孫星衍云：「《史記集解》引如淳曰：『《漢儀》注天下計書，先上太史，副上承相，序事如古《春秋》。』」

（五）孫星衍云：「『復』讀『複』」

（六）孫星衍云：「《藝文志》儒家《晏子》八篇，蓋《內篇》六，《諫上》、《諫下》、《問上》、《問下》、《雜上》、《雜下》，《外篇》二。俗本始刪并爲一也。」

（七）孫星衍云：「『夭』『芳』、『先』『牛』形相近；『又』『備』、『章』『長』聲相近。『又』讀『異』，或云當爲『乂』。『章』疑即問下『其竜久乎』『竜』字也，當爲長久。」

（八）孫星衍云：「《列子別錄》作『棧』，殷敬順音翦，謂蟲斷滅也。《略》（《七略》）作『劖』，又一作『揃』，皆同『翦』字。星衍謂：殷說非也，『揃』即『籛』異文，《說文》：『籛，表識書也。』《玉篇》：『揃，子田切，古文牋字。』」◎則虞案：孫說「揃」字是也。黃之寀本「揃」「揣」，楊愼評本「頗」作「破」，誤。

（九）孫星衍云：「殷敬順《列子音義》謂『汗簡，刮去青皮也』。」◎則虞案：《後漢書·吳祐傳》：「父恢，爲南海太守，欲殺青而以寫經書。」注：「殺青，以火炙簡令汗，取其青易書，復不蠹。」

（一〇）則虞案：《漢書·藝文志》班固自注：「名嬰，諡平仲。」《世說新語·德行注》引劉向《別錄》云：「晏平仲，名嬰。」《史記索隱》云：「名嬰，平諡，仲字。」《三國志·曹真傳》、《晉書·陸雲傳》又曰「晏平」，俱與此異。

（一一）孫星衍云：「《史記集解》引劉向《別錄》正有此語，明人或題爲《晏子》序或題表者，妄也。」◎劉師培《校補》云：「案《世說新語注》一引劉向《別錄》云『晏

平仲嬰，東萊夷維人，事齊靈公、莊公，以節儉力行重於齊」，即約引此文，據彼引，知『萊人』當作『萊夷維人』，今本挩二字，《史記·魯仲速傳·索隱》亦云『晏子爲萊之夷維人』，是其証。」◎則虞案：劉說非是，夷維乃古名，在漢則爲夷安，《史記·管晏列傳》「萊之夷維人也」，此指故名言。，《正義》引晏氏《齊記》曰：「齊城三百里有夷安，即晏平仲之邑，漢爲夷安縣，屬高密國，應邵曰故萊夷維邑。」此云「故」者，是漢不名夷維可知。劉向此云「今東萊地」，正以今名釋古名，自不能再用夷萊故名爲釋。劉說不可從。

（一二）則虞案：本段蓋用《史記》本傳文，惟此二語爲向所增。

（一三）則虞案：《世說注》引別錄無「景公」二字，蓋挩。

（一四）則虞案：《論語》「道千乘之國」，包注：「道，治也。」「道齊」即治齊。

（一五）孫星衍云：「當爲『肎』，此皆唐宋人寫書之誤。」

（一六）孫星衍云：「『懸』當爲『縣』，俗加『心』，《漢書·高祖紀》：『縣隔千里。』縣而至，言遠而切至。」

（一七）則虞案：『順』當讀如『馴』。『刻』者，《呂氏春秋·達鬱》：「人主賢，則人臣之言刻。」注：「盡也。」順而刻，猶言婉而達。

（一八）則虞案：《廣雅·釋詁》：「次，近也。」

（一九）則虞案：此及下文俱爲《晏子春秋》文。

（二〇）孫星衍云：「《詩傳》：『苴，麻子也。』高誘注《呂氏春秋》：『苴，草刪也。』苴音同鮓。」

（二一）孫星衍云：「晏子長不滿六尺，故云短。明本注云『疑缺』，非也。」◎則虞案：元刻本、明活字本、黃之寀本皆有「疑缺」二字小字夾注，李從先本、楊慎評本無。所云缺者，謂此節有挩文，非謂此句有殘損。以上文觀之，首敘晏子之治齊，糊敘晏子之給諫。復敘晏子之節儉博施，皆約《晏子春秋》文爲說，此下疑舉晏子軼事，恐即引《內篇·雜下》第八使楚之事，文有脫落耳。又《水經·河水》注八云：「劉向敘《晏子春秋》稱古冶子曰：『吾嘗濟於河，黿銜左驂以入砥柱之流，從而殺之，視之乃黿也。』」可見此下脫誤甚多。

（二二）則虞案：此六篇者，指《內篇》言。

（二三）孫星衍云：「謂《外篇》第七也，俗本或以此附《內篇》，變亂向篇第，明人之妄如是。」

（二四）孫星衍云：「謂《外篇》第八也，俗本以爲第七。」

（二五）孫星衍云：「《史記正義》引《七略》云：《晏子春秋》七篇在儒家者，是時即以《外篇》第七八合爲一耳。《隋唐志》七卷，即以篇爲卷也。《玉海》引《崇文總目》十二卷，或以爲後人采嬰行事爲書，故卷頗多於前志。《文獻通考》亦十二卷，蓋宋時分析其篇上下各爲卷，『二』或『四』字之誤，即《七略》之七篇也。若因卷頗多於前志，疑後人采嬰行事爲書，則宋人不精核此書之故矣。晁公武從柳宗元之言，改入墨家，亦其妄也。」

（二六）孫星衍云：「蔡邕《獨斷》：『御者，進也。』《詩箋》：『御，侍也。』」◎則虞案：此引《獨斷》語是。《詩箋》訓「侍」，義別，不當引。

（二七）孫星衍云：「『第』，即『弟』字，俗從『竹』。《說文》：『弟，韋束之次弟也。』」

（二八）則虞案：《獨斷》云：「漢承秦法，群臣上書皆言昧死言。王莽盜位，慕古法，去昧死。曰稽首。」此云「昧死」，似校錄於王莽未居攝之前。又案：《列子敘錄》與此皆作「昧死上」，《說苑》作「昧死」，《荀子》作「昧死上言」。吳懷保本改作「上聞」，誤。

《晏子春秋》史志著錄

《史記・管晏列傳》注引《七略》云：「《晏子春秋》七篇，在儒家。」

《漢書・藝文志》：「《晏子》八篇。」班固自注云：「名嬰，謚平仲，相齊景公，善與人交。有列傳。」師古曰：「有列傳者，謂太史公書。」

《隋書・經籍志》：「《晏子春秋》七卷，齊大夫晏嬰撰。」

《唐書・經籍志》：「《晏子春秋》七卷，晏嬰撰。」

《宋史・藝文志》：「《晏子春秋》十二卷。」

《崇文總目》：「《晏子春秋》十二卷，晏嬰撰。《晏子》八篇，今亡。此書蓋後人采嬰行事爲之，以爲晏嬰撰則非也。」

《郡齋讀書志》：「《晏子春秋》十二卷，右齊晏嬰也。嬰相景公，此書著其行事及諫諍之言，昔司馬遷讀而高之，而莫知其所以爲書。或曰晏子之後爲之。唐柳宗元謂遷之言乃然，以爲墨子之徒有齊人者爲之。墨好儉名世，故墨子之徒尊著其事以增高爲己術者，且其旨多尚同、兼愛、非樂、節用、非厚葬久喪、非儒、明鬼，皆出墨子，又住往言墨子聞其道而稱之，此甚顯白。自向、歆、彪、固皆錄之儒家，非是，後宜列之墨家。今從宗元之說云。」

《玉海》引《中興書目》云：「《晏子春秋》十二卷，或以爲後人采嬰行事爲書，故卷多于前志。」

《直齋書錄題解》：「《晏子春秋》十二卷，齊大夫平仲晏嬰撰。《漢志》八卷，但曰《晏子》隋、唐七卷，始號《晏子春秋》，今卷數不同．未知果本書否。」

《四庫全書簡明目錄》：「《晏子春秋》八卷，撰人名氏無考。舊題晏嬰撰者，誤也。書中皆述嬰遺事，實《魏徵諫錄》、《李絳論事集》之流，與著書立說者迥別。列之儒家，於宗旨固非，列之墨家，於體裁亦未允，改隸傳記，庶得其真。」

　　《四庫全書總目提要》：「《晏子春秋》八卷，舊本題齊晏嬰撰。晁公武《讀書志》：『嬰相景公，此書著其行事及諫諍之言。』《崇文總目》謂後人采嬰行事爲之，非嬰所撰。然則是書所記，乃唐人《魏徵諫錄》、《李絳論事集》之流，特失之編次者之姓名耳，題爲嬰者依托也。其中如王士禎《池北偶談》所摘齊景公圍人一事，鄙倍荒唐，殆同戲劇，則妄人又有所竄入，非原本矣。劉向、班固俱列之儒家中，惟柳宗元以爲墨子之徒有齊人者爲之，其旨多尚同、兼愛、非厚葬久喪者，又往往言墨子聞其道而稱之。薛季宜《浪語集》又以爲《孔叢子‧詰墨》諸條今皆見《晏子》書中，則嬰之學實出於墨，蓋嬰雖略在墨翟前，而史角止魯實在惠公之時，見《呂氏春秋‧仲春記‧當染篇》，故嬰能先宗其說也。其書自《史記‧管晏列傳》已稱爲《晏子春秋》，故到知幾《史通》稱晏子、虞卿、呂氏、陸賈其書篇第本無年月，而亦謂之春秋。然《漢志》惟作《晏子》，《隋志》乃名《春秋》蓋二名兼行也。《漢志》、《隋志》皆作八篇，至陳氏、晁氏書目，乃皆作十二卷，蓋篇帙已多有更改矣。此爲明李氏綿眇閣刻本，《內篇》分《諫上》、《諫下》、《問上》、《問下》、《雜上》、《雜下》六篇，《外篇》分上、下二篇，與《漢志》「八篇」之數相合。若世所傳烏程閔氏刻本，以一事而《內篇》、《外篇》複見，所記大同小異者，悉移而夾註《內篇》，殊爲變亂無緒，今故仍從此本著錄，庶幾猶略近古焉。」

《左盦集‧晏子春秋篇目考》

劉師培

　　劉向《晏子敘錄》言定著八篇，二百一十五章，《漢志》「儒家」亦列晏子八篇。而《史記‧管晏列傳‧正義》引《七略》則云：「《晏子春秋》七篇。」蓋誤「八」爲「七」，或「《七略》」爲「《七錄》」之訛。《隋唐志》皆七卷，蓋合《雜上》、《下》二篇爲一。《史記‧管晏列傳‧索隱》云：「今其書有七十篇。」「十」爲衍文（張文虎《札記》引錢泰吉說）。則七篇之本，唐所通行。然所代亦有八卷本，《意林》卷一列《晏子》八卷事也。宋代所行，一爲十二卷本，即《崇文總目》、《直齋書錄解題》、《玉海》、《通考》所載是，蓋就七篇之本，各析爲二，惟兩《外篇》未析，孫氏星衍謂「二」當作「四」，非也。一爲七卷之本，即《通志‧藝文略》所載是。《崇文總目》謂八篇今亡，《書錄解題》謂卷數不同，未知果本書否，《玉海》亦以卷多爲疑。蓋八篇之本，宋代已亡，元本八卷，《四庫》本亦八卷，《拜經樓藏書題跋記》謂後人併合以符《漢志》之數，其說近是。明刻均七卷，蓋亦後人併合，以符《隋唐志之數也。惟元本及明沈啓南本均二百十五章，與《敘錄》符，則偏目併合，各代雖殊，其殘佚之文則鮮。顧猶有疑者，《史記‧管晏列傳》列越石父及御者二事，《贊言》：「既見其著書，欲觀其行事。至其書世多有之，是以不論，論其軼事。」則越石父及御者二事均不載本書，今二事列於《雜篇上》，故管同援以疑本書。今考以上二節，雖爲《選》注諸書所引，然實非本書之舊，王念孫《雜志》據《治要》於《問篇上‧景公問欲善齊政章》析之爲二，其說是也。又考《雜篇下‧景公以晏子食不足致千金章》「景公謂晏子曰」下，黃之寀本別爲章，蓋所沿亦故本。故校斯書者當刪越石父、御者二章，析《問善齊政章》、《致千金章》爲二，庶較元本爲長。若謂元本即向本，則《敘錄》有章數無章名，且無每篇若干章之文，《崇文總目》又言八篇今亡，則元本各章目亦係校者所分，不以刪易爲嫌也。

《晏子春秋》真偽考辨及成書年代

柳宗元《柳河東集》卷四

　　司馬遷讀《晏子春秋》，高之，而莫知其所以為書。或曰晏子為之而人接焉，或曰晏子之後為之，皆非也。吾疑其墨子之徒有齊人者為之。墨好儉，晏子以儉名於世，故墨子之徒尊著其事以增崇為己術者。且其旨多尚同、兼愛、非樂、節用、非厚葬久喪者，是皆出墨子，又非孔子，好言鬼事，非儒、明鬼又出墨子，其言問棗及古冶子等尤怪誕，又往往言墨子聞其道而稱之，此甚顯白者。自劉向、歆·斑彪、固父子，皆錄之儒家中，甚矣！數子之不詳也。蓋非齊人不能具其事，非墨子之徒則其言不若是。後之錄諸子書者，宜列之墨家，非晏子為墨也，為是書者墨之道也。

孫星衍《問字堂集·晏子春秋序》

　　《晏子》八篇，見《藝文志》，後人以篇為卷，又合《雜上、下》二篇為一，則為七卷，見《七略》（《史記·正義》：「《七略》云：『《晏子春秋》七篇，在儒家。』」）及《隋、唐志》。宋時析為十四卷（《玉海》「四」作「二」，疑誤。），見《崇文總目》，實是劉向校本，非偽書也。其書與周、秦、漢人所說不同者：《問下》景公問晏子轉附、朝舞，《管子》作「桓公問管子」，昭公問莫三人而迷，《韓非》作「哀公」。《諫上》景公遊於麥丘，《韓詩外傳》、《新序》俱作「桓公」。《問上》景公問晏子治國何患？患社鼠，《韓非》、《說苑》俱作「桓公問管仲」。《問下》柏常騫去周之齊見晏子，《家語》作「問於孔子」。如此，《春秋》三《傳》，傳聞異辭，若是偽書，必採錄諸家，何得有異？

　　唐、宋已來，傳注家多引《晏子》。《問上》云「內則蔽善惡於君上，外則賣權重於百姓」，《藝文類聚》作「出則賣重寒熱，入則矯誑奴利」，一作「出則賣寒熱，入則比周」。《雜下》「縶組馳之」，《文選》注作「擊驛而馳」，《韓非》

作「煩且」。《諫下》「接一搏貐而再搏乳虎」，《後漢書》注作「持楯而再搏猛虎」。《問上》「仲尼居處惰倦」，《意林》作「居陋巷」。《諫上》「天之降殃，固於富彊，爲善不用，出政不行」，《太平御覽》，作「當彊爲善」。（此誤「富」字爲「當」，又誤讀其句。）此皆唐、宋人傳寫之誤，若是僞書，必探錄傳注，何得有異？

　　且《晏子》文與經史不同者數事，《詩》「載驂載駟，君子所屆」，《箋》訓爲「極」，《諫上》則作「誡」，以箴駕八非制，則當爲誠慎之義。《諫上》景公遊於公阜，言「古而無死」及「據與我和」，日暮四面望睹彗星，云「夫子一日而三責我」，《雜下》又云「昔者吾與夫子遊於公邑之上，一日而三不聽寡人」，是爲一時之事，《左傳》則以「古而無死」、「據與我和」之言在魯昭二十年，其「齊有彗星」降在魯昭二十六年者，蓋緣陳氏厚施之事，追溯災祥及之耳。此事本不見《春秋》經，然則彗星見實在昭二十年、齊景之二十六年，《史記‧十二諸侯年表》誤在魯昭二十六年、齊景之三十二年，非也。《問下》越石父反裘負薪息於塗側，曰「吾爲人臣僕於中牟，見使將歸」，《呂氏春秋》，及《新序》則云「齊人累之」，亦言以負祟作僕，實非攫罪，《史記》則誤云「越石父在縲紲中」，又非也。他若引《詩》「武王豈不仕」，「仕」作「事」；引《左傳》「蘊利生孽」，「蘊」作「怨」，「國之諸市」作「國都之市」，皆是補益經義，是以服虔、鄭康成、郭璞注書多引之。

　　書中與《管》、《列》、《墨》、《荀》、《孟》、《韓非》、《呂覽》、《淮南》、《孔叢》、《鹽鐵論》、《韓詩外傳》、《說苑》、《新序》、《列女傳》、《風俗通》諸書文辭互異，足資參訂者甚多。《晏子》文最古質，《玉海》引《崇文總目》十四卷，或以爲後人采嬰行事爲書，故卷帙頗多於前志，蓋安言矣。

　　《晏子》名《春秋》，見於史遷、《孔叢子‧順說》及《風俗通》。「春秋」者‧編年紀事之名，疑其文出於齊之《春秋》，即《墨子‧明鬼篇》所引。嬰死，其賓客哀之，從國史刺取其行事成書，雖無年月，尚仍舊名，虞卿、陸賈等襲其號。《晏子》書成在戰國之世，凡稱子書，多非自著，無足怪者。

　　儒者莫先於《晏子》，今《荀子》有楊倞注，《孟子》有趙岐注，唯《晏子》古無注本。劉向分《內、外篇》，亂其次第，意尙嫌之。世俗所傳本，則皆明人所刊，或以《外篇》爲細事附著《內篇》各章，或刪去詆毀仲尼及問棗諸章，

故書不可考矣。惟萬曆間沈啓南校梓本尙爲完善，自《初學記》、《文選注》、《藝文類聚》、《後漢書注》、《太平御覽》諸書所引，皆具於篇，末章所缺，又適據《說苑》補足，既得諸本，是正文字，又爲《音義》於後，明有依據。定爲八篇，以從《漢志》，爲七卷，以從《七略》，雖不能復舊觀，以爲勝俗本遠矣。善乎劉向之言：「其書六篇，皆忠諫其君，文章可觀，義理可法，皆合六經之義。」是以前代入之儒家。

柳宗元文人無學，謂墨氏之徒爲之，《郡齋讀書志》、《文獻通考》承其誤，可謂無識。晏子尙儉，《禮》所謂「國奢則示之以儉」，其居晏桓子之喪，盡禮亦與墨子短喪之法異。《孔叢》云：「察傳記晏子之所行，未有以異於儒焉。」儒之道甚大，孔子言「儒行有過失可微辨而不可面數」，故公伯寮愬子路而同列聖門，晏子尼谿之阻，何害爲儒？且古人書「外篇」，半由依託，又劉向所謂「疑後世辨士所爲」者，惡得以此病晏子！

惲敬《大雲山房文稿》卷二

吾州孫兵備星衍爲編修時，常校刊《晏子春秋》，釐正次第，補綴遺失，於是書有功焉。而序中有不可從者二，是不可不辯。

《春秋》昭公十七年「有星孛于大辰」，《史記·十二諸侯年表》書之于魯。《左傳》昭公二十六年「齊有彗星」，杜注云「不書，魯不見」。《年表》書之于齊，蓋《史記》之愼也。《左傳》昭公二十年十二月，齊侯至自田，晏子侍于遄臺，景公有「據與我和」之言，飲酒樂，景公有「古而無死」之言、《史記·齊世家》、《孔子世家》及《年表》俱書「田」，書「入魯境」，在書「彗星」前六年，此事之的然者。今兵備據《晏子》謂遄臺之遊與論禳彗星乃一時事，甚非也。其謂彗星實在昭公二十年，則益非。彗星，地氣所騰耳，非如經緯星有行度躔次可推，何以二千載之後逆如爲二十年之事，非二十六年之事邪？且謂二十六年因陳氏厚施之事追言災祥，陳氏豈至是始厚施邪？古今之書衆矣，當求可依據者而從之，其依據不可考則視著書之人之德與學與其書之條理明白者而從之，今舍左丘明、司馬遷，信後人采掇之《晏子》，吾不敢云是也。《史記》：

「越石父賢，在累紲中，晏子出，遭之塗，解左驂贖之。」《呂氏春秋》、《新序》云：「齊人累之。」「累」、「縲」古通，即「縲紲」也。《晏子》：「越石父反裘負薪息于塗側，曰：『吾為人臣僕于中牟，見將歸。』」古者惟罪人為臣僕，為臣僕之罪皆可贖，《史記》之言與《晏子》無異也，今兵備據《晏子》謂越石父未嘗攖罪以非《史記》吾亦不敢云是也。

吳德旋《初月樓文鈔》卷一

《晏子春秋》非晏子所作，柳子之辨審矣，而其說猶有未盡。吾疑是書蓋晚出，非太史公、劉向所見本，太史公、劉向所見之《晏子春秋》，不知何時亡失之，而六朝人好作偽者依放為之耳。

凡先秦古書於義理或多駁悖，而詞氣奧勁，必非東漢以來文士所能擬作，如《晉乘》、《楚檮杌》、《孔叢子》諸書，皆斷然可決其非出周、秦之間矣。柳子言為是書者墨之道，吾以為此特因晏子以節儉名當世，非假是不足以成書，故刺取《墨子》意衍其說，未必果為墨者為之也。

管同《因寄軒文初集》卷三

陽湖孫督糧星衍甚好《晏子春秋》，為之《音義》。吾謂漢人所言《晏子春秋》不傳久矣，世所有者，後人偽為之耳。何以言之？

太史公為《管晏傳》贊曰：「其書世多有，故不論，論其軼事。」。「仲之《傳》載仲言交鮑叔事獨詳悉，此仲之軼事，《管子》所無。以是推之，薦御者為大夫，脫越石父於縲紲，此亦嬰之軼事，而《晏子春秋》所無也。假令當時書有是文，如今《晏子》，太史公安得稱曰軼事哉？吾故知非其本也。唐柳宗元者知疑其書，而以為出於墨氏，墨氏之徒去晏子固不甚遠，苟所為猶近古，共淺薄不當至是。

是書自管、孟、荀、韓，下逮韓嬰、劉向書，皆見剿竊，非詆訾孔子事本出《墨子·非儒篇》，為書者見墨子有是意，嬰之道必有與翟同者，故既采《非

儒篇》入《晏子》又往往言墨子聞其道而稱之，是此書之附於墨氏，而非墨氏之徒爲是書也。且劉向、歆、班彪、固父子，其識皆與太史公相上下，苟所見如今書多墨氏說，彼校書胡爲入之儒家哉？然則孰爲之？曰：共文淺薄過甚，其諸六朝後人爲之者與？

梁啓超《漢書藝文志諸子略考釋》

今存。《隋、唐志》皆七卷，題爲《晏子春秋》蓋襲《史記》所稱名。《崇文總目》作十二卷。《郡齋讀書志》、《文獻通考》皆改入墨家，《四庫總目》改入史部傳記類。

《史記·管晏列傳》云：「余讀《晏子春秋》，詳哉其言之也。其書世多有之。」《淮南子·要略》云：「齊景公內好聲色，外好狗馬……故晏子之諫生焉。」皆以爲晏子有著書，且其書在西漢時蓋甚盛行。

《漢志》此書即司馬遷、劉安所見本也。然殆非春秋時書，尤非晏子自作。柳宗元謂晏子之徒有齊人者爲之，蓋近是。然非人非能知墨子者，且其依託年代似甚晚，或不在戰國而在漢初也。今傳之本，是否爲遷、安所嘗讀者，蓋未可知。然似是劉向所校正之本，非東漢後人竄亂附益也。其書掊撦成篇，雖先秦遺文間藉以保存，然無宗旨，無系統。《漢志》以列儒家固不類，晁焉因子厚之言改隸墨家尤爲不取。四庫入史部傳記，尚較適耳。

蔣伯潛《諸子通考·諸子著述考》

「春秋」爲古代編年史之通名，錯舉四季之二以爲名，蓋以示編年之意，故各國皆有「春秋」，不但魯而已，此皆史書也，及戰國末期，乃以「春秋」爲記個人言行之書之名稱，如《李氏春秋》、《呂氏春秋》、《虞氏春秋》皆是。《晏子春秋》非編年史，爲子書，非性質與《李氏春秋》……同，故其成書亦當在戰國中世之後。此其一。

本書《外篇》第七曰：「景公遊於淄，聞晏子死……。」又曰「晏子死，景公操玉加於晏子……。」又曰：「晏子没十有七年，景公飲諸大夫酒。……。」是此書成於晏子卒後，且成於晏子卒十七年之後也。景公後晏子卒，而本書皆稱其謚，是此書成於景公卒後也。《孟子·盡心》曰：「盆成括仕於齊，孟子曰：『死矣！盆成括！』盆成括見殺，公孫丑曰：『夫子何以知其將見殺？』孟子曰：『其為人也小有材，未聞君子之大道也，則足以殺其軀而已矣！』」是齊之盆成括與孟子同時也。本書《外篇·路寢》章記盆成括事，是其成書直在孟子之時矣。此其二。

書中所記之事，自相歧異者有之，與他書大同小異者有之。例如《諫上》記景公遊於公阜曰：「夫子一日而三責我。」《雜下》又記景公曰：「昔吾與夫子遊於公邑之上，一日而三不聽寡人。」「公邑」即「公阜」也。又如譏晏子「三心」者，一則以為梁丘據，一則以為高子，一則以為孔子。路寢之葬，一則以薦逢于何，一則以為盆成括。此皆一事重見於本書而自相歧異者也。《問下》記景公問晏子轉附、朝舞云云，亦見於《孟子》、《管子》，此書與《孟子》俱作「景公問晏子」，《管子》則作「桓公問管子」。又記「昭公問莫三人而迷」云云，亦見於《韓非子》而「昭公」作「哀公」。《諫上》記「景公遊於麥丘」事，亦見於《韓詩外傳》及《新序》而「景公」俱作「桓公」。《問上》記「晏子答景公治國患社鼠」云云，亦見於《韓詩外傳》及《說苑》，而俱作「管仲答桓公」。《問下》記「柏常騫問晏子」云云，亦見於《孔子家語》而作「問於孔子」。此皆一事並見於他書而大同小異者也。由此可知《晏子》乃由後人綴集傳聞而成，而傳聞又多互異矣。此其三。

本書篇名曰「諫」、曰「問」，晁公武以為乃唐人魏徵《諫錄》、李絳《論事集》之類，蓋由後人據撮傳聞所得晏子諫君及答問之辭而成也。孟子答公孫丑曰：「子誠齊人也，知管仲、晏子而已矣。」蓋管仲以其君霸，晏子以其君顯，為齊名臣，其言行自為齊人所稱道，好事者乃掇拾之以成書，而託之管子、晏子也。此其四。

《晏子》書中有非厚葬之言，且云「墨子聞其道而稱之」，其實則因晏子尚儉，故撰集《晏子》者撮墨子非厚葬之言以附之，並非墨子聞而稱之也。故柳

宗元《晏子辨》以爲墨子之徒有齊人者爲之也。則其成書已在墨子之後矣。此其五。

綜上述五端觀之，則《晏子》之成書確在戰國之世矣。晏子時，私人著述之風未開，晏子當路於齊，亦無暇從事於著述也。

高亨《〈晏子春秋〉的寫作年代》

一　關於《晏子》寫作時代的說法

《晏子春秋》八篇，被多數學者看成偽書，所以研究歷史、哲學史和文學史的人都不理它。但是它究竟是不是偽書？寫在什麼時代？是什麼性質？有什麼價值？都是值得探討的問題。本文只論述前兩個問題。

這部書司馬遷曾經見過（《史記‧管晏列傳》），劉向做過校訂（《晏子敘錄》），班固也予以著錄，認爲是晏嬰所作（《漢書‧藝文志》）。可是唐柳宗元（《柳柳州文集‧讀晏子》）、宋王堯臣等（《崇文總目》）、清紀昀等（《四庫全書總目提要》）、惲敬（《大雲山房文稿‧讀晏子》）都說它不是晏嬰自作，而是後人依托，至於作於何時，未曾確言。直到管同才懷疑它是六朝人所偽造，並指定偽造者剽竊《墨子》、《管子》、《孟子》、《荀子》、《韓非子》、《韓詩外傳》、《說苑》、《新序》等書而成。按《晏子》書中有不少記述與上列等書相同而又有小異，誰抄襲誰，須細加校對才能見分曉。管同未舉出《晏子》剽竊他書的跡象，空洞地下了斷案，怎能令人信服！他只有一個論據比較有力，值得重視。他說：

> 太史公爲《管晏傳》贊曰：「其書世多有，故不論，論其軼事。」仲之《傳》載仲言交鮑叔事獨詳悉，此仲之軼事，《管子》所無。以是推之，薦御者爲大夫，脫越石父于縲紲，此亦嬰之軼事，而《晏子春秋》所無也。假令當時書有是文，如今《晏子》，太史公安得稱曰「軼事」哉？吾故知非其本也。（《因寄軒詩文集‧讀晏子春秋》）

蘇輿也根據這一證據說：「是書之作……其在史公後可知」。（《校晏子春秋序》）的

確，司馬遷明言不論《晏子》書，只論晏嬰軼事，當然他所記的「薦御者為大夫」和「脫越石父于縲紲」不在《晏子》書中，而今本《晏子》卻有這兩個故事，可見非司馬遷的原本了。但是就是論事，這個論據僅能說明這兩個故事的記載不是司馬遷原本所有，今本《晏子》中有後人增加的成分，還不足以說明今本全書都不是司馬遷原本所有，全屬後人偽造。劉師培認為這兩節「實非原書之舊」（《劉申叔遺書·晏子春秋篇目考》），比較近理。進一步探索，司馬遷當時並未看到《晏子》全書，這是有證據的。先秦古書經過秦始皇的焚燒與禁學，散失很多。進入漢代，藏書者多各有殘本。漢王朝所收集的是逐漸增多的。司馬遷時，漢王朝所藏的《晏子》並沒有今本這些篇章。劉向記得很明白：「所校中書《晏子》十一篇。臣向謹與長社尉臣參（當是富參）校讎，太史書五篇，臣向書一篇，參書十三篇，凡中外書三十篇，為八百三十八章。除重覆二十二篇，六百三十八章，定著八篇，二百一十五章。外書無有三十六章，中書無有七十一章，中外皆有以相定。（《晏子敘錄》）」這是劉向所見《晏子》的傳本。漢成帝時，曾「使謁者陳農求遺書于天下」（《漢書·藝文志》），命劉向校書。那麼，生在陳農求遺書以前幾十年的司馬遷所見到的《晏子》，中書（漢王朝圖書館所藏）和太史書（太史官所藏）當少於十六篇，富參和劉向書當未看到。以劉向所定二百一十五章相比，中書就缺少七十一章。可以推斷，司馬遷並未見到《晏子》全書。他所見到的《晏子》裏沒有這兩個故事，因而說成「軼事」，但別人藏本中有這兩個故事，被劉向編入。我們那能因這一點而論定今本《晏子》為偽書呢？管同沒有細讀劉向《敘錄》，沒有注意到司馬遷所見到的《晏子》並非劉向所校編的《晏子》，於是根據一點否定全面，結論錯誤，又何足怪。近代梁任公先生認為今本《晏子》是後人依託，成書年代或不在戰國而在漢初（《飲冰室全集·漢書藝文志諸子略考釋》）。沒有論據，可以不論。黃雲眉先生贊同管同的說法，然而只舉一個證據 《晏子內篇·景公問吾欲觀于轉附朝舞》一章是抄襲《孟子·梁惠王篇》（《古今偽書考補正》）。我認為這段記載究是誰抄誰，或非互抄而同出一源，實難論定，即使是《晏子》抄《孟子》也僅能說明《晏子》作於《孟子》之後而已。總之，說今本《晏子》寫於漢代或六朝都是無根之談。

清人孫星衍著有《晏子音義》對此書有深刻的鑽研，他說：「《晏子》八篇……實是劉向校本，非偽書也。……疑其文出於齊之《春秋》，即《墨子·明鬼篇》

所引。嬰死，共賓客哀之，集其行事成書。……書成在戰國之世。凡稱子書，多非自著，無足怪者。」(《晏子音義序》) 孫氏猜測《晏子》出於齊之《春秋》，晏嬰的賓客所作，無史料可徵，我們不能確信，但是他說今本《晏子》「實是劉向校本」，「書成在戰國之世」，大體是正確的。可惜他的論證略而不詳，弱而無力，未能解決問題，我也就不徵引了。又張純一說：「《晏子》書非晏子自作也。蓋晏子沒後，傳其學者採綴晏子之言行而為之也。」(《晏子春秋校注敘》) 大意與孫氏相同。

最近董治安同志又討論到這個問題，他認為：「《晏子春秋》不是晏嬰自著，也不是漢以後人雜抄諸家拼湊起來的東西，而是一部獨立的先秦時代的作品，編寫者大約是稍晚於晏子的戰國時人。」(《說晏子春秋》，見《山東大學學報》中國語言文學版一九五九年第四期) 我同意他的看法。

二 《晏子》非晏嬰所作

《晏子》不是晏嬰所作，這是可以斷言的。因為全書二百一十五章有一百六十一章稱齊「景公」，「景公」是死後的諡號，景公死於晏嬰死後十年 (據《史記‧齊世家》晏嬰死于景公四十八年，即公元前四九六年，而景公五十八年死)。而且書中常講到晏嬰死後的事。為了明確問題，列舉於下：

> 景公沒，田氏殺君荼，立陽生；殺陽生，立簡公；殺簡公而取齊國。(《內篇諫上》第十一章)

> 及晏子卒，公出，背而泣。(《內篇諫上》第十八章)

> 墨子聞之曰：「晏子知道。……。」(《內篇問上》第五章。按晏嬰死時墨子還未生。)

> 晏子沒而後衰。(《內篇問上》第十章)

> 墨子聞之曰：「晏子如道，……。」(《內篇雜上》第五章)

> 晏子病，將死，鑿楹納書焉，謂其妻曰：「楹語也，子壯而示

之。」及壯發書，……。（《內篇雜下》第三十章）

晏子沒而後衰。（《外篇上》第二十二章）

景公游于淄，聞晏子死，……（《外篇下》第十六章）

晏子死，景公操玉加于晏子而哭之，……。（《外篇下》第十七章）

晏子沒十有七年，……。（《外篇下》第十八章）

這充分證明《晏子》不出於晏嬰的手筆。

三 《晏子》作於戰國時代

　　《晏子》雖然不是晏嬰所作，但是成書並不太晚，當在戰國時代，管同等人以爲漢後人所造的假古董，實屬無據。總的看來：第一，《晏子》二百一十五章都記晏嬰的言行，重見於先秦兩漢古書的，據我粗略的統計，約八十章左右，其餘只《晏子》中才有。如果漢後入作僞，試問作僞者從哪裏得到那八十章左右以外的材料？彼時人所見到的古書誠然比今天多，但是作僞者偏偏對於有關晏嬰的材料掌握這麼豐富，也不可理解。第二，《晏子》所記故事，重見於先秦兩漢古書的，確多相同或大體相同之處，但是《晏子》中在人物、地點和故事情節上也有不少特別殊異的地方。如果漢後人作僞，試問作僞者爲什麼不遵照古書而偏偏立異？又有什麼根據而立異？第三，《晏子》所記故事和重見於先秦兩漢古書的相比，一般是《晏子》內容比較豐富，情節比較多而且詳。如果漢後人作僞，試問作僞者根據什麼而增加故事的內容和情節？能說都出於虛構嗎？第四，《晏子》書中有許多古字古義，只有先秦作品才這樣用，甚至只有《晏子》才這樣用，而且語言風格多古奧樸實，與漢人作品迥異。如果漢後人作僞，試問作僞者怎能超越時代、會用古字古義、會寫古代文章，達於畢真畢肖？以上四點，具體論述，要連篇累牘，只好從略。同時，辯決這個問題，只有拿《晏子》所記和其他古書對勘，顯示他們孰先孰後，才能使人心服。現在我們就用這個方法舉幾個例子，來證實《晏子》作於戰國時代。

以《晏子》與《古文瑣語》爲例

《晏子》書中記有齊景公興兵伐宋，因夢見湯和伊尹，從而罷兵一事，《古文瑣語》也載此事。《古文瑣語》本是魏襄王用來殉葬之物，埋在他的墳裏，直到晉朝初年才被發現。這是漢魏人所未見的。《晏子》所記既與《瑣語》相合，可見它至晚寫於戰國時代，不是漢後人僞造。那麼是否晉後人抄《瑣語》呢？不是的，請看，《晏子》記：

> 景公舉兵將伐宋，師過泰山，公夢見二丈夫立而怒，其怒甚盛。公恐.覺，辟門召占夢者，至，公曰：「今夕吾夢二丈夫立而怒，不知其所言，其怒甚盛。吾猶識其狀，識其聲。」占夢者曰：「師過泰山而不用事，故泰山之神怒也。請趣召祝史祠乎泰山則可。」公曰：「諾。」明日晏子朝見，公告之如占夢之言也。公曰：「占夢者之言曰：『師過泰山而不用事，故泰山之神怒也。』今使人召祝史祠之。」晏子俯有間，對曰：「占夢者不識也。此非泰山之神，是宋之先湯與伊尹也。」公疑，以為泰山神。晏子曰：「公疑之，則嬰請言湯、伊尹之狀也。湯質晳而長顏以髯，兌上豐下，倨身而揚聲。」公曰：「然，是已。」「伊尹黑而短，篷而髯，豐上兌下，僂身而下聲。」公曰：「然，是已。今若何？」晏子曰：「夫湯、太甲、武丁、祖乙，天下之盛君也，不宜無後。今惟宋耳，而公伐之，故湯、伊尹怒。請散師以平宋。」景公不用，終伐朱。晏子曰：「伐無罪之國，以怒明神，不易行以續蓄，進師以近過，非嬰所知也。師若果進，軍必有殃。」軍進再舍，鼓毀將殪。公乃辭乎晏子，散師，不果伐宋。（《內篇諫上》第二十二章）

而《瑣語》記：

> 齊景公伐宋，至曲陵，夢見短丈夫賓于前。晏子曰：「君所夢者何如哉？」公曰：「其賓者甚短，大上小下，其言甚怒，好倪。」晏子曰：「如是則伊尹也。伊尹甚大上小下，赤色而髯，其言好倪而下聲。」公曰：「是矣。」晏子曰：「是怒君師，不如違之。」遂不果伐宋。（《太平御覽》三七八引）

　　《晏子》所記，情節複雜，而《瑣語》所記，情節簡單。不僅如此又有歧異，《晏子》說「過泰山」，而《瑣語》說「至曲陵」；《晏子》說景公夢見湯和伊尹，而《瑣語》說景公只夢見伊尹，《晏子》說晏嬰後舉湯和伊尹的狀貌，而《瑣語》說景公先舉伊尹的狀貌；《晏子》說「鼓毀將薨」而後退兵，而《瑣語》說夢後即退兵。可見不是晉後人抄《瑣語》編入《晏子》了。

　　王充《論衡·死僞篇》也載有此事，以我觀察，並非《晏子》抄《論衡》，而是《論衡》抄《晏子》因爲《論衡》刪去很多，景公和占夢者的對話、景公對晏嬰談夢和占卜，以及最後晏嬰勸景公罷兵等都沒有記，足證《論衡》是摘錄《晏子》的。

　　以《晏子》與《墨子》爲例：

　　齊景公想要用土地封孔子，由於晏嬰反對而作罷。這個故事載在《晏子·外篇上》第一章和《墨子·非儒上》文辭多有相同之處。管同等人以爲漢後人僞造《晏子》時抄竊《墨子》。以我考察，並非如此。例如《墨子》記：

　　　孔某（當作孔丘）之齊，見景公，景公說，欲封之以尼溪。

　　「尼溪」，《史記·孔子世家》與《墨子》同，而《晏子》作「爾稽」，孫星衍說：「尼爾、溪稽，聲皆相近。」（《晏子音義》）是對的。「尼溪」是地名，比較通俗。如果漢後人抄《墨子》不會也不可能改「尼溪」爲「爾稽」。又如《墨子》記晏嬰批評孔子的話：

　　　宗喪循哀，不可使慈民。

　　《晏子》作：

　　　厚葬破民貧國，久喪遵哀費日，不可使子氏。

　　《墨子》說：

　　儒學不可使議世。（「儒」當作「博」）

　　《晏子》作：

博學不可以儀世。

「子」與「慈」、「儀」與「讖」，古字通用。《晏子》用「子」做「慈」，用「儀」作「議」，比《墨子》更爲古樸。兩書是誰抄誰，或者同出一源，不敢論定。即使《晏子》抄《墨子》或《墨子》抄《晏子》也是戰國人所爲。如果漢後人抄《墨子》，不會改成這樣更古奧的字句。像魏晉間人僞造古文《尙書》二十五篇，其文辭終篇淺近。一個人的文筆總是很難超過時代的。

《史記・孔子世家》也記載此事，司馬遷就採用《晏子》、《墨子》而加以刪省改動。如記晏嬰的話，

自大賢之息，周室既衰，禮樂缺有間。

《墨子》無此文，《晏子》卻有而不同：

自大賢之滅，周室之卑也，威儀加多，而民行滋薄；聲樂繁充，而世德滋衰。

很顯然，司馬遷的話是根據《晏子》。那麼，管同等人說《晏子》一定出于司馬遷之後，大概未去細考。

以《晏子》與《荀子》爲例：

《晏子・內篇雜上》第二十三章記晏嬰提給曾子的臨別贈言，《荀子・大略》也有這一段，又爲《勸學》篇有與《晏子》、贈言相似的語句。彼此對勘，顯然不是《晏子》抄《荀子》，而是《荀子》用《晏子》，有所刪省改動，化古奧爲淺明。全文沒有轉錄的必要，只舉幾條爲例：

《晏子》：

君子贈人以軒，不若以言。（軒、言押韻）

《荀子》：

君子贈人以言，庶人贈人以財。（《大略》）

《晏子》：

和氏之璧、井田之困也，良工修之，則為存國之寶。

《荀子》：

和之璧、井里之厥也，玉人琢之，為天子寶。（《大略》）

《晏子》：

今夫蘭本三年而成，湛之苦酒，則君子不近，庶人不佩｜湛之麋醴，而賈匹馬矣。

《荀子》作：

蘭茝棄本漸于蜜醴，一佩易之。（《大略》。按似有脫字）

《晏子》

今夫車論，山之直木也，良匠揉之，其圓中親，雖有槁暴，不復嬴矣。

《荀子》作：

水直中繩，輮以鳳輪，其曲中規，雖有槁暴，不復挺者，輮使之然也。（《勸學》）

從這幾句就可以看出，《晏子》文章比較古拙，尤其拿《晏子》的「軒」、「言」為《荀子》的「言」、「財」相比，拿《晏子》的「困」和《荀子》的「厥」相比，拿《晏子》的「麋醴」和《荀子》的「蜜醴」相比，拿《晏子》的「嬴」和《荀子》的「挺」相比，可以說《晏子》是較為古樸而難懂，甚至像「困」、「嬴」的含義，至今無法證明。如果漢後人採用《荀子》來假造《晏子》，語言當更加乎易，那會有這種現象！

以為《晏子》與《呂氏春秋》為例：

《晏子》與《呂氏春秋》所記相同的故事，最顯著的有三個： 即晏嬰拒總與崔杼同盟，晏嬰贖越石父東郭騷自殺報晏嬰。我仔細對勘，認為都不是《晏子》抄《呂氏春秋》，而是《呂氏春秋》抄《晏子》這必須詳迷而後能明。

晏嬰拒絕與崔杼同盟一事，《晏子》是這樣記的：

> 崔杼既弒莊公而立景公，杼與慶封相之，竊諸將軍、大夫及顯士，庶人于太宮之坎上，令無得不盟者，為壇三仞，埳其下；以甲千列環其內外。盟者皆脫劍而人，維晏子不肯，崔抒許之。有敢不盟者，戟拘共頸，劍承共心。令自盟曰：「不與崔、慶而與公室者受其不詳！」言不疾，指不至血者死。所殺七人，次及晏子。晏子奉栢血仰天嘆曰：「嗚呼！崔子為無道，而弒其君，不與公室而與崔、慶者受此不祥！」俛而飲血。崔杼謂晏子曰：「子變子言，則齊國吾與子共之；子不變子言，戟既在脰，劍既在心，維子圖之也。」晏子曰：「竊吾以刃而失其志，非勇也；回吾以利而倍其君，非義也。崔子！子獨不為夫《詩》乎？《詩》云：『莫莫葛藟，施于條枚。愷悌君子，求福不回』今嬰且可以回而求福乎！曲刃鉤之！直兵推之！嬰不革矣。」崔杼將殺之。或曰：「不可，子以子之君無道而殺之，今其臣有道而士也，又從而殺之，不可以為教矣。」崔子遂舍之。晏子曰：「若大夫馬大不仁，而為小仁，焉有中乎！」趨出，授綏而乘。其僕將馳，晏子撫其手曰：「徐之！疾不必生，徐不必死。鹿生于野，命懸于廚，嬰命有繫矣。」按之成節而後去。為《詩》云：「彼己之子，舍命不渝。」晏子之謂也。（《內篇雜上》第三章）

《呂氏春秋》是這樣記的：

> 晏子與崔杼盟，共辭曰：「不與崔氏而與公孫氏者受其不詳！」晏子俛而飲血，仰而呼天，曰：「不與公孫氏而與崔氏者受此不詳！」崔杼不說，直兵造胸，句兵鉤頸，謂晏子曰：「子變子言，則齊國吾與子共之，子不變子言，則令是已。」晏子曰：「崔子！子獨不為夫《詩》乎？《詩》曰：『莫莫葛藟，延于條枚。覬弟君子，求福不回。』嬰且可以回而求福乎？子惟之矣。」崔抒曰：「此賢者，不可殺也。」罷兵而去。晏子授綏而乘，其僕將馳，晏子撫其僕之手曰：「安之！毋失節！疾不必生，徐不必死。鹿生于山而命懸于廚，今嬰之命有所懸矣。」（《知分》）

不難看出，《呂氏春秋》所記是根據《晏子》而加刪簡。《晏子》具體而較詳地寫出崔、慶逼盟的地點、被逼的人物、威脅的情況、被殺人數及晏嬰不肯脫劍；而《呂氏春秋》只寫了一句 ─ 「晏子與崔杼盟」，好像崔杼只逼晏嬰一人。《晏子》所記盟辭中的「崔、慶」和「公室」，《呂氏春秋》改「崔、慶」為「崔氏」，就漏掉了同惡的慶封；又改「公室」為「公孫氏」，就失去《晏子》的原意，因為「公室」是稱呼姜氏的統治朝廷，而「公孫氏」不是的。可見《呂氏春秋》換詞的失當。這件事，《左傳》也有簡單的記載：「崔杼立（景公）而相之，慶封為左相，盟國人于大宮，曰：『所不與崔、慶者 ─ 』晏子仰天嘆曰：『嬰所不惟忠于君利社稷者是與，有如上帝！』乃歃。」《晏子》所記和《左傳》大意相合；《呂氏春秋》就有漏洞了。《晏子》記崔杼不殺晏嬰，由於或人的諫阻，而《呂氏春秋》說成崔杼的自覺，不免給崔杼搽了粉。《晏子》中晏嬰諷刺崔杼「為大不仁」幾句，《呂氏春秋》省去。這些都足以說明《晏子》作於《呂氏春秋》之前。韓嬰的《韓詩外傳》卷一又錄《晏子》和《呂氏春秋》，又加刪減。開端幾句：

> 崔杼弒莊公，合士大夫盟，盟者皆脫劍而入，言不疾、指不至血者死。所殺十餘人，次及晏子，奉杯血仰天而嘆曰：「惡乎！崔杼將為無道，而殺其君！」于是盟者皆視之。

晏嬰的盟辭省去未寫，只添上「于是盟者皆視之」一句。以下用《晏子》，而依《呂氏春秋》省去崔杼要殺晏嬰、或人諫阻和晏嬰諷刺崔杼的話。劉向的《新序‧義勇篇》則全用《韓詩外傳》，僅換了無關重要的幾個字。

晏嬰贖越石父一事，《晏子》是這樣記的：

> 晏子之晉，至中牟，睹弊冠、反裘、負芻、息于塗側者，以為君子也。使人問焉，曰：「子何為者也？」對曰：「我越石父者也。」晏子曰：「何為至此？」曰：「吾為人臣僕于中牟，見使將歸。」晏子曰：「何為為僕？」對曰：「不免凍餓之切吾身，是以為僕也。」晏子曰：「為僕幾何？」對曰：「三年矣。」晏子曰：「可得贖乎？」對曰：「可。」遂解左驂以贖之，因載而與之俱歸，至舍，不辭而入。越石父怒而請絕，晏子使人應之曰：「吾未嘗得交夫子也，子

薦僕三年，吾乃今日睹而贖之，吾于子尚未可乎？子何絕我之暴也？」越石父對之曰：「臣聞之，士者詘乎不知己，而申乎知己，故君子不以功輕人之身，不為彼功詘身之理。吾三年為人臣僕，而莫吾知也。今子贖我，吾以子為知我矣。嚮者子乘，不我辭也，吾以子為忘，今又不辭而入，是與臣我者同矣。我猶且為臣，請鬻于世。」晏子出見之，曰：「嚮者見客之容，而今也見客之意。嬰聞之，省行者不引其過，察實者不識其辭，嬰可以辭而無棄乎？嬰誠革之。」迺令糞灑、改席、尊醮而禮之。越石父曰：「吾聞之，至恭不修途，尊禮不受擯，夫子禮之，僕不敢當也。」晏子遂以為上客。君子曰：「俗人之有功則德，德則驕。晏子有功，免人于厄，而反詘下之，其去俗亦遠矣。此全功之道也。」（《內篇雜上》第二十四章）

《呂氏春秋》是這樣記的：

晏子之晉，見反裘、負芻、息于塗者，以為君子也，使人問焉，曰：「曷為而至此？」對曰：「齊人累之，名為越石父。」晏子曰：「譆！」遽解左驂以贖之，載而與歸，至舍，弗辭而入。越石父怒，請絕。晏子使人應之曰：「嬰未嘗得交也，今免子于患，吾于子猶未邪？」越石父曰：「吾聞君子屈乎不己知者，而伸乎己知者，吾是以請絕也。」晏子乃出見之，曰：「嚮也見客之容而已，今也見客之志。嬰聞察實者不留聲，觀行者不譏辭，嬰可以辭而無棄乎？」越石父曰：「夫子禮之，敢不敬從。」晏子遂以為上客。俗人有功則德，德則驕。今晏子功免人于阨矣，而反屈下之，其走俗亦遠矣。此令功之道也。（《勸世》）

關於晏嬰贖越石父，越石父向晏嬰「請絕」，晏嬰加禮於越石父等情節尤其是對話，《晏子》寫得那樣細致，《呂氏春秋》寫得比較簡略，很明顯是《呂氏春秋》壓縮《晏子》，不是《晏子》擴大《呂氏春秋》，《史記》記載春秋時事，常常是採用《左傳》、《國語》而加以簡化，正同此例。更重要的是兩書內容有所不同，《晏子》說越石父因為貧窮饑寒而賣身為奴隸，所以在向晏嬰「請絕」

的時侯，還說「我猶且爲臣，請鬻于世」，而《呂氏春秋》說「齊人累之」，當然是受統治者的迫害，被罰帶索做苦工了，這應該是傳說不同，《呂氏春秋》或另有所據。但是《呂氏春秋》前文也僅說越石父「反裘、負芻」，並未說他身被縲絏，文辭顯有漏洞。《晏子》就沒有漏洞，因爲做人奴隸，是不帶索的。如果《晏子》抄《呂氏春秋》，怎麼會有這種現象？《史記・管晏列傳》便是根據《呂氏春秋》略微刪省改動其辭句。至於《新序・節士》則全用《呂氏春秋》。

北郭騷自殺以報晏嬰一事，載在《晏子・內篇雜上》第二十七章和《呂氏春秋・士節篇》，文字幾乎全同，只是《呂氏春秋》記當北郭騷向晏嬰請求資助來養活母親之後，寫道：

> 晏子之僕謂晏子曰：「此齊國之賢者也。其義不臣乎天子，不友乎諸侯，于利不苟取，于害不苟免，今乞所以養母，是說夫子之義也。必與之。」

這八句《晏子》中沒有。按「不臣乎天子，不友乎諸侯」的高調，戰國中期陳中子等人才唱出來，晏嬰時代沒有這個，不妨說《呂氏春秋》有些誇大，《晏子》倒符合實際。劉向《說苑・復恩篇》乃抄《晏》、《呂》而略有刪改，情節不完而語言易懂，可以不論。

總之，《呂氏春秋》有抄襲《晏子》的跡象，《晏子》卻無抄襲《呂氏春秋》的跡象。可見《晏子》成書在《呂氏春秋》之前。

以上幾個例子已經足以說明《晏子》作於戰國時代（其他例子從略）。但是《晏子》經過秦火的摧殘，是劉向所校編，後人又輾轉抄寫，其中雜有後人增添的語句甚至章節，乃屬應有現象。《史記》還有許多篇有後人附加成分，而況《晏子》！我們應該進一步探索，嚴肅地加以審辨；可是決不能因爲有後人增添之處，從而拉下它的寫作時代，定全書爲僞作。

最後應該指出，這部書所記故事，有真的史實，也有誇大和虛構，性質接近歷史小說。作者當是齊國人或久住齊國的人。當時齊國有自己的史書，而民間和士大央間有許多關於晏嬰的傳說。作者大概是根據傳說及史書而寫成的。齊國兩個著名的賢相管仲和晏嬰都有人替他著書，這事很怪，但也許並非偶然；

齊國威王、宣王、襄王都養士於稷下，人數至多千人，《管子》、《晏子》的寫作，或者與稷下大夫有關吧？

這部接近歷史小說的《晏子春秋》，反映了一些儒家思想和墨家思想；揭露並批判了齊國腐朽貴族的醜惡和政治的黑暗，描寫了人民所受到統治者的慘重剝削、殘暴迫害和艱難的生活；尤其是塑造了晏嬰同情人民、反對暴政、效忠齊國、堅持正義、敬禮賢士、生活樸素、態度謙虛、智慧充溢、談辯鋒利的政治家形象。這部書在較多方面表達了人民的願望，有較強的進步傾向；同時也有落後成分和局限性。因為它是小說的萌芽，所以有一定的文學價值。

以上所述，未必正確，希望能得到大家的指正。

吳則虞《晏子春秋集釋序言》

《晏子春秋》，是記敘春秋時代齊國晏嬰言行的一部書。自從柳宗元對本書提出儒墨學派問題的辯論之後，有些人就把它看作偽書一直不為人所重視。我認為《晏子春秋》是一部富有政治思想性的古典文學名著，很值得研究探討。下面提出我一些初步意見，就教於讀者。

一　成書年代和編寫者

本書「附錄」裏收集了有關前人討論《晏子春秋》的文章。關於《晏子春秋》成書年代和作者問題，大致有如下的三種意見：一種認為這書是晏嬰本人寫作的，一種認為是墨子門徒假託的，另一種說是六朝人偽造的。我認為這三種意見都不能成立。

在《晏子春秋》裏有若干章節敘述晏嬰臨死和死後的事情；又，本書內一直以「晏子」相稱，可見，說此書是晏嬰本人的作品，顯然是錯誤的。

前後期墨家的人物及其著作俱歷歷可考，除了《墨子‧非儒篇》裏曾提到晏嬰之外，在其他章節裏再也看不見墨子及墨學者與晏嬰的關係，更找不出墨

子門徒編寫《晏子春秋》的任何跡象。更顯明的是，《晏子春秋》前七卷內記的晏嬰和孔子的關係，和《墨子‧非儒篇》顯然不同。何況晏嬰與墨翟以及《晏子春秋》編寫者和《墨子》撰集者，各有其不同的階級思想，墨子門徒決不至背棄了自己階級立場而寫作《晏子春秋》這部書。把這書說成墨子門徒的作品，是根本說不通的。

《晏子春秋》在《賈子新書》(《數寧》)、《史記‧管晏列傳》和《淮南子‧要略》裏都曾經被稱引過，它又被著錄在《別錄》和《漢書‧藝文志》的《諸子略》裏。西漢時代的著作如《韓詩外傳》、《說苑》、《新序》、《列女傳》等書，引用《晏子春秋》的故實文句，現在還能見到的尚有數十條之多，這可以充分證明在西漢時代已經有了《晏子春秋》這部書，又怎能說是六朝人偽作呢？

我認為《晏子春秋》的成書，有其長期間的積累和演化過程。原始的素材可能有兩類，一類是古書(如《齊春秋》等)裏的零星記載；一類是民間流傳的故事(即司馬遷《管晏列傳》裏所提到的「軼事」)。那些古書裏的零星記載，既被採入《晏子春秋》，同樣地也被採《左氏傳》和《呂氏春秋》等書。至於民間傳說的那一部分，也有同樣的情形。例如越石父、北郭騷等故事，《晏子春秋》和《呂氏春秋》中都有同樣的材料。這類故事，由於長期間在人民口頭輾轉傳播，容易發生分歧和有所增損，所以同是一個故事，在幾種不同的記錄裏，內容往往有所出入，在地名人名方面甚至還有張冠李戴的情形。正像三國故事由羅貫中根據許多史傳和民間傳說資料加以整理才編寫成《三國演義》一樣，《晏子春秋》的編寫也是經歷了這種過程的。

那麼，問題是在於編寫的年代了。

從寫作的體裁來看，先秦諸子書中沒有像《晏子春秋》這樣，整部書全用短篇故事組成的。後來出現了《韓詩外傳》、《孔叢子》、《說苑》、《新序》、《列女傳》等用故事組成的一些書，這些書裏就有若干故事和《晏子春秋》裏的大同小異。究竟它們和《晏子春秋》之間，誰襲取了誰，誰影響了誰，也有加以探索的必要。根據前人的考證，《孔叢子》不一定是孔鮒的作品，至於《說苑》、《新序》、《列女傳》，成書都比較晚。需要搞清楚的只有《韓詩外傳》一書。《漢書‧藝文志》說：「漢興，魯申公為《詩》訓故，而齊轅固、燕韓生皆為之傳。

或取《春秋》，採雜說。」所謂「雜說」，指的就是《六經》以外的諸子百家。《韓詩外傳》裏的許多材料，到今天還可以找到它的來歷，其中和《晏子春秋》相雷同的就有十幾處之多。兩書雷同之處，可能是《外傳》採用《晏子》。有的是整節採用；有的是片斷摘錄，和摘錄《荀》、《韓》諸書的情形是一樣的。

更從引《詩》來看，王先謙在《三家詩集疏》裏把《晏子春秋》的引《詩》都說成《齊詩》學派，大概因為晏嬰是齊人，他想當然地得出這個結論。其實，這是錯誤的。經過逐條研究之後，我所得出的結論是：《晏子春秋》的引《詩》與《齊詩》並不相同，而恰恰和《毛詩》同一學派（詳見《集釋》）。根據《漢書‧儒林傳》以及《經典釋文》等書的記載，《毛詩》傳自荀卿，荀卿授毛亨，到了毛亨才形成《毛詩》的一家之學。毛亨生年大概稍早於李斯（見許印林《大毛公名考》），比《齊詩》創始人轅固要早五六十年。《晏子春秋》的引《詩》既然同於毛公，那麼成書年代自然應較晚於毛亨。

再從《晏子春秋》本身來看，也有不少的佐證，可以用來說明《晏子春秋》成書的時間地點。「擊缶」就是一例。《史記‧廉頗藺相如列傳》，「藺相如前曰：『趙王竊聞秦王善為秦聲，請奉盆缻秦王。』……」李斯《諫逐客上書》：「夫擊甕叩缶……真秦之聲也。」楊惲《報孫會宗書》：「家本秦也，能為秦聲……酒後耳熱，仰天拊缶。」劉孝標注陸機《演連珠》：「搖頭鼓缶，秦之樂也。」《說文解字》、《風俗通義‧聲音篇》、《漢書‧楊惲傳》應劭注都說崇人把「缶」作為樂器，這自然不是齊國的風俗了。

根據以上幾點來看，《晏子春秋》的成書年代，既不在毛亨之前，又不在韓嬰之後，那麼大約應當在秦政統一六國後的一段時間之內。而從擊缶等等風俗來看，編寫的地點，還可能就在秦國境內。

編寫的年代大體搞清楚了，編寫者又是誰呢？從晏子造型、本書思想內容和寫作動機來看，我想可以找出回答這個問題的線索。

《晏子春秋》和先秦其他子書有所不同。編寫者並不是以講學論道者自居，書中所塑造的主人公也不是什麼通天教主式的聖人哲人，而是一位幕僚賓客式的政治人物。假使編寫者對主人公的生活性格沒有深切的體會，當然不會選上

這個題材。

我們知道春秋時代由「士」上升的諸侯賓客，在政治上有了一定的地位，戰國紛爭，這些人物、比春秋時代更受重視，更爲活躍。可是秦統一之後，養士這回事，跟六國的被削平而告終結，亡國的諸侯賓客，有的就投到咸陽趨附於新朝，秦便擴大博士員額（博士始於周末，秦擴大到七十多人），來安頓這班閑人。秦博士就是在這個大變動的時代被沉澱下的人物。他們坐在冷板凳上，撫今思昔，爲了表達政見，發抒心中的苦悶，有人就寫起書來了。他們既不像杏壇設教，也不似稷下爭鳴，所以不管孔子也罷，老子也罷，一概不是他們抬舉的對象，他們所捧的角色，倒是與他們身分相似的「入幕之賓」。因此編寫者選上了晏嬰。

如上推考，《晏子春秋》的編寫者，可能就是秦博士了。但是秦滅六國，這位博士又是那國人呢？

《孟子》：「公孫丑問曰：『夫子當路於齊，管仲、晏子之功，可復許乎？』孟子曰：『子誠齊人也，知管仲、晏子而已。』」從「子誠齊人也」這句話來推考，可見齊國人對他們國家的歷史人物，是非常愛戴的。編寫者之所以取晏嬰爲主人公，除了前面所說的原因之外，他也和公孫丑一樣，夾雜一定的鄉土觀念在內。鍾儀楚奏，莊舄越吟，這種感情，是可以理解的。再從資料來看，他書中所反映的齊國生活，如衣履冠帶，摩肩擊轂等等，和《戰國策·齊策》所記敘的大致相同。《晏子春秋》裏又出現一些他書不經見的齊國地名（如公阜等）。此外還有一些齊國的民間傳說和齊東方言（均見《集釋》），假如編寫者不是齊國人士，在當時交通條件下，決不可能對齊國地理風土了解的這樣深透，情感上也不會有這樣的親切；書中對於許多史實的記載，假如編寫者不是在齊國政治上有過較高的地位，又不可能見到這類的官府檔案和歷史文獻。由此種種，這位博士，必定是一位齊國的故臣。

可是這齊國的故臣又是誰呢？

《始皇本紀》裏說：

三十四年……，始皇置酒咸陽宮……，博士齊人淳于越進〔諫〕
（據《李斯列傳》補）曰：「臣聞殷周之王千餘歲，封子弟功臣，

自為枝輔。今陛下有海內，而子弟為匹夫，卒有田常、六卿之臣，
無輔拂，何以相救哉？事不師古而能長久老，非所聞也。今青臣又
面諛以重陛下之過，非忠臣。」始皇下其議。丞相李斯曰：「五帝不
相復，三代不相襲，各以治，非其相反，時變異也，今陛下創大業，
建萬世之功，固非愚儒所知。且越言乃三代之事，何足法也？異時
諸侯並爭，厚招游學。今天下已定，法令出一，百姓當家則力農工，
士則學習法令辟禁，今諸生不師今而學古，以非當世，惑亂黔首。
丞相臣斯昧死言：古者天下散亂，莫之能一，是以諸侯並作，語皆
道古以害今，飾虛言以亂實，人善其所私學，以非上之所建立。今
皇帝并有天下，別黑白而定一尊，私學而相與非法教，人聞令下，
則各以其學議之，入則心非，出則巷議，夸主以為名，異取以為高，
率群下以造謗，如此弗禁，則主勢降乎上，黨與成乎下。禁之便。
臣請史官非秦記皆燒之。……以古非今者族。」

那進諫的淳于越既是齊人，不就證明有一些亡國後的齊國故臣當了秦朝的
博士嗎？事情既是這樣地巧合，那麼，有必要從淳于越的事跡再作一番考察。

秦始皇二十六年齊亡。滅亡的原因，《戰國策》和《史記》都說由於齊王建
沒有聽從賢臣的意見，但是並沒有說出這賢臣是誰。我在《淮南子·泰族訓》
注裏找到了答覆。它說「齊王建信用后勝之計，不用淳于越之言」。這淳于越與
三十四年進諫始皇的那位博士，正是一人。既是一人，在此，有必要把淳于越
的事跡，與上面所推測的種種，再來逐項對照一下：

一、《晏子春秋》成書在秦統一六國之後，淳于越的入秦又正當其時。

二、淳于越本是齊國的高級幕僚，齊亡入秦，又當上秦國的博士。與上面
所推測的編寫者的身分相合。

三、淳于越是齊人，當然熟悉齊國的歷史，看到過官府資料，聽到過流播
民間種種關於晏子的故事傳說。

四、淳于越所提出的「師古長久」，和《晏子春秋》裏「毋變爾俗」（《雜下》十
九）「重變古常」（《內雜上》七）的思想，又相互一致。

五、《晏子春秋》中的諫議帶有託古諷今的意味，又正是李斯所說「各以其學議之」的「議」。

據上五點，正是「不說不像，越說越像」。雖然由於缺乏直接的記載，還不敢肯定《晏子春秋》的編寫者一定就是淳于越，但是很有理由論證《晏子春秋》的成書，極有可能就是淳于越之類的齊人，在秦國編寫的。

二　思想內容及學派

《晏子春秋》一書主要記敍了齊國晏嬰的思想言行，其中當然也包含了這部書編寫者的一些思想感情。

晏嬰所處的時代，正當奴隸制到封建制的過渡初期。齊國是處在負山面海一片大平原上的決決大國，經過太公望開國時期的經營，又經過管仲時期大力發展，就春秋社會總的發展情勢來看，齊國在當時是居於先進的地位。《戰國策·齊策》和《史記·貨殖列傳》裏都有這方面的記敍。可是到了莊公之後，腐朽的奴隸制，已經阻礙了生產發展，更由於奴隸主的窮奢極侈，籍重獄多，給人民造成嚴重的災難，齊國社會出現了不少的悲慘景象：道路有死人，嬰兒乞於途。這時，舊的奴隸制度瀕於崩潰，新的封建制度開始形成，晏嬰所處的時代，正是這樣一個新舊交替的歷史階段。

首先從奴隸主向封建主轉化的，在齊國要算是田氏。田氏是齊國新興的得勢的大夫，爲了鞏固和擴大自己的經濟政治勢力，田無宇經過兩輩人的努力，在經濟政治上作了許多的改革，減輕了對奴隸的剝削，改善了奴隸的生活，招徠了遠方流入的勞動力，這些作爲，獲得了人民的擁護。「公室驕暴，田氏慈惠」，「政去公室，民思田氏」，田氏和公室成爲一個鮮明的對比。

> 晏子聘于晉，叔向從之宴，相與語。叔向曰：「齊其何如？」晏子對曰：「此季世也，吾弗知，齊其爲田氏乎！」叔向曰：「何謂也？」晏子曰：「公棄其民，而歸于田氏。齊舊四量：豆、區、釜、鍾，四升爲豆，各自其四，以登于釜，釜十則鍾。田氏三量，

皆登一焉，鐘乃巨矣。以家量貸，以公量收之。山木如市，弗加于山，魚鹽蜃蛤，弗加于海。民參其力，二入於公，而衣食其一；公積朽蠹，而老少凍餒；國之都市，屢賤而踊貴，民人痛疾，或燠休之。昔者殷人誅殺不當，僇民無時，文王慈惠殷眾，收卹無主，是故天下歸之，民無私與，維德之授。今公室驕暴，而田氏慈惠，其愛之如父母，而歸之如流水，欲無獲民，將焉避之。……」(《內問下》十七)

除此之外，在《左傳》和《史記‧田敬仲完世家》中也有同樣的記載。從這些材料來看，晏嬰在當時，也已經看到了田氏新興勢力的成長，對自己階級命運的威脅。但是，由於他出身於貴族，長期為奴隸主運籌帷幄，所以，他在政治上和莊公景公站在同一立場。在新舊交替的歷史時期，晏子不敢迎接這新興的勢力，而是處心積慮地為垂死的舊制度掙扎，希望能夠挽救這奴隸主的「季世」。由於晏嬰的階級立場的局限，他把田氏的強大，只片面地理解為大斗出小斗入的手段起了決定作用，因此，他的對策，也只是在這方面去下功夫。

他首先希望利用禮來約束田氏。

　　景公與晏子立曲潢之上，望見齊國，問晏子曰：「後世孰將踐有齊國者乎？」晏子對曰：「非賤臣之所敢議也。」公曰：「胡必然也？晏子對曰：「……臣請陳其為政：君彊臣弱，政之本也；君唱臣和，教之隆也；刑罰在君，民之紀也。今夫田無宇二世有功于國，而利取分寡，公室兼之，國權專之，君臣易施，而無衰乎？嬰聞之，臣富主亡。由是觀之，其無宇之後無幾。齊國，田氏之國也？嬰老不能待公之事，公若即世，政不在公室。」公曰：「然則奈何？」晏子對曰「維禮可以已之。其在禮也，家施不及國，民不懈，貨不移，工賈不變，士不濫，官不謟，大夫不收公利。」公曰：「善。今知禮之可以為國也。」(《外篇》七之十五)

從這段問答中，可以看出晏嬰尚禮的政治目的了。他希望利用維護奴隸主統治的「禮」來保障「君彊臣弱」，來防止「臣富主亡」。具體的說，即是希望把田氏限制在「大夫不收公利」的範圍之內，同時，不允許公卿大夫擅自進行

變革，以討好於人民。晏嬰知道這個「禮」畢竟是行將過時的虛器，「做戲無法，出個菩薩」，這個菩薩並不見得威靈顯赫，又必須在政治經濟等實際方面，提出挽救頹勢的具體措施，薄斂即是其一。

> ……今公之牛馬老於欄牢，不勝服也，車蠹於巨戶，不勝乘也；衣裘襦褲，朽弊於藏，不勝衣也；醯醢腐，不勝沽也；酒醴酸，不勝飲也；府粟鬱而不勝食。又厚藉斂於百姓，而不以分餒民。……（《內諫下》十九）

他一再向景公提出減免賦稅的意見，如諫美長庲（《諫下》六），諫築路寢之臺（《諫下》七），諫大臺之役（《諫下》八），都是反對齊君對人民財力人力的榨取掠奪。又大聲疾呼提倡節儉，自己長期間過著刻苦樸素的生活，以實際行動來影響和改變統治者窮奢極侈的生活方式。

與薄斂相輔而行的是省刑，《晏子春秋》中關於這一方面的內容，佔有相當大的篇幅。例如諫誅駭鳥野人（《諫上》二十四），諫誅圉人（《諫上》二十五），諫誅犯槐者（《諫下》二），諫囚斬竹者（《諫下》三），諫誅搏冶之兵（《諫下》四），諫誅斷雍門之橚者（《外篇》七之九），以及籍重獄多之諫（《諫下》一），踊貴屨賤的答問（《雜下》二十一）等等，都是要求齊君不要過分殘殺奴隸及其他勞動人民。他更嚴正地向景公提出了「民誅」的警告。

> 景公游於麥丘，問其封人曰：「年幾何矣？」對曰：「鄙人之年八十五矣。」公曰：「壽哉！子其祝我。」封人曰：「使君之年長于胡，宜國家。」公曰：「善哉！子其復之。」曰：「使君之嗣，壽皆若鄙臣之年。」公曰：「善哉！子其復之。」封人曰：「使君無得罪於民。」公曰：「誠有鄙民得罪於君則可，安有君得罪於民者乎？」晏子諫曰：「君過矣！彼疏者有罪，戚者治之，賤者有罪，貴者治之；君得罪於民，誰將治之？敢問：桀、紂，君誅乎，民誅乎？」（《諫上》十三）

晏嬰主張省刑薄斂，提倡節儉，從減輕人民負擔，保全人民生命來看，對人民是有好處的，但是這些措施並不是解決社會問題的根本辦法。在整個社會

面臨巨大變革的情況下，點點滴滴的改良，枝枝節節的「仁政」，不但不能推動社會向前發展，反而起了阻礙進步的作用。因此我們對於節儉薄斂等措施，固然不宜完全否定，但是也不能作出過高的估價。至於「民誅」問題，和孟子「聞誅一夫肘矣」及「善政得民」的思想有點接近。晏嬰看到奴隸主對待奴隸十分殘忍，認爲如果不改變這種情況，惟有激起更大的奴隸暴動，一定和桀、紂一樣，自身會遭到毀滅，提出「民誅」的警告，其目的不是爲了鼓動奴隸起義起來誅君，而是向統治者敲一下警鐘，使統治者覺悟過來，避免「民誅」的危險。如同孟子的提出「得民心」，是在怕「失天下」的前提下，想出這個方劑來進行預防一樣，當時的景公，正處於「民思田氏」逆勢之下，衆叛親離，一天天的孤立，惟有一點善政，爭取群衆，才能收拾已失的人心，鞏固自己的勢力，限制田氏的迅速發展。我不同意某些人說這是有什麼民主精神，而認爲這不過是晏子與田氏鬥爭的策略之一。而這種策略一直體現在晏嬰幾十年政治活動之中。由此，我們可以得出結論：從歷史發展方向來看，晏嬰的政治思想是保守的，而不是進步的。

可是，話又得說回來，上面已經提到晏嬰在某些方面，有開明的一面，不宜完全否定。除此之外，他又反對「朝居嚴」，而要求上不聾下不瘖，更提出「和」「同」的問題，主張用它來調節統治階級內部關係，並要求統治者適當地聽取來自下層的意見，像這些主張，也是值得珍視的。這似乎比子產不毀鄉校更有進一步的積極意義。春秋時代，晏嬰和子產、叔向都是有名的政治人物，在歷史上起了不同的作用，大體說來，叔向是保守的，子產是進步的，晏嬰則兼有叔向、子產的兩重性。他在政治方向上，是叔向的同路人，在朗明的一面，卻又具備了子產的「惠人」風度。這「惠人」當然是革命鬥爭形勢下被逼出來的，但畢竟是在當時不多見的。晏嬰事跡之所以在人民口頭流傳，這種「惠人」風度，是一個重要的原因。處在暴政之下的人們，更容易引起對這位「惠人」的懷想。

《晏子春秋》的編寫者，可能就具有上面所說的這種心情。當時秦始皇爲了對內統一，對外發展，橫徵苛斂，比景公更厲害。始皇臨朝的威嚴和對臣民的嚴厲統治，更是歷史上少有的。這一位齊人，處在這種環境之下，他希望也有像晏嬰這樣的一個人替臣民說幾句話，來一點「惠人」之政，因此在書中除

了記述晏嬰的事跡、思想之外，字裏行間，也流露了編寫者自己的一些思想願望，而不祇是客觀的復述。

王充說李斯「燔詩書起于淳于越之諫」（《論衡・語增》），《史記・李斯傳》只記了淳于越請封子弟功臣一事。如果僅此一事，我想不會惹下焚書的大禍，可能淳于越另外遠有什麼諫議，可惜文獻無徵。

但是就從這一片斷的記敘裏，也可以看出淳于越和當權派的法家是處於對立的立場，這個對立，又正是政治思想的分歧。作者宣揚晏子「重變古常」，很有可能以此為藉口來反對法家的變法改制，那麼，李斯所說「道古害今」，又是針鋒相對給淳于越的反駁與打擊。法家的思想與作法，在當時是有利於社會發展的，是進步的，那麼淳于越當然是政治上的逆流，應該批判的。可是秦始皇的嚴法重刑，從記載上看，他並不只是用來打擊奴隸主殘餘，也用之於鎮壓人民。《晏子春秋》作者假晏子諫殺等故事，呼籲省刑卹民，這方面，倒也可以補偏救弊。「聾」「瘖」與「同」而不「和」的問題，在秦極端專制的統治之下，是政治上相當嚴重的缺陷，「指鹿為馬」，即是「聾瘖」發展的必然結果。作者假晏嬰的幾段話正打中了秦專制政治的要害，同時也反映了當時臣民開放言路的要求。從以上這些看來，《晏子春秋》作者不但與晏嬰身分地位相似，其思想基本上也是一致的。

說到這裏，連帶地澄清一下所謂學派爭論問題。《漢書・藝文志》將《晏子春秋》著錄在儒家。柳宗元以後，有人說是墨家，又有人說是小說家，《四庫總目提要》改列在史部傳記類。儒家學說的建立，一般斷自孔子，晏嬰年輩在孔子之前，那時並無所謂儒者之業，可見列入儒家學派不一定恰當。墨子尚儉，晏子也尚儉，兩書相同之處只此一端，憑此一端劃入墨家，也不合乎事實。何況墨子的尚儉和晏子的提倡節儉，其目的和作用，又並不相同，更不能看做一個思想體系。《晏子春秋》確是一部古典短篇小說集，但是今天文學上的小說和《漢書・藝文志》裏的「小說家」並不是同一概念，把《晏子春秋》看成一部小說集，是可以的，如都歸進《漢志》的「小說家」，又是不倫不類。《四庫總目提要》改入史部，可是《晏子春秋》裏所記敘的晏嬰，並不完全是歷史上的真實，既算不得是史，因此也不應該歸入史部。以上四種分類法，都不一定恰

當。我認爲晏嬰本人的思想並沒有形成一種獨立的學派，他的思想也不屬於某一學派，因此也不能替他扣上一頂不合適的帽子。至於《晏子春秋》這書，本來是一部富有政治思想性的文學作品，應屬於記敘文學類，如果被套上另外的框子，倒使這書的性質模糊起來了。過去學派問題的爭辯，只是圍繞著《漢書·藝文志》和四部分類的圈子兜得團團轉，並不能解決什麼實質問題。

三　藝術特徵

《晏子春秋》是一部富有政治想想性的古典文學作品，也是我國最早的一部短篇小說集，也可以說是一部最早的「外傳」、「外史」。

在這部書裏，作者一方面暴露了古代社會統治階級的種種黑暗面，刻劃了荒淫暴虐的君主，助桀爲虐的佞臣，粗暴兇猛的勇士等等不同人物。另一方面，也描繪了一位作者心目中的理想人物 － 晏嬰。書裏的晏嬰已經不完全是歷史上晏嬰的真實原型，而是藝術上的典型了。

前面已經談過晏嬰在齊國的地位。編寫者抓住了這些生活內容，從進退出處，以至飲食、衣服、車馬、僕從各個細節方而，塑造出浩生生的一位幕僚長的形象。而這種性格和形象又完全符合於一般高級幕僚的共同特徵。在《晏子春秋》以前，由於材料的缺乏，不可能找到許多例證，在它之後，我們看看，與劉邦坐在帷幄之中，貌如女子的張良，與劉備在一起的羽扇綸巾的諸葛先生，以及與桓溫捫蝨而談的王猛，這些人物的出處去就、韜略、策劃、甚而言談行動、聲音笑貌，幾乎都與晏子形象具有些共同之點。然而晏子又是和他們能夠區別開來的，具有自己的個性。

這書的藝術特徵，在於作者善於用簡練而生動的語言組織事件，展開矛盾和鬥爭，並戲劇性地結束這種鬥爭，造成強烈的效果，使人讀了之後，不能不報之以會心的贊歎。這個特徵，幾乎貫串在每一動人的章節裏。全書精彩的章節很多，這裏只談一談大家所熟悉的晏子使楚的故事。

> 晏子使楚，以晏子短，楚人為小門於大門之側而延晏子。晏子不入，曰：「使狗國者，從狗門入；今臣使楚，不當從此門入。」儐者更道從大門入，見楚王。王曰：「齊無人耶？」晏子對曰：「臨淄三百閭，張袂成陰，揮汗成雨，比肩繼踵而在，何為無人？」王曰：「然則子何為使乎？」晏子對曰：「齊命使，各有所主，其賢者使使賢王，不肖者使使不肖王。嬰最不肖，故直使楚矣。」（《雜下》九）

我們知道，在古代社會裏，所謂國際關係的外交，在某些場合，外交人員的「不辱使命」常常取決於語言的機智。在這個故事的外交場面中，楚國企圖以開玩笑的方式來作弄晏子。晏子也以開玩笑的方式進行反擊，在這當中，表現著原則性和靈活性的結合。他的原則性，是不長對方的志氣和喪失本國的威風；他的靈活性是利用對方無理的玩笑，針鋒相對地使自己在玩笑中成為有理佔得上風，以達到不辱國體的原則。

場面就是這樣展開的：楚國有意利用晏子身材短小的生理缺陷，對他開一個惡作劇的玩笑，如果當頭一棒打下了晏子的面子，在外交聲勢上無形中就佔了上風，這玩笑的本身是懷有政治陰謀的。我們可以想像以一個被對方玩弄了的人，而想與對方完全平等地坐在外交席位上取得平等的協議，達到出使的目的，那是一件不可能的事。

但是這件事，究竟是帶有玩笑性的，如果一開始就翻起臉來，不但會鬧成僵局，反而顯得這使臣的笨拙無能。面臨著這種微妙的關頭，必須機警而適當地掌握分寸。如果晏子僅僅不從小門進去，而講不出一個道理來還不足以反擊對方。當晏子說出使狗國才從狗門進去，明明是罵了楚國，但是在罵的當中還替對方留有餘地，所以接看說我現在出使到楚國不應該從這個門進去這就是一面罵了，一面卻還輕鬆巧妙地把「楚國」與「狗國」區分開來，使對方自討沒趣，辯解不得，哭笑不得。

進門之後，接著楚王又使人摸不著頭腦地問了一句：「你們齊國就沒有人嗎？」含意惡毒是不難體會出來的。要答覆得籠籠統統而又得體，也是頗難於斟酌下詞的。而晏子就妙在不去迫問他真實的含意，就題答題，順便把齊國國都的浩大聲勢誇耀了一番。

當然，這場鬥爭還不會就此結束，晏子仍然等候者對方進一步的進攻。果真不聽明的楚王竟然不顧外交禮節公然說出傷及對方臉面的話來：齊國既然有人，那麼爲什麼要派你來呢？晏子也知道對方無非是想有意貶低自己的身分，以間接地貶低齊國的地位。於是也就「跂子拜牟，就地一歪」，你想貶低我的身份，我就貶低，措辭比以前也就更不客氣了。但是這個貶低卻是用來還擊對方的一種最方便的手段，所以他不慌不忙答道，齊國派遣使臣出國有它的原則，最好的使臣派到最好的國家去，不好的派到不好的國家去，因爲我最不好，所以被派到你們楚國來了，這樣一來，表面不抬高自己，而實際上已抬高了自己，不直接辱罵對方，而實際上已辱罵了對方，的確是最妙不過的辭令了。

從這個簡單的故事裏，我們可以清楚地看出晏子的從容不迫，談笑風生，應付裕如，臨危不苟的才能和性格。這也就是這部書藝術上最大的成功的好例，也最值得我們玩味。

《晏子春秋》裏帶有戲劇性的章節確實不少，除了使楚幾段故事以外，他寫庸妄的齊景公和諂佞的梁丘據等反面人物，寫得也非常成功。尤其是「夜飲」一章裡，只是二百餘字，就構成一齣很完整很緊湊的戲劇。

> 景公飲酒，夜移於晏子，前驅款門曰：「君至！」晏子被玄端，立於門曰：「諸侯得微有故乎？國家得微有事乎？君何為非時而夜辱？」公曰：「酒醴之味，金石之聲，願與夫子樂之」晏子對曰：「夫布薦席，陳簠簋者，有人，臣不敢與焉。」公曰：「移於司馬穰苴之家。」前驅款門，曰：「君至！」穰苴介胄操戟立於門曰：「諸侯得微有兵乎？大臣得微有叛者乎？君何為非時而夜辱？」公曰：「酒醴之味，金石之聲，願與將軍樂之」穰苴對曰：「夫布薦席，陳簠簋者，有人，臣不敢與焉。」公曰：「移於梁丘據之家。」前驅款門，曰：「君至！」梁丘據左操瑟，左挈竽，行歌而出。公曰：「樂哉！今夕吾飲也。微此二子者，何以治吾國，微此一臣者，何以樂吾身」(《內雜上》十二)

請看這裡所刻畫的四個形象，晏子和司馬穰苴是一組，而齊景公和梁丘據是對立面。齊景公荒唐無聊，夜裏找大臣去一同飲酒，當晏子聽到景公夜臨的

消息之後，心裏所耽憂的是國家和外交上的大事，表現在行動上的是君臣之間應有的禮貌，雖是在倉卒之間，還是能夠從容不迫地保持著常態。當司馬穰苴一聽到君臨的消息之後，馬上披掛起來，作好了應變的戰鬥準備，他所耽心的雖然和晏子不一樣，但是他對於國事的關懷，卻和晏子完全一致。只有梁丘據，編寫者卻使用了巧妙的襯托的手法，進行了突出的描繪，那「左操瑟，右挈竽，行歌而出」，簡簡單單的十個字，便把那弄臣一貫的媚態和那一刹時的荒唐情景呈現在讀者的眼簾，情節是多麼逼真，場面是多麼活躍，兩類不同的形象，對比的又多麼鮮明語言又多麼精鍊。這種藝術手法是很高明的。

從《晏子春秋》全部著作來看，他的「諫議」，大概有兩種不同的方式. 一種是理直氣壯，侃侃而談，如《內篇諫上》、《諫下》等；另一種是談笑風生的答對，如《外篇》第七、第八兩卷「東海赤水」、「極大極細」等。前一種的寫作方法是很好的論文形式，後一種是談言微中亦可以解紛的諷刺和幽默，好像淳于髡、東方朔之流的滑稽。但比起淳于髡和東方朔來，晏子的微言雋語所要「解」的「紛」，卻不是個人之間的無謂糾紛，而是有關重大政治性的矛盾。例如：

> 景公欲更晏子之宅，曰：「子之宅近市湫隘，囂塵不可以居，請更諸爽塏者。」晏子辭曰一君之先臣容焉，臣不足以嗣之，子臣侈矣。且小人近市，朝夕得所求，小人之利也，故殯里旅！」公笑曰：「子近市，識貴賤乎？」對曰：「既竊利之，敢不識乎！」公曰：「何貴何賤？」是時也，公繁於刑，有鬻踊者。故對曰：「踊貴而屨賤。」公愀然改容。公為是省於刑。君子曰：「仁人之言，其利溥哉！晏子一言，而齊侯省刑。」(《內雜下》二十一)

在景公順便問了一般商業情況「何食何賤」之後，他好像不加思索地就回答了「踊貴屨賤」的這兩種漲落懸殊的商品行情。但是在這「踊貴」兩個字的字面底下，編寫者在這裏曲折地側面地把景公殘忍恐怖的罪惡行為予以無情的揭露和譴責，其手法，既含蓄，又極其誇張，既其體，又極其概括。同時也顯出了晏子的機智。當他說出此話峙，並估計到對方接受意見的程度，措辭之間，又照顧了聽話者的面子和情緒，不會因此弄得景公老羞成怒。同時更估計到這

句話的內容，既可以當真，也可以當假，暗地爲自己安排下轉彎的餘地。這些該是多麼深刻，又多麼靈活啊！

《晏子春狄》又彙集了許多故事，用一些正面人物，從側面來塑造晏子的形象。像越石父對於晏子的知己之感，像御者妻對於晏子的謙虛態度的感動，像北郭騷以死來證明晏子的無罪，在這裏不但把晏子作爲一個「惠人」的風度烘托了出來，而且也寫出了那些周圍的淳樸、正直、廉潔的人物的可愛。藝術的感染力和形象性的雕塑本領，在這裏有著高度的發揮。

《晏子春秋》常常便用明朗簡當的語言，說明一些精闢的道理。像論廉政而長久，是「其行水也」，廉政而速亡，是「其行石也」，就用水和石兩個形象來說明原則性之外，還必須要有靈活性。像這樣好的作品，在《晏子春秋》裏是很多的。

關於本書的藝術特色，除了前面已經提到的之外，還有一些也值得注意研究的。儘管一些是屬於技巧風格問題，但是作者在這方面卻構成了自己的特點。綜述如下：

首先，它每個故事，情節都非常完整。在《莊子》中有一些寓言，在《韓非子》中也常用一些故事來說明問題，可是故事首尾不一定很完整，或則只取了一個故事的某一片斷，或則只摘了某幾句話。《晏子春狄》的記事，大部分是有首有尾，在故事說完之後，結果如何，並向讀者作了簡短的交代，使讀者讀過之後，有一個完整的印象。在其些章節結尾的地方，有時還引用某人的一了句話，作爲結束，這幾句話，好像是題外之言，又是和故事本身緊密結合，不像《韓詩外傳》的引《詩》有時是畫蛇添足的附會。

像《莊子》、《列子》以至於羅隱《讒書》在某些寓言故事裏，作者並不直接告訴讀者他的寓意何在，要讀者自己去揣測體會，讀者的體會，又未必符合於作者的原意。《晏子春秋》的每一個故事都有它的中心內容和主題思想，作者很鮮明地向讀者提出，讀者過目之後，便可以知道他在寫什麼以及他是爲什麼而寫，不致於像丈二和尚摸不著頭腦。今本《晏子春秋》每章前都有一個標題，由於具備有這個優點，所以後人給它標題，才有條件不致走樣。

　　古代有一些作品，乾巴巴地正面說教，使讀者望而生厭。《晏子春秋》中有不少的理論文章，但編寫者儘量避免正面說教呆板形式，而使之形象化，生動化。即使在某些章節裏故事情節比較簡單，作者卻時常通過自己的錘煉剪裁，運用輕鬆的筆調使理論變爲生動的對話，化繁爲簡，深入淺出，把問題扼要地說了出來。《晏子春秋》中，沒有臃腫的冗文，沒有囉嗦的廢話，也沒有沉悶的氣氛。所以，閱讀時不感到吃力。

　　《晏子春秋》採用了一些民間傳說，如用黃布裹棗來說明東海水赤的傳說由來，用懸牛頭賣馬肉來比喻表裏不一致，樸素生動，使讀者有一些清新的感覺。《晏子春秋》的優點和特點，並不止於此，還有待於繼續深入地研究和闡發。

　　但是，從文學作品的角度來看，這部書也不是沒有缺點的，首先是內容方面，姑舉一例：

> 　　景公病疽在背，高子國子請公曰：「職當撫瘍。」高子進而撫瘍。公曰：「熱乎？」曰：「熱。」「熱何如？」曰：「如火。」「其色何如？」曰：「如未熟李。」「大小何如？」曰：「如豆。」「墮者何如？」曰：「如履辨。」二子者出，晏子請見。公曰：「寡人有病，不能勝衣冠以出見夫子，夫子其辱視寡人乎？」晏子人，呼宰人其盟，御者其巾，刷手溫之，發席傳薦，跪請撫瘍。公曰：「其熱何如？」曰：「如日。」「其色何如？」曰：「如蒼玉。」「大小何如？」曰：「如璧。」「其墮者何如？」曰：「如珪。」晏子出。公曰吾不見君子，不知野人之拙也。」（《內雜下》七）

試把撫瘍故事和本書另一故事對照一下：

> 晏子侍於景公，朝寒公曰：「請進暖食。」晏子對曰：「嬰非君奉饋之臣也，敢辭。」公曰：「請進服裘。」對曰：「嬰非君茵席之臣也，敢辭。」公曰：「然夫子之於寡人何爲者也？」對曰：「嬰社稷之臣也。」公曰：「何謂社稷之臣？」對曰：「夫社稷之臣能立社稷，別上下之義，使當其理。制百官之序，使得其宜，作爲辭令，可分布於四方。」自是之後，君不以禮不見晏子。（《內雜上》十三）

這兩個故事中所塑造的晏子形象，完全是兩個人了！古時臣子探望君主的疾病，有一定的儀節，晏子既不是爲了撫瘍而來，又非御醫，跪進撫瘍，已經不是他職份以內的事情，多少有損於社稷之臣的身分。至於把瘍口的溫度、顏色、大小等等都加以富麗高貴的類比，趁機奉承一番，又完全是一副弄臣媚態，幾乎把晏子描成爲舐痔的庸醫了（見《莊子·列御寇》）。這或許是由於《晏子春秋》在長期積累演化過程中，材料來源不同，而最後的編寫者失於剪裁，也或許是編寫者爲了誇許晏子辭令的堂皇美妙而著意增飾的，但實際上卻破壞了晏子在本書中性格的統一，像這類的選材是不恰當的。

其次，在描寫景公這一方面，有時把景公寫成爲從善如流的「聖主賢君」，有時又寫成一無所知任人擺佈的劉阿斗。一個人物，在書內有看幾種不同的性格出現。寫靈公和莊公二者之間的區別，更不鮮明了。某些故事，情節也比較單調，重複，結構不夠緊嚴。

書中除了《外篇》中某些章節，如大鵬焦冥的極大極小有其想像力以外，一般說來遠不及《莊子》、《穆天子傳》、《山海經》的那樣視野遼闊想像豐富。他和秦代文學有其共同的風格，但是和《戰國策》、《呂氏春秋》相比，又顯得《晏子春秋》規模狹小，框架不大。

這是我對於《晏子春秋》部書的初步意見。

這部《集釋》，初稿是我早年作成的，最近才加以補充整理，由於見聞有限，可能有許多重要的校釋和稀見的舊本沒有被發現採入。在案語方面，可能有些不精確、不貼切，甚至謬誤之處，參考資料，也可能搜集得不完備，或去取失當希望讀者指正，以便修訂補充。

一九六一年八月一日

董治安《與吳則虞先生談〈晏子春秋〉的時代》

由於教學工作的需要，我曾經比較仔細地讀過《晏子春秋》，並且從文學角

度對它進行了一些探索，認爲它寫定於戰國時代，是一部內容很豐富、值得我們深入研究的古典作品。後來，高亨先生寫了一篇《晏子春秋》的寫作時代（收在《文學遺產增刊》八輯中），肯定了這部書是戰國時代的著作。在一九六一牟六月九日的《光明日報》上，我讀到吳則虞先生的《試論〈晏子春秋〉》一文，受到不少新的啓發，但也感覺到有些值得商榷的問題。下面願意把有關《晏子春秋》時代的幾個問題提出來，與吳先生討論一下。

《晏子春秋》在漢代已經流傳，司馬遷的《史記·管晏列傳》、劉向的《晏子敘錄》和班固的《漢書·藝文志》都有著關於《晏子春秋》的明確記載。然而今本晏子春秋產生在什麼時代，卻一直存在著分歧的意見。正如吳先生所指出的，有人肯定它是晏嬰本人所作，有人認爲是墨子門徒的假託，也有人把它看作是六朝人所作的僞書。吳先生把這三派意見都予以否定，我是同意的。

吳先生認爲，「從書名來看，……《晏子春秋》的成書年代，可能在陸賈之前。」「再從寫作體裁來看《晏子春秋》成書時代，必然又在韓嬰之前。」這兩個看法，我也沒有意見。

但是，吳先生在論證上述兩個結論的時候，卻同時又提出：「先秦古書除了國史性的《魯春秋》和所謂《百國春秋》號稱『春秋』之外，私人寫作還沒有拿『春秋』來做書名的。有之，似乎從《虞氏春秋》開始。」這就是在肯定《晏子春秋》不作於戰國時代。對此，我就不敢苟同了。

首先從書名看，我認爲《晏子春秋》有可能產生在戰國時期。如所眾知，有不少先秦時代的私人著作，它們的名稱都是後人給予的。試以《荀子》爲例，《史記》中不見荀卿著作的書名，只說：「荀卿……序列著數萬言。」（《孟子荀卿列傳》）西漢後期的劉向校定了荀卿的著作，才稱爲《荀卿新書》。班固的《漢書·藝文志》稱《孫卿子》；直到唐代的楊倞才定名《荀子》。《晏子春秋》的名稱最早見於《史記》，但劉向的《晏子敘錄》和班固的《漢書·藝文志》都稱爲《晏子》，可知《晏子春秋》的書名在漢代還沒有固定。它原名是否叫《晏子春秋》？「春秋」二字是否是西漢人所加？都還是問題。其實，即或這部書原名《晏子春秋》，也不能據此斷定它產生於《虞氏春秋》以後，因爲朝廷的史書稱爲「春秋」起源較早，私人著作稱「春秋」當以孔子所修的「春秋」，爲第一部。也許有人說，

孔子的「春秋」是沿用魯史舊名，不足爲例，那麼墨子所見的《百國春秋》（《隋書·李德林傳》及《史通·六家篇》引）和他所引的《周春秋》、《宋春秋》、《齊春秋》、《燕春秋》（《明鬼下》），以及《汲冢瑣語》中的《夏殷春秋》（《史通·六家篇》引）等等，我們能斷定其中沒有私人著作嗎？絕對都是沿用各國史書舊名嗎？如果有人說，這些《春秋》都是記各國大事的史書，與專記一人言行的《晏子春秋》不可一概而論，那麼《虞氏春秋》和《呂氏春秋》就都不是史書了，爲什麼戰國時代非史書性質的私人著作《虞氏春秋》和《呂氏春秋》都定名爲《春秋》，而記載晏子一人事跡的《晏子春秋》就不可以定名爲《春秋》呢？爲什麼說拿春秋作書名的私人著作一定從《虞氏春秋》開始，而不是從《晏子春秋》開始呢？爲什麼不可以說《晏子春秋》與《虞氏春秋》同時出現、或者《晏子春秋》是作於《虞氏春秋》之前呢？

其次，從寫作體裁看，我認爲《晏子春秋》也有可能產生在戰國時期。在文獻史上，任何一種體裁的發展，總是從無到有，從少數到多數，最初一定有它的創始者（創始者當然有其條件）。以現存的文獻而論，分國記載各國事跡的國別史創始于《國語》，專寫國王遠遊的故事創始于《穆天子傳》……，那末，如果說全用短篇故事組成的一種體裁始創於《晏子春秋》也是未嘗不可的。進一步考察，《晏子春秋》的體裁實導源於《論語》。《論語》以記載孔子的事跡與言論爲主，其中，有些是孔子的故事，有些是孔子與弟子及當時人的對話（二者有時錯綜），有些則是孔子的獨白。此外，還記有孔子弟子們的、與孔子無關的事跡和言論。這無需舉例。《晏子春秋》是專記晏子的事跡和言論，其中有晏子的故事，有晏子與當時人的對話，只是沒有晏子的獨白和別人的、與晏子無關的事跡和言論。同時，正像《論語》反映了孔子的思想一樣，《晏子春秋》也反映了「晏子」的思想。因此，可以說《晏子春秋》的體例是在《論語》的啓示下出現的。再如，《孟子》一書專記孟子的事跡與言論，體例上與《晏子春秋》更爲接近，其不同只是《孟子》中有孟子的獨白，而《晏子春秋》中沒有「晏子」的獨白而已。由此可見，戰國時代出現《晏子春秋》這樣體裁的著作，並不可怪，同樣是完全有可能的。

總之，吳先生從書名上和體裁上肯定爲《晏子春秋》當作於《虞氏春秋》之後、並不在戰國時代，是根據不足的。

吳先生又進一步指出：

《晏子春秋》的產生，不但其時代在秦政統一六國之後，編寫地點
也可能就在秦國境內。

為了說明這個新看法，吳先生還從晏子春秋本身找出幾條內證。當然，論
斷一部書產生的時代，如果能從它的本身找出有力的內證，那也是最使人信服
的。但是我仔細地檢查了吳先生提出的幾條內證，覺得都不能夠成立。

吳先生的第一個內證是《晏子春秋》引《詩》與《毛詩》同一學派，他說：

從書中引《詩》來看。王先謙在《三家詩集疏》（治安按：王書
題名是《詩三家義集疏》）里把《晏子春秋》的引詩說成是《齊詩》
學派。我認為《晏子春秋》的引《詩》與《齊詩》並不相同，而恰
恰和《毛詩》同一學派。……《毛詩》傳自荀卿，荀卿授毛亨，到
了毛亨才形成《毛詩》的一家之學。毛亨的生半大概稍早于李斯，
比齊詩創始人轅固要早五六十年。《晏子春秋》所引用的《詩》既然
和《毛詩》類似，其成書年代自然比毛亨要晚。

《晏子春秋》引用的詩果真與《毛詩》「同一學派嗎？」《晏子春秋》全書
引《詩》共二十條，我把這二十條引《詩》逐一作了檢查，大體歸納成以下四
種情況：

（一）引《詩》與《毛詩》詩文相同，而與三家詩詩文不同者計五條：

《諫上第二》及《外七第一》並引《詩》曰：「人而無禮，胡不遄死！」

按見《鄘風・相鼠》。《毛詩》文同；《史記・商君列傳》引「胡」作「何」，
清儒說《史記》用《魯詩》（此據陳喬樅《詩三家遺說考》、王先謙《詩三家義
集疏》。下文引清儒說並同。）

《諫上第九》引《詩》曰：「哲夫成城，哲婦傾城。」

按見《大雅・瞻卬》。《毛詩》文同；《列女傳・夏桀末喜傳》、《漢書・谷永
傳》載谷永疏引「哲」作「惡」，清儒說《列女傳》、《漢書》並用《魯詩》。

　　《雜上第十五》引《詩》曰：「側弁之俄，屢舞傞傞。既醉而出，並受其福。醉而不出是謂伐德。」按見《小雅‧賓之初筵》。《毛詩》文同；《說文‧女部》引「傞傞」作「娑娑」，清儒說此出三家。

　　《外七第六》引《詩》曰：「維此文王，小心翼翼。昭事上帝，聿懷多福。厥德不回，以受方國。」按見《大雅‧大明》。《毛詩》文同，《禮記‧表記》引「維」作「惟」，《春秋繁露‧郊祭篇》、引「維」作「唯」、「聿」作「允」，清儒說《禮記》、《春秋繁露》並用《齊詩》。

　　（二）引《詩》與《毛詩》詩文不同，而與三家詩詩文有相同者，計三條：

　　《諫下十九》引《詩》曰：「武王豈不事，貽厥孫謀，以燕翼子。」

　　按見《大雅‧文王有聲》。《毛詩》「事」作「仕」、「貽」作「詒」；《列女傳‧陳嬰母傳》引作「貽」，清儒說此用《魯詩》；《禮記‧表記》引「事」作「仕」、「貽」作「詒」，清儒說此用《齊詩》；《韓詩外傳》卷四引作「貽」，是用韓詩可見《晏子春秋》所引與《毛》《齊》詩不同，而與《魯》、《韓》詩無不同。

　　《問下第二十七》引《詩》曰：「既明且哲，以保其身。夙夜匪懈，以事一人。」

　　按見《大雅‧烝民》。《毛詩》「懈」作「解」；《說苑‧立節篇》引、《韓詩外傳》卷八引並作「懈」，清儒說《說苑》用《魯詩》，《韓詩外傳》用《韓詩》。

　　《雜上第三》引《詩》曰：「彼己之子，舍命不渝。」

按見《鄭風‧羔裘》。《毛詩》「己」作「其」，《新序‧義勇篇》及《士節篇》引、《列女傳‧梁節姑姊傳》及《楚成鄭瞀傳》引並作「己」、《韓詩外傳》卷二引也作「己」，又「渝」作「偷」。清儒說《新序》、《列女傳》用《魯詩》，《韓詩外傳》用《韓詩》。

　　（三）引《詩》與《毛詩》詩文同，與三家詩詩文亦同、或三家詩無徵者，計五條：

　　《諫上第十六》引《詩》曰：「靡不有初，鮮克有終。」

　　按見《大雅·蕩》。《毛詩》文同；《說苑·敬慎篇》、《白虎通·諡篇》、《新序·善謀篇》、《漢書·賈山篇》、《大戴禮·衛將軍文子篇》、《韓詩外傳》卷八及卷十引並同，清儒說《說苑》、《白虎通》、《新序》用《魯詩》，《漢書》、《大戴禮》用《齊詩》，《韓詩外傳》用《韓詩》。

　　《諫下第二十》引《詩》曰：「穀則異室，死則同穴。」

　　按見《王風·大車》。《毛詩》文同；《漢書·哀帝紀》、《白虎通·崩薨篇》引並同，清儒說《漢書·哀帝紀》、《白虎通》用《魯詩》；《齊》、《韓》詩無徵。

　　《問下第十八》引《詩》曰：「君子如祉，亂庶遄已。」

　　按見《小雅·巧言》。《毛詩》詩文同；《潛夫論·衰制篇》引同，清儒說此用《魯詩》，《齊》、《韓》詩無徵。

　　《外七第五》引《詩》曰：「德音不瑕。」

　　按見《豳風·狼跋》。《毛詩》文同；三家詩無徵。

　　（四）引《詩》與《毛詩》詩文不同，與三家詩詩文亦不同、或三家詩無徵者，計七條：

　　《諫上第九》引《詩》曰：「載驂載駟，君子所誡。」

　　按見《小雅·采菽》。《毛詩》「誡」作「屆」，三家詩無徵。

　　《問下第六》引《詩》曰：「高山仰之，景行行之。」

　　按見《小雅·車舝》。《毛詩》兩「之」字並作「止」；《禮記·表記》引《齊詩》、《韓詩外傳》卷七引韓詩也並作「止」；《魯詩》無徵。

　　《問下第十三》引《詩》曰：「芃芃棫樸，薪之槱之。濟濟辟王，左右趨之。」

　　按見為《大雅·棫樸》。《毛詩》「趨」作「趣」；三家詩無徵。

　　《雜上第三》引《詩》曰：「莫莫葛藟，施于條枚。愷悌君子，求福不

回。」

按見《大雅‧旱麓》。《毛詩》「蘖」作「薄」、「愷」作「豈」、「悌」作「弟」；《說苑‧修文篇》引《魯詩》與《毛詩》同；《禮記‧表記》引《齊詩》「蘖」作「薄」、「愷」作「凱」、「悌」作「弟」；《韓詩外傳》卷二引爲《韓詩》「蘖」作「薄」、「施」作「延」。

《外七第五》引《詩》曰：「亦有和羹，既戒且平。鬷嘏無言，時靡有爭。」

按見《高頌‧烈祖》。《毛詩》「且」作「既」、「嘏」作「假」；《禮記‧中庸》引《齊詩》「鬷」作「奏」、「嘏」作「假」魯韓詩無徵。

《外七第六》引《詩》曰：「我無所監，夏后及商。用亂之故，民卒流亡。」

按此是逸詩，不見於四家。

《外七第十》引《詩》曰：「雖無德與汝，式歌且舞。」

按見《小雅‧車舝》。《毛詩》「汝」作「女」；《後漢書‧章帝紀》引《詩》與毛同，清儒說此用《魯詩》；《齊》《韓》詩無徵。

以上四種情況表明，《晏子春秋》的引《詩》既不盡同於三家詩，也有異於《毛詩》。本來，產生《晏子春秋》的戰國時代，傳《詩經》者尚未分家，如果用漢代詩家的眼光去讀《晏子春秋》，只摘出其引《詩》與《毛詩》相同的幾條，沒有作全面考察，就據以論定《晏子春秋》產生在毛亨以後，如此，結論自然不會正確。

吳先生的第二個內證，《晏子春秋》中有「景公駕六馬」的記載，他說：

> 「景公乘六馬」（《雜上第十一》）就是一例。夏時天子駕六馬，秦始
> 皇又改回六馬。乘六馬不但不是齊國的制度，也不是春秋時周天子
> 的制度。可見這乘六馬的「景公」，當然不是歷史上的齊景公。

吳先生把「乘馬」的制度未免看的太機械了。夏、商、周三代一定是那樣的制度嗎？大家都嚴格遵守毫無變通嗎？我看未必如此。尤其自春秋以後，周

代的舊制度都在崩潰，各國的統治集團中，「臣弑其君者有之，子弑其父者有之」（孟子語）。諸侯、大夫僭用天子禮樂或任意改變者更不可勝數。例如，季桓子不過是魯國大夫，尚且要「八佾舞於庭」，「旅於泰山」（《論語‧八佾》），至於乘六馬，乃是區區小事，齊景公當然敢於做，也能夠做。事實上，在《晏子春秋》裏就有這樣的紀載：

> 翟王子羨臣于景公以重駕，……晏子曰：「夫駕八固非制也，今又重此，其為非制也，不滋甚乎？」（《諫上第九》）

> 梁丘據駕六馬，……（《諫上第十八》）

由此可見，齊景公倒不僅駕過六馬，還常常駕八馬，而翟王子羨的車竟駕十六馬，景公臣梁丘據也乘過六馬。再從古書的記載看，《詩經‧鄘風‧干旄》寫衛國大夫駕車出遊，就有「良馬六之」的句子，《荀子》裏面又說「伯牙鼓琴而六馬仰秣」（《勸學》），「一進一退、一左一右六驥不致」（《修身》），「六馬不和則造父不能以致遠」（《議兵》），這些並專指天子的車馬，是十分明顯的。是不是能用吳先生的推論方法，把《詩經‧干旄》和《荀子》定爲秦政統一六國之後的作品？當然是不可能的。

吳先生的第三個內證是《晏子春秋》有「景公飲酒鼓缶」的記載（《外篇七第一》），他說：

> 根據歷史上的許多記載，如李斯《諫逐客書》、楊惲《報孫會宗書》等等，都談到鼓缶是秦聲，把缶作為樂器，自然不像齊國的風俗，那鼓缶的景公，很可能是影射擊缶善為秦聲的秦王。

其實，在秦王政以前、在秦地之外，都曾經有鼓缶的事實，例如《周易》「不鼓缶而歌，則大耋之嗟，凶」（《離‧九三》），可見西周初年就有鼓缶而歌之事；又《詩經》「坎其擊缶，宛丘之道」（《陳風‧宛丘》），可見春秋時代或春秋以前，陳國人也曾鼓缶以爲樂，又《墨子》「農夫……息于聆缶之樂」（《三辯》），可見鼓缶爲樂在先秦時代的社會下層是相當普遍的。那麼，齊景公偶然鼓缶有什麼不可能？何以見得景公是影射秦王？可見這一點也無法作爲論定《晏子春秋》寫於秦併六國之後的證據。

　　吳先生第四個內證是《晏子春秋》記載著「城狐社鼠」、「狗猛酒酸」之類的故事，他說：

　　　　如「城狐社鼠」、「狗猛酒酸」之類的故事，《韓非子》等書也有所記載，秦代許多作品也引用它來作譬喻，這不一定是《晏子春秋》的編者摘自《韓非子》，而很可能是秦國當時普遍流行的民間傳說。

　　吳先生所說「秦代許多作品也引用它來作譬喻」，使我大惑不解，吳先生所謂「秦代」，常然是指秦始皇統一中國之後，到秦二世滅亡爲止的一個短短的歷史時代，據我所知這個短短的時代並無「許多」作品，而很少的作品中也沒有引用過這兩個故事作譬喻。因此，這兩個故事絕非「秦國當時普遍流行的民間傳說」。進一步考察，這兩個故事也見於《韓非子·外儲說右上》，但韓非的《內、外儲說》各篇並非作於秦之後，而是作於韓國。這在《史記》裏是有明確記載的，《史記》說：

　　　　非見韓之削弱，數以書諫韓王，韓王不能用……故作《孤憤》、《五蠹》、《內、外儲說》、《說林》、《說難》十餘萬言。……人或傳其書至秦，秦王見《孤憤》、《五蠹》之書……。（《老莊申韓列傳》）

　　那麼，如果根據《韓非子》把這兩個故事看作流傳在韓國的故事，或者根據《晏子春秋》把這兩個故事看作流傳在齊國的故事，還說得過去，怎麼能說它們是流傳在秦國的故事呢？（恐怕這類故事流傳的範圍頗廣，也不局限在韓國、齊國）那麼，這個故事是《晏子春秋》抄《韓非子》？還是《韓非子》抄《晏子春秋》呢？抑或是這兩個故事流傳很廣；《晏》、《韓》各記所聞，並非互抄呢？沒有證據可以論定，但可以肯定的是，這兩個故事在戰國時期已經在流傳了。

　　總的來看，吳先生認爲《晏子春秋》作於秦政統一六國之後的秦國，無論是從《晏子春秋》的書名和體裁推論，或者是根據吳先生從這部書的本身所提出的幾條內證看，都是不能成立的。恰恰相反，吳先生提出的一些證據，正好說明了晏子春秋產生於秦統一之前的戰國時期。

　　然而吳先生從自己的理解出發，以「《晏子春秋》產生在秦政統一六國之後

的秦國」這個錯誤的結論作基礎，去一步步地推論《晏子春秋》的編者。我覺的，他的推論本身，更缺乏充足理由作依據。

吳先生說，《晏子春秋》所塑造的晏子的形象，「是一種幕僚人物的典型」（這一點，我也未敢同意，本文且不論），這個形象「可能有編者的形影在內」；而「秦滅六國之後，諸侯養士和賓客游說的風氣跟著終結。戰國末期的游說之士，有的老死深山，有的投奔到咸陽當了秦朝的客卿。秦朝爲了安頓這班人，擴大了博士官的設置，人數達到七十之多，秦博士所擔任的職務，不完全是學術性工作，而有點像近代政府機關的顧問諮議之流」。於是吳先生得出第一個結論是：「《晏子春秋》的編者極可能就是這類人物。」

但是，《晏子春秋》中分明記載了一些與秦國的法家變法思想相抵觸的思想觀念，正像吳先生所說：「《晏子春秋》裏記載晏子臨死的時候，叮囑他的遺族，要『毋變爾俗』（見《雜下第二十九》）。他在施政方面，也不只一處地提出「重變古常」的口號（見《雜上第七》）。在晏子思想裏，有一部分接近於齊、魯儒家的保守主義。」對於這一現象，吳先生主觀上是這樣解釋的：「《晏子春秋》的編寫地點，可能在秦國，但是『重變古常』的思想，卻不是秦國政治環境下的產物，而是一種外來的思想」，於是吳先生又得出第二個結論：「編寫者也似乎不是土生土長的秦國人。」

可是，「《晏子春秋》裏保存著不少齊東方言。書中所反映的齊國都城臨淄的經濟情況，如衣履冠帶摩肩擊轂等等，和戰國策所記敘的大致相同。書裏有一些齊國地名（如公阜等），在先秦其他書籍中也少見，它所敘述的歷史事件（如《諫上第十一》所記景公立荼一事），不見於《左傳》，僅僅在齊人所寫的《公羊傳》裏有著相類似的紀錄。」這些現象，本來都可以說明此書編寫於齊國，吳先生卻反而據以得出自己第三個結論：「《晏子春秋》的編寫者，很可能是六國滅後流寓於秦國的齊國人。」

這個齊國人是誰呢？《史記·始皇本紀》記：「三十四年，……始皇置咸陽宮，……博士齊人淳于越進諫曰：『……事不師古而能長久者非所聞也。……』」。又記淳于越進諫後，丞相李斯說「各以其學議之」吳光生說：「那進諫的淳于越既是齊人，不就證明有一些齊亡之後的齊國士人當了秦朝的博士嗎？李斯說『各

以其學議之」的『議』，和淳于越『進諫』的『諫』，不就證明博士之流對秦朝政治有過建議和批評嗎？淳于越在進諫裏提出了『師古』跟《晏子春秋》裏所主張的『重變古常』在思想方面不就是有著共同的地方嗎？」吳先生認爲「事情是這樣巧合」，他又考證出淳于越本是齊國的「高級幕僚」，齊國亡後，才到咸陽當了秦朝的博士。於是吳先生得出最後的結論是：「《晏子春秋》的成書，很有可能就是淳于越之類的齊人在秦國編寫的。」

吳先生這樣僅僅用了一些「可能」、「極可能」、「似乎」、「很有可能」等字樣，企圖推論《晏子春秋》的編寫者出自秦政統一以後的秦國，論據過於薄弱，因而同樣是無法成立的。

我對於《晏子春秋》的時代問題，缺乏深入和細致的研究，但是我曾經從以下幾個方面粗略考察過，相信這是一部戰國時期的著作。

首先，這部書裏明顯地記載著許多晏子死後的故事（如《諫上第十八》、《問上第十》、《外八第十六、十七、十八》等篇所記），可見它不是晏子本人所作；又記載著戰國時人墨子對晏子的批評（見《問上第五》、《雜上第四》），可見它不可能寫定于春秋時代，而應該成書於戰國時代。理由如下：

第一，司馬遷自己說讀到過《晏子春秋》，他在《史記·齊太公世家》和《管晏列傳》中都引用過《晏子春秋》中的故事，司馬遷不否認它是一部先秦著作。

第二，劉向曾經對《晏子春秋》作過一番整理。劉向與司馬遷相去不遠，兩人所見的《晏子春秋》當是一種。這部書經過劉向整理，當然保存者整理前的基本面貌。劉向說：「其書六篇皆合六經之義，又有復重，文辭頗異，不復遺失，復列以爲一篇；又有頗不合經術，似非晏子言，疑後世辯士所爲者，故亦不敢失，復以爲一篇。」（《晏子敘錄》）可見劉向所校定的《晏子》共八篇，今本《晏子春秋》的篇數、內容與上面劉向的話是一致的，應該就是劉向校定的本子。而劉向校本晏子與漢書，藝文志諸子略所列「《晏子》八篇」也是相同的。《漢志》顯然是把這部書作爲先秦著作的。

第三，除《史記》以外，漢人其他著作，如《淮南子》也曾言《晏子春秋》是記錄「晏子之諫」（《要略》），《韓詩外傳》、《說苑》、《新序》……都有些襲用《晏

子春秋》的地方。足證在西漢時代此書已經流傳較廣。

第四，晏子春秋，有與《左傳》內容相同的記載，也有一部分故事只見於《晏子春秋》而不見於《左傳》（如「二桃殺三士」的故事、「使楚」的故事，以及晏子死後的許多故事等等），即使兩書記載略同的故事，有的也有不少出入（如《晏子春秋·諫上第八》與《左傳》昭公二十、二十六年共記景公「三過言」的故事，兩處記載的文辭、故事發生時間都有不同），這種現象，一方面表明《晏子春秋》不是全抄《左傳》，是一部獨立的著作；另一面也證明《晏子春秋》所以能夠搜羅、記述那樣多約有關晏子的傳說故事，是因爲它的產生距離歷史上晏子的時代還不太遠，而且它的編者應是比較熟悉晏子的傳說故事的人物。

第五，《晏子春秋》文字古質（這一點清人孫星衍已經指出），並且它本身有許多可以參訂先秦、兩漢著作的文辭，比如「景公飲酒七日，不納弦章之言」的故事（見《諫上第四》），在《呂氏春秋·勿躬篇》、《說苑·君道篇》里均誤作發生在桓公時，弦章也誤作桓公時人，據《晏子春秋·問上第六》桓公時實乃弦甯，《新序·雜事篇》作「弦寧」、（「甯」與「寧」，古字通），可證《呂氏春秋》與《說苑》有訛錯，而《晏子春秋》卻不誤。

由於過去大家對於《晏子春秋》這部書研究得比較少，因而有關它的時代、作者以及其他許多問題，很難設想會一下子全部解決，而需要集思廣益地通過大家的不斷研究，逐步得出切合實際的結論。所以我十分盼望吳先生所撰的《晏子春秋集釋》早日出版。至於吳先生論證《晏子春秋》的寫作時代，有些論點，也希望吳先生重加考慮。在黨的雙百方針鼓舞下，我竊不自量，大膽提出膚淺的認識，請吳先生和讀者批評指正。

此外，我認爲吳先生論述晏子春秋寫作背景和對晏子形象的分析，都有可商之處，我打算進一步研究，這裏就略而不談了。

校刻《晏子春秋》序跋

楊慎　《晏子春秋總評》

楊升菴曰：「《六韜》述兵法，多奇計，《申子》覈名實，《韓子》攻事情，《管子》多謀略，《晏子》危言行善順衡，施之後主，正中其病，其藥要在對病而已。吾就《晏子》而觀其顯名當世，誠不可及，而孔明偏疾之，亦不識時務矣。」

又曰：「《晏子春秋》譚端說鋒，與策士辨者相似，然不可謂非正也。孔子論五諫曰：『吾從其諷。』觀其《說苑》及《晏子春秋》口載以諷而從，不可勝數。蘇洵作《諫論》，欲以管、晏之術而行逢、干之心，是或一道也。故當時諷諫之妙，惟晏子得之，同馬《上林》之旨，惟楊子《校獵》得之，並垂不朽。」

又曰：「《易》曰：『謙、亨，君子有終』。晏子顯名天下，而意念常有以自下，太史公稱之，蓋其謙而有終也。若夫王莽之下白屋，而又謙之賊矣。」又曰：「鄭肅不入牛、李之黨，晏嬰不入崔抒之黨。《易》曰『馬匹亡。』二子有焉。」

又曰：「《淮南》浮僞而多恢，《太玄》多虛而可效，《法言》錯雜而無主，《新書》繁文而鮮用，獨《晏子春秋》一時新聲，而功同補袞，名曰《春秋》，不虛也。」

余有丁等　《綿眇閣本題辭》

余有丁曰：「按《漢書·藝文志》八篇，即劉大夫所校定也。今刻本分《諫》、《問》上下六篇，重而駁者二篇，每章復括大義爲標目，甚有次第，其爲劉氏書晰矣。自漢及隋唐皆列于儒家，惟柳柳州謂墨好儉，晏子以儉名于世，故墨子之徒尊著共事以增高爲己術者，常列之墨家。又其書時稱墨子，《孔叢子·詰墨》後二章稱墨子者具載此書，則柳州似不爲無據者。第篇中惓惓忠愛，可爲

人臣事君盡言者注程，問有峭雜，或後人附益之，不得直概之墨也。丁丑夏日。」

李茹更曰：「《晏子》八篇，即《孔子三朝記》之類，殆後人錄其言論諷議成書，書號『《春秋》』，亦同『記年』之意。其文多平實，少奇崛，少波瀾，疑當時記者手筆稍不逮故耶？然其書亦多傳古意，不可廢也。余文敏取《內篇》分爲上下卷，《外篇》重而異出者附注各章之下，不合經術者附於篇末，不爲無見，今仍宋本刻之，明舊式也，不妨兩存。」

王僎　《晏子刪評題辭》

景公僅一國之雄，晏子非王佐之器，而諫行言聽，其都俞喜蔣起之風，此何也？蓋言之一術，往往正言恆嶋迕而談言恆中，莊言寡合而巽言多收，靡聽者能受而投之者之巧也以故平仲一生，事君惟是，交鄰接物惟是，雖聖門游、賜亦弗過已。予嘗讀其書，竊謂策名委質者，疇不欲致君堯、舜，能操是法而進之，則蔑不入矣雖然，翠翎兔穎，通體未純，排沙撿金，不如觸目見寶，每憾不得劃君山手使湘水平舖側倘容與也。不意余友會稽馬巽倩櫛比嚴，惟盡美者存，稍冗者去，想平仲精神面目盡在阿堵中矣。予故亟請梓之，以公同好，如謂多多益善者，此不善讀《晏子》者也。

凌澄初　《凌刻本題識》

博雅自六經外，侈談子史，子竹老、莊、管、晏、申、韓六家之指，同出於道，各有本領。老氏以清淨無爲爲主，而漆園之要本歸之管氏《牧民》、《山高》、《乘馬》、《輕重》、《九府》，而晏子之節儉力行繼之。一以道，一以術，其此輔一也。吾族《道德》、《南華》點校俱得善本，《管子》亦得朱太復、趙定宇兩先生評，行于世，獨《晏子春秋》尙自缺然。先君以棟甫端心鄴架，既彙《史》、《漢》兩《評林》，《五車韻瑞》諸書，而《晏子春秋》復手加丹鉛，實有會心不肖童習之，誠不忍祕，隨付剞劂，以公先人之志，全四書之美，使高明老讀

管氏因不沒晏子云。

孫星衍 《平津館刻本序》

　　《晏子》八篇見《藝文志》，後人以篇爲卷，又合《襍上》、《下》二篇，則爲七卷，見七略（《史記正義七略》云：「《晏子春秋》七篇，在儒家。」）及《隋唐志》。宋時析爲十四卷（《玉海》「四」作「二」，疑誤）見《崇文總目》，實是劉向校本，非僞書也。其書與周、秦、漢人所述不同者：《問下》景公問晏子轉附朝舞，《管子》作「桓公問管子」；昭公問莫三入而迷，《韓非》作「哀公」；《諫上》景公遊于麥邱，《韓詩外傳》、《新序》俱作「桓公」；《問上》景公問晏子治國何患，患祗鼠，《韓非》、《說苑》俱作「桓公問管仲」；《問下》柏常騫去周之齊見晏子，《家語》作「問于孔子」。此如《春秋》三《傳》，傳開異辭，若是僞書，必采錄諸家，何得有異。唐宋已來，傳注家多引《晏子》。問上云「內則蔽善惡于君上，外則賣權五于百姓」，《藝文類聚》作「出則賣並寒熱，人則矯謁奴利」，一作「出則賣寒熱，人則比周」；《襍下》「繁組馳之」，《文選注》作「擊驛而馳」，《韓非》作「煩且」；《諫下》「接一搏貙，而再搏乳虎」，《後漢書注》作「持楯而再搏猛虎」；《問上》「仲尼居處惰倦」，《意林》作「居陋巷」；《諫上》「天之降殃，固于富彊，爲善不用，出政不行」，《太平御覽》作「當彊爲善」（此誤「富」字爲「當」又誤讀其句）。此皆唐宋人傳寫之誤，若是僞書，必采錄傳注，何得有異。且《晏子》文與經史不同者數事：《詩》「載驂載駟，君子所屆」，《箋》訓「屆」爲「極」，《諫上》則作「誡」，以箴駕八非制，則當以誡慎之義爲長。《諫上》景公遊于公阜，言「古而無死」，及「據與我和」，日暮四面望彗星，云「夫子一日而三責我」，《襍下》又云「昔者吾與夫子遊于公邑之上，一日而三不聽寡人」，是爲一時之事，《左傳》則以「古而無死」「據與我和」之言花魯昭二十年，其「齊有彗星」降在魯昭二十六年者，蓋緣陳氏有施之事，追溯災祥及之耳。此事本不見《春秋經》，然則彗星見實在昭二十年、齊景之二十六年，《史記‧十二詩侯年表》誤在魯昭二十六年、齊景之三十二年，非也。問下越石父反裘負薪息于塗側，曰：「吾爲人臣僕于中牟，見使將歸」，《呂氏春秋》及《新序》則云「齊人累之」，亦言以負累作僕，實非攖罪，《史記》則誤云「越

271

石父在縲紲中」，又非也。他若引《詩》「武王豈不仕」，「仕」作「事」，引《左傳》「薀利生孽」，「薀」作「怨」，「國之諸市」作「國都之市」，皆足證發經義，是以服虔、鄭康成、郭璞注書多引之。書中與《管》、《列》、《墨》、《荀》、《孟》、《韓非》、《呂覽》、《淮南》、《孔叢》、《鹽鐵論》、《韓詩外傳‧說苑》、《新序》、《列女傳》、《風俗通》諸書文辭互異，足資參訂者甚多。《晏子》文最古質，《玉海》引《崇文總目》十四卷，或以爲後人采嬰行事爲書，故卷帙頗多于前志，蓋妄言矣。《晏子》名「春秋」，見于史遷、《孔叢子》、《說苑》及《風俗通》，疑其文出于齊之《春秋》，即《墨子‧明鬼篇》所引，嬰死，其賓客哀之，集其行事成書，雖無年月，倘仍舊名，虞卿、陸賈等襲之，書成在戰國之世，凡稱子書，多非自著，無足怪者。儒書莫先于《晏子》，今《荀子》有楊倞注，《孟子》有趙岐注，唯《晏子》古無注本，劉向分《內》、《外篇》，亂其次弟，意尙嫌之，世俗所傳本，則皆明人所刊，或以《外篇》爲細字附著《內篇》各章，或刪去詆毀仲尼及問棘諸章，譌謬甚矣。惟萬曆乙酉沈啓南校梓本尙爲完善，自《初學記》、《文選注》、《藝文類聚》、《後漢書注》、《太平御覽》諸書所引皆具于篇，未章所缺，又適據《太平御覽》補足，既得諸本是正文字，恐或疑其臆見，又爲《音義》于後，明有依據。定爲八篇，以從《漢志》，爲七卷，以從《七略》，雖不能復舊觀，以僞勝俗本遠矣。善乎劉向之言：「其書六篇，皆忠諫其君，文章可觀，義理可法，皆合《六經》之義。」是以前代入之儒家。柳宗元文人無學，謂墨氏之徒爲之，《郡齋讀書志》、《文獻通考》承其誤，可謂無識。晏子倘儉，禮所謂國奢則示之以儉，其居晏桓子之喪，盡禮亦與墨異。《孔叢》云：「察傳記晏子之所行，未有以異于儒焉。」儒之道甚大，孔子言「儒行有過失可微辨，而不可面數」，故公伯寮愬子路而同列聖門；晏子尼谿之阻，何害僞儒？且古人書，外篇半由依託，又劉向所謂疑後世辨士所爲者，惡得以此病晏子！乾隆五十三年歲在戊申十月晦日書。

吳鼐 《全椒吳氏刻木敘》

嘉慶甲戌九月十日，鼐犬馬之辰，春秋六十矣，將避人游焦山，妻兄孫淵加先生遣人以采錦一端影爲元刻《晏子春秋》八卷爲壽，且曰：「此書傳世尙無

善本，足下能刻之，可以喜惠來者。」先生曾爲故尙書吳門畢秋帆前雖校刊是書，今其言如此，足見君子虛心樂善，故能與人爲善也。明年，余與元和顧千里，同有文字之役在揚州，因請顧書督梓之，一切仍其舊文；又明年，書成，略敘緣起。此書盧抱經前輩仍有定證，及淵如《音義》分見兩家著錄，又顧新得具其所撰《後敘》，予不敢掠美以滋贅文。余中年早衰，春夢久覺，思彙刻古書以消月日，稍勝於鈴癡符而已。校勘之良，多得之執友，不足自壽，姑於是書發其凡云。丙子斗指乙，全椒吳鼒敘。

顧廣圻 《重刻晏子春秋後序》

嘗謂古書無唐以前人注者易多脫誤，《晏子春秋》其一也。乾隆戊申，孫伯淵麒察始校定之，爲撰《音義》，發凡起例，綱舉目張矣。嗣是盧抱經先生《群書拾補》中《晏子》即據其本，引申觸類，頗複增益，最後見所謂元人刻本者，補二百十五章之目，而觀察亦得從元刻影鈔一部，手自擾勘，嘉慶甲戌九月，以贈吳山尊學士，於是學士屬廣圻重刻於揚州，《別錄》前有都凡，每篇有章次題目，《外篇》每章有定著之故，悉復劉向之舊，洵爲是書併傳一善本已。廣圻讎字之餘，尋釋文句，閒有一得知。《問上篇》第十二章，當云：「故臣聞義（句），謀之法也（句），民（句），事之本也。」下文當云：「及其衰也，建謀反義（四字句），興事傷民。」《問下篇》第十五章，當云：「晉平公饗之文室（句），既事（句），請以燕。」第十九章，當云：「其事君也盡禮道忠（句），不爲苟祿，不用則去，而不議其交友也諭義道行（句），不爲苟戚，不刖同疎而不誹。」今本皆脫誤不可讀，此類和承雖久，尙有可以爲之推求審正者。其《音義》、《拾補》方行於世，既所共堵，不事贅述，倘取以參稽互證，尊舊聞而資新悟，將見讀《晏子》者之自此無難矣。元和顧廣圻謹後序。

王念孫 《讀晏子春秋雜志序》

《晏子春秋》舊無注釋，故多脫誤，乾隆戊申，孫氏淵如始校正之，爲撰

《音義》，多所是正，然尚未該備，且多誤改者。盧氏抱經《群書拾補據》其本複加校正，較孫氏爲優矣，而尚未能盡善。嘉慶甲戌，淵如復得元刻影鈔本，以贈吳氏山尊，山尊屬顧氏澗蘋校而刻之，其每卷首皆有總目，又各標於本篇之上，悉復劉子政之舊，誠善本也。澗蘋以此書贈予，時予年八十矣，以得觀爲幸，因復合諸本，及《群書治要》諸書所引，詳爲校正，其元本未誤，而各本皆誤，及盧孫二家已加訂正者，皆世有非書，不復羅列；唯舊校所未及，及所校尚有未確者，復加考正。其《諫下篇》有一篇之後脫至九十餘字者，《問上篇》有併兩篇爲一篇而刪非原文者，共他脫誤及後入妄改者尚多，皆一一詳辯之，以俟後之君子。道光十一年三月九日，高郵王念孫敘，時年八十有八。

錢熙祚 《指海本晏子春秋跋》

《晏子春秋》俗刻以第八篇合於第七，又脫去十二章，惟沈啓南本刻于萬曆乙酉者，尚爲完善。近孫氏（星衍）即依沈本校刊，定爲二百一十五章，與劉向序適合，而後附《音義》二卷，所列正文，與本書或不相應。盧氏（文弨）《群書拾補》、王氏（念孫）《讀書雜志》皆就孫本重加校勘，補脫正誤，咸有據依，然不載全文，頗不便于觀覽。今以三家之說合而參之，間下己意以補朱備，雖仍有脫誤，不可讀處亦已僅矣。孫氏知古音之合而不知其分，所諭多未中竅；王氏書又多旁引曲證，以暢共說，今概從節省，惟書中假借通用之字，間爲注釋，以祛學者之疑。俗刻刪丟各章標題，盧氏據元刻本補入，然《群書治要》所引篇名多不合于今本，《雜下》第十五、第廿二兩章並後人以《左傳》文竄易，而元刻已與今同。《問上》第六章合兩章爲一，《雜下》第十五章首三句誤置于《問上》第二章之末，其分合亦多未當。疑元刻章數雖與序合，未必帥劉向所校之舊。且據原序「中外書八百三十八章，除復重六百三十八章」，則當云「定著二百章」，若定著二百一十五章，則當云「除復重六百二十三章」，參差若此，亦必後人改竄，非劉向原文。第俗刻和沿，脫誤尤甚，惟此可與沈本互證，姑存以備考焉。《漢志‧晏子》八篇，《七略》七篇蓋合《外篇》上下爲一，《治要》所引止有《諫上、下》、《問上、下》、《雜上、下》六篇，而外篇六章亦與其列，可見以《外篇》附《內篇》，唐時已有此本，不始于明。《崇文

總目》作十二卷，即此六篇之文各析爲二，而孫氏謂「二」爲「四」字之誤，亦考之未盡矣。《四庫》本八篇，篇各爲卷。今依孫氏爲八篇，以從《漢志》；爲七卷，以從《七略》云。壬寅首夏·錢熙祚錫之甫識。

黃以周　《晏子春秋重校本序》

《晏子春秋》以陽湖孫刻、全椒吳刻爲最善，孫氏據明沈啓南、吳懷保兩本，又合《韓詩外傳》、《說苑》、《新序》、及《藝文類聚》、《太平御覽》諸書，推求審定。吳氏一依元刻，舊文無所改竄，近時稱爲元刻本者，即此。孫、吳兩刻各有短長，盧抱經據吳勉學、李從先本互相推勘，《群書拾補》所錄是也。後又參合各書，復校孫刻，凡《拾補》所詳者用朱旁點正文，不復箸錄夕典所箸錄者，核之《拾補》，亦閒有出入。今據吳、盧諸本，參校孫刻，又以凌澄初本、梁處素、孫頤谷二校本佐之，又以王懷祖《讀書雜志》、洪筠軒《讀書叢錄》、俞蔭甫《諸子平議》輔之，其文字之異同，有見孫氏《音義》者略之，而校讎之餘，閒有一得，亦并附之。時在書局，校採是書，限以時月，匆匆付梓，疏陋之譏，自知不免。嗣後主講南菁，鈕惕生永昭更爲詳校，今採其說之精覈者以補前校之未備，而他書所引文義有短於本書者不復箸錄，此與鈕校體例有異也。(《儆季文鈔》卷二)

蘇輿　《晏子春秋序》

《晏子春秋》之名，肇見于太史公，第不詳篇數，《索隱》以爲嬰所箸書名，今有七十篇。《漢》、《隋志》載《晏子》八篇，《七略》謂《晏子春秋》七篇，在儒家，而陳氏、晁氏書目又皆作十二卷，蓋諸所見本不同如是。今流傳本篇數合于《漢志》，而真贋固不能無疑。《崇文總目》謂《晏子》六篇已亡，今書出後人采掇，唐柳子厚疑其爲墨子之徒爲之，言其怡同於墨。然觀史公《傳贊》云：「其書世多有，故不論，論其軼事。」夫必自其書之所無者而後謂之軼，而史公所載贖石父、薦御者二事，今書皆有，近世管氏異之已辨正之，則史公所

見，絕非今之傳本，是書之作，雖不能定爲何人，其在史公後可知，去墨子之世已遠，柳說誠不足據。欽定《四庫全書》列之《傳記部》，以爲是書所記，乃唐人《魏徵諫錄》、《李絳論事集》之流，允爲定論已。余因歎古人志事之顯晦亦有幸不幸，魏、李時代稍近，其勳澤在天下，世傳之也詳，則尊之也彌至。齊國僻處東海，晏子又在春秋之世，書經秦火，往蹟半湮，故其勳業少隱，猶賴是書之存，千載下得睹其梗概，而知所處之難有百倍魏、李者，斯不幸中之幸也。夫景公，庸主耳，梁丘貢媚于內，陳氏弄權于外，君志熒惑，民無固心，齊之亡幾不待簡、平之世，晏子內安社稷，外靖鄰邦，觀當日所以輔弼其君者至一日而三責之，其苦衷蓋可想見。以彼居海隅偏霸之國，盡心朝廷，雖中主危邦，猶堪枝柱，況于遇明君，際全盛之運，假手以宏其功業者乎！公孫丑之對孟子也，曰：「晏子以其君顯。」使景公悉聽其言，其功效固不止于顯；如所處非春秋之世，將與魏、李比烈，亦何至以霸佐爲孟子所少哉！是書古無注本，陽湖孫氏作爲《音義》一書，意在復《漢志》、《七略》之舊，至以是書爲先於《左傳》，亦其蔽也。厥後大師宿儒，多所闡發，近淛局又仿刻孫本，別有校勘。頃從長沙王祭酒師遊，受讀之下，因采諸說附之正文，取便瀏覽，間參管見，自維學識淺陋，奚足以窺古人之深，師以爲可教也，亟取付梓，固辭不獲，愧汗交集。承命作敘，敬誌吾師樂育之殷懷，輒推論是書源委，而於古賢身世之閒，亦爲發其隱微而明其忠藎，猶是史公執鞭欣慕之意云。光緒十八年，歲次壬辰，春二月，平江蘇輿謹序。

葉昌熾 《校吳刻本題識》

《晏子春秋》是刻之外，尙有陽湖孫氏本，並稱精善。臚列出全椒吳氏，顧澗薲敍云：「孫伯淵觀察從元刻影鈔一部，手自覆勘，以贈山尊學士，學士屬廣圻重刻于揚州。」其影寫之原本，今存昭里邵翟氏，余曾見之，輯褋補正，並出澗翁之手。又有明緜眇閣本，亦出自元刻，行疑悉同，今又從芾卿處假得元刻本，即孫觀察所見者，因統校一過。元刻誤處，是本皆已改正，益信澗翁之善，然亦有未當者。如第四卷「苟得不知所亞」，「亞」古「惡」字，今竟改作「惡」，誤矣。今元本異者並注於旁，擇其佳處加〇別之，至於點畫之差，則

不悉著焉。丙子五月鞠常校畢記。

　　元刻本有不知誰人以黃筆校過,頗有一二精當處,為顧氏所未及,令亦以黃筆臨之。頌魯又識。

劉師培　《晏子春秋斠補序》

　　《晏子春秋》,元本已多訛脫,孫刻略依沈啓南本,又較元本為遜.以今考之,有佚文,有錯簡,兼有脫之字,而盧、玉、俞、黃諸家或未及審正,因以孫、徐(疑誤)二刻為主,旁及唐、宋類書所引,兼及明刊各本,凡諸子之文與互同者亦互相勘正,疑義奧詞,間加發正,成《晏子春秋斠補》。惟第二篇「謂於民」與「節於身」對言,以三篇「民有加利」及「厚民饒下」證之,「謂」疑「譖」誤。第四篇「君饗寡君」誼不可邇,疑「饗」為「覘」「慶」諸字假音,亦並存其說,以俟折衷,非所不知,則從缺如之例云。

張純一　《晏子春秋校注敘》

　　周季百家之書,有自著者,有非自著者。《晏子》書非晏子自作也,蓋晏子歿傳其學者采綴晏子之言行而為之也。計孔子之稱九(見《諫上》二十章,《諫下》五章、廿一章,《問上》三十章,《問下》廿九章,《雜上》十六章、廿一章、三十章,《外上》廿七章),其最悒曰:「雖事惰君,能使垂衣裳,朝諸侯」;曰:「不出尊俎之間,折衝千里之外」。曰:「救民之生而不夸,行補三君而不有,晏子果君子也」。吾令乃知晏子時知晏子者,孔子一人而已。墨子之稱二(見《問上》五章,《雜上》五章),非最悒曰:「為人者重,自為者輕。」吾今乃知晏子後知晏子者,墨子一人而已。綜核晏子之行,合儒者十三四,合墨者十六七,如曰:「先民而後身,薄身而厚民。」是其儉也,勤也,兼愛也,固晏子之主悒也。夫儒非不尚儉,未若墨以儉為極;儒非不尚勤,未若墨勤生之亟;儒非不兼愛,未若墨兼愛之力,此儒墨之辯也。然儒家囊括萬理,允執厥中,與墨異

趣也。晏子儒而墨，如止莊公伐晉，止景公伐魯伐宋，是謂非攻；曰「男不群樂以妨事，女不群樂以妨功」，是謂非樂；曰「不遁於衰，恐非崇死以害生」，是誚節葬，曰「粒食之民，意同欲」，是謂尚同；曰「稱事之大小，權利之輕重」，是謂大取；曰「舉賢以臨國，官能以救民」，是謂尚賢；曰「獨立不慚於影，獨寢不慚於魂，行之難者在內」，是謂修身：皆共墨行之彰彰者。又必墾闢田疇而足蠶桑豢牧，使老弱有養，鰥寡有室，其為人也多矣，其取財也，權有無，均貧富，不以養嗜欲，所謂事必因於民者矣。政尚相利，教尚相愛，罔非兼以正別，況乎博聞強記，捷給善辯，前有尹佚，後有墨翟，其揆一也。劉《略》、班《志》列之儒家，柳子厚以為不詳，謂宜列之墨家《郡齋讀書志》、《文獻通考》承之，是已。《法言》云：「墨、晏儉而廢禮。」張湛云：「晏嬰，墨者也。」均可證晏子生為貴胄，而務刻上饒下，重民為治，進賢退不肖，不染世祿之習，故能以其君顯，純臣也。其學蓋原於墨、儒，兼通名、法、農、道，尼父兄事之，史遷願為之執鞭，有以夫。吾服膺晏子書久矣，竊歎其忘己濟物，不矜不伐，駸駸有大禹之風，覃思積年，錄為《校注》八卷，俾有志斯學者研尋云爾。庚午六月，漢陽張純一敘。

　　墨、晏尚儉，儉在心，不在物，所以不感於外也，尚勤常行而不休，所謂道在為人也，本儉無為而勤無不為，是之謂能盡共性以盡入物之性？《呂氏春秋・知度篇》云：「治道之要，存乎知性命。」旨哉言乎，墨、晏有焉。純一又記。

《晏子春秋》版本題識

《晏子春秋》八卷 元刊本 吳方山藏書

周晏嬰撰。凡《內篇》六卷，《外篇》二卷，合八卷，卷首有「吳岫」印記。

吳氏手跋曰：「顧英玉先坐，南都清介丈夫也，以憲副罷官，而兄時爲大司寇，家無長物出宦日所得書，貨以給日，躬疊冊門左，顏無怍色。予重其所爲，隨所質得二書。嗚呼！誦往哲之懿言，法時賢之景行，小子何幸，於此兼得二書，《晏子春秋》其一，《大唐六典》其一。蘇郡後學吳岫筆。（見《愛日精廬藏書志》）

《晏子春秋》八卷 元刻本

元刻本《晏子春秋》八卷，篇目內如首章《莊公矜勇力不顧行義晏子諫第一》，後同，明時本作「《諫矜勇力不顧行義》」，不書全題；又篇內按語，俱作大字，加圓圍以別之，明時本則作小字分注于下，與此夐然不同矣。惜首闕半頁，有「書帶草堂」「疑冬書屋」「馬叔靜圖書記」諸印，紙墨俱古。抱經堂《群書拾補》云：「劉向《敘錄》云：『定著八篇，二百一十五章。』予所見者，明吳勉學本止七篇二百三章，今陽湖孫氏星衍得沈啓南、吳懷保本校梓者，分八篇，多十二章，與《敘錄》之數適合。」今此本篇章亦同，學士會借校並補刻全目於後，書云：「余校《晏子》將竣，吳槎客示余元人刻本，其每卷首有總目，又各標於當篇，今本皆缺目錄，以此補之。」（《拜經樓藏書題跋》）

前有目錄、劉向校上《晏子》奏，每篇又分小篇目，列於每卷之首，總二百十五章。盧氏《群書拾捕》稱：「吳槎客示余元人刻本，非每葉首有總目，又各標於當篇。」即此本。每葉十八行，行十八字。（《平津館鑒藏書籍記》卷一）

吳山尊刻本出影元鈔，行款與此同，當是其祖本也。舊爲拜經樓藏書，盧抱經學士借以校勘，其異同載入《群書拾補》。

附藏印：「疑冬書屋」、「馬叔靜圖書記」。（《湧喜齋藏書記》卷一）

《晏子春秋》八卷 明成化間刊本 懷仙樓藏

首有篇目及劉向序，卷首題「《晏子春秋·內篇諫上》第一，凡二十五章」，次行列篇目，題「《莊公矜勇力不顧行義晏子諫第一》」每半板九行，行十八字，界長五寸四分，強幅三寸八分，左右雙邊。

竹蔭書屋藏，根本遜志手書本，即傳鈔此本者。（《經籍訪占志》卷三）

《晏子春秋》八卷 明活字本

《漢志》惟作「《晏子》」，《隋志》乃名「《春秋》」，兩《志》皆作八篇。晁氏《讀書志》云：「嬰相景公，此書著其行事及諫諍之言。」《崇文總目》謂後人採嬰行事爲之，非嬰所撰，此八卷本，前有目錄及劉向校上《晏予》奏，每篇又分小目，列於每卷之首，總二百十五章。平津館有影寫本，云：「盧氏《群書拾補》稱：『吳槎客示余元人刻本，每卷首有總目，又各標於本篇』當即此本。」每葉十八行，行十八字，與此符合。有「讀書小子實穎之印」「古鹽馬氏」「芿齊珍減之印」諸章。（《善本書室藏書志》卷九）

《晏子春秋》八卷，明活字印本，每半葉九行，行十八字。前有目錄，載《內》、《外》篇章次第，下接劉向校錄文。書分八篇：《內篇·諫上》第一，《諫下》第二，《問上》第三，《問下》第四，《雜上》第五，《雜下》第六；《外篇重而異者》第七，《不合經術者》第八。版心不載卷數，惟「晏內」「晏外」等字。孫星衍《祠堂書日》有仿元寫本，即以付吳山尊撫刻，而顧千里爲之跋者，共實即此活字本，因其排印整齊，字近元體，故誤以爲元刻耳。仁和丁松生八千卷樓藏有元刻本，爲馬芿齋舊藏，亦即此本，余丙申三月游浙時會借觀之，不誣也《漢書·藝文志·諸子略》「儒家」類《晏子》八篇，《隋唐·志》加「《春秋》」三字，作七卷；自後《崇文總目》、晁公武《郡齋讀書志》、陳振孫《直齋

書錄解題》均作十二卷，則此作八篇蓋猶《漢志》之舊也。《四庫全書提要》入《史部傳記類》，云：「此明李氏綿眇閣刻本。」《內篇》分《諫上》、《諫下》、《問上》、《問下》、《雜上》、《雜下》，《外篇》分上下二篇，與《漢志》八篇之數相合，故仍從此本著錄，庶幾猶略近古焉。綿眇閣本，余亦有之，乃萬曆中刻，在此本之後。此本嘉靖時亦繙雕，世亦罕見。孫星衍於乾隆戊申爲畢制軍沅刻是書，所據爲萬曆乙酉沈啓南本，附著音義二卷，并不採及他本。盧文弨《群書拾補》所校《晏子春秋》，亦僅摭拾《音義》未引據者，補勘所遺，而未博攷共餘明刻，亦可謂疏漏之甚矣。丙午上巳，德輝。

光緒戊申三月，余回蘇州洞庭展墓，道出江寧，囚訪陶齋尙書端方公于金陵節署。時方有收買仁和丁氏八千卷樓藏書儲之江南圖書館之議，居間媒介者爲江陰繆小山太夫子荃孫，所有宋、元舊本，均取頭本呈送，此《晏子春秋》亦在其內。當時均以爲元本，余力證其爲明時活字印本，且告以余有藏本，與此無異。陶齋曰：「即是明活字印，亦見所未見，能割愛以貽我乎？」余曰：「公前年贈余以宋本《南嶽總勝集》，余正未有報也，是直可謂拋玉引磚矣。」五月還湘，遂郵寄歸之，臨封爲識數語於後。德輝。（《郋園讀書志》卷五）

《晏子春秋》四卷 明鈔本

明鈔本《晏子春秋》作四卷，卷三後書「萬曆十六年冬吳懷保梓」，卷一後書「崇禎十三年庚辰閏四月初六日校錄於雪履齋，仁和鄭紹孔伯翼甫識」。蓋即從吳刻本傳錄者，未附柳宗元《辨晏子春秋》一篇，《史記·管晏列傳》及《孔叢子》六條。按《文獻通考》引《崇文總目》：「《晏子春秋》十二卷，晏嬰撰。《晏子》八篇，今亡，此書後人采嬰行事爲之，以爲嬰撰則非也。」（錢侗按：《玉海》引《崇文總目》同，《隋志》、《唐志》七卷，今本八卷。）《書錄解題》：「《晏子春秋》十二卷，齊大夫平仲晏嬰撰，《漢志》八篇，但曰『晏子』，《隋唐七卷，始號『晏子春秋』今卷數不同，未知果本書否。》蓋《晏子》八卷早佚，後人采嬰行事爲之，加以「《春秋》」之名，其作八卷者，猶仍《漢志》之舊。此併爲四卷，且篇目不載全文，視前舊刻本，漸失古意矣。惟《崇文總目》、《書錄解題》俱十

二卷，而《四庫書目》及余家舊刻作八卷，疑又經後人併合，以符《漢志》八篇之數也。(《拜經樓藏書題跋記》卷四)

《晏子春秋》八卷 明蘇眇閣刻本

此明李氏綿眇閣刻本，即出自元刻，篇次行款悉合。卷首有「孫印從添」「慶增氏」朱記。(《鐵琴銅劍樓藏書目錄》卷十)

《晏子春秋》二卷 萬曆五年刊

見《藝風藏書再續記》。則虞案：即南監刻《子彙》本。

《晏子春秋》八卷 影元鈔本

是書烏程閔氏本，竄亂舊第，惟元刻本尚存舊式。《內篇》分《諫上》、《諫下》、《問上》、《問下》、《雜上》、《雜下》六篇，《外篇》兩卷，一為《重而異者》，一為《不合經術者》，其八篇，與《漢志》合。總目後係劉向序，以下每卷目後接本文，此本即全椒吳氏刊本之底稿，卷末有陽湖孫氏題記云：「影元版本鈔《晏子》，據別本改正數字，用朱筆記之。」(《鐵琴銅劍樓藏書目錄》卷十)

《晏子春秋》明本

司馬遷傳晏嬰，謂讀《晏子春秋》，稱「其書世多有之，是以不論，論其軼事」。《索隱》云：「嬰所著書名《晏子春秋》，今其書有七十篇。」《正義》據《七略》云：「《晏子春秋》七篇。」《漢書‧藝文志》及《隋書‧經籍志》俱作七卷，蓋其書雖存，而篇次不一，原本面目唐以前已多離合，誠難究其顛末耳。《崇文

總目》作十四卷，謂其書已亡，所傳者蓋後人采嬰行事而成，因疑柳宗元所云「墨子之徒有齊人者爲之，墨好儉，晏子以儉名於世，故尊著其事以增高爲己術者」。宋儒猶沿其說，如晁公武之《讀書志》，馬端臨之《通考》，均改列墨家，其書益混嵧不爲世重。宋元著錄其書，如《宋史‧藝文志》、《郡齋讀書志》、《直齋書錄解題》、《文獻通考》俱作十二卷，與今本出入，又不可蹤跡焉。宋本既不複睹，百年前藏家著錄，惟元刻九行十八字之八卷本爲最善。孫淵如影寫以贈吳山尊，山尊屬顧澗覆擾校付梓；而孫氏自據沈啓南、吳懷保本校刊，復假拜經樓所藏元本補卷首總目，由是九行十八字之爲元刊，已成千古不易之定論。拜經藏本後歸吾家滂喜齋，余曾取勘吳刻，非誤處悉經澗寶改正。間有未常者，如第四卷「苟得不知所亞」，「亞」古「惡」字，吳刻竟改作「惡」，誤矣。諸如此類，瑕不掩瑜，固未足以貲議前賢耳。竊謂拜經元刻，字體結構全無蒙古遺意，細審尚是正、嘉以前雕槧。蓄疑未敢臆安，旋閱雙鑑樓所藏明刻本，行款與此相同，瞵書藏園先生，悉其源齋，與此相合。藏園明眼，固所折服，僕雖不敏，猶不敢徇前賢之訛，以耳爲目，差足自慰耳。廿載以來，所見所藏，此本而外，當推活字本及綿眇閣本爲善，吳懷保所刊九行二十字本，改次四卷，已非舊觀，又於劉向表文後故亦不敢失句下竄易復以爲一篇，凡八篇，其六篇十一字，固未足以當善本耳。錄別藏明黃之寀校需九行十八字之四卷本，與吳刻殊堪伯仲。其他所藏如楊慎評本、、閔氏朱墨本，俱作六卷，子彙本又併爲二卷，等諸自鄶，不饗重焉。煩吾友黃君永年閱肆得此明刻本，攜示商榷，審與拜經藏本字體行款一一吻合，其爲明刻之上駟可無疑義。固不必沿襲前人之失，徒以元本取重耳。（《著硯樓書跋彚》）

《晏子春秋》七卷 孫星衍校本

右《晏子春秋》七卷，以元槧本校自需本。《藝文志》「儒家」《晏子》八篇，蓋《內篇》六，《諫上》、《諫下》、《問上》、《問下》、《雜上》、《雜下》，《外篇》二，後世始并爲一，故七篇。向敘云：「定著二百一十五章。」明吳窮學本止二百三章，余有《十子彙本》，又以調相同者附注，亂其次第。予嘗以沈啓南、吳懷保本校梓，分八篇，多十二章，適符《敘錄》之數。及勘元本，亦如此。元

本每卷首有總目，又各標於本篇，唯缺末章之大半，因據《太平後覽》九百三十五引此書補足之。儒家書此爲第一，又是劉向手定，篇第完平，無譌缺，甚可寶也。（《廉石居藏書記》卷上）

《晏子春秋》八卷 葉昌熾校本

「全椒吳氏得孫淵如所贈影元本《晏子春秋》，倩顧澗蘋先生覆勘付梓，世稱精善之本。其所據元刻實爲明代雕槧，藏家著錄，同一泌源，前賢千慮之失，余固未敢雷同，曾跋藏本以正其譌。惟傳世之本當以此爲最佳，自不必以博古雕槧炫耀藏笈也。此吳刻本經葉鞠裳先生據吾家所藏拜經樓著錄本重校一過，元本誤處悉經思適先生校正，然亦有未當者，如第四卷「苟得不知所亞」，「亞」古「惡」字，今竟改作「惡」，謬矣。一字之正，足當思適諍友。先生校是書，凡元本異者並注子旁，擇其佳處加「。」別之，至點畫之差，則不悉著焉。又拜經藏本舊有黃筆校過，頗有一二精當處，爲思適所未及，亦以黃筆臨之。即此可當精善之本。吳刻成於嘉慶丙子，而先生校此書在光緒丙子，相距適六十年，文字因緣，自非偶然。余既拜經本，而又得先生手校之帙於丙子歲，足當佳話。今此書存篋又二十年矣，未被論斤之厄，其亦先生有靈，特爲呵護耶！爰檢出裝池，并誌顚末於後。（《著硯樓書跋》）

銀雀山竹簡《晏子春秋》校釋

著　　　者：駢宇騫
發　行　人：許錟輝
出　版　者：萬卷樓圖書有限公司
　　　　　　台北市羅斯福路二段 41 號 6 樓之 3
　　　　　　電話(02)23216565・23952992
　　　　　　FAX(02)23944113
　　　　　　劃撥帳號 15624015
出版登記證：新聞局局版臺業字第 5655 號
網 站 網 址：http://www.wanjuan.com.tw/
E　 -mail：wanjuan@tpts5.seed.net.tw
經 銷 代 理：紅螞蟻圖書有限公司
　　　　　　台北市內湖區文德路 210 巷 30 弄 25 號
　　　　　　電話(02)27999490
　　　　　　FAX(02)27995284
承 印 廠 商：晟齊實業有限公司
電 腦 排 版：浩瀚電腦排版股份有限公司
定　　　價：420 元
出 版 日 期：民國 89 年 10 月初版

ISBN 957-739-310-1